风雨兼程四十载，凝心聚力铸辉煌

中国高等院校市场学研究会成立40周年纪念文集

符国群 主编
汪涛 景奉杰 李东进 副主编

清华大学出版社
北京

内容简介

本书收录了中国营销学术界老中青学者回忆文章48篇，深情讲述他们参与中国高等院校市场学研究会活动的往事和历程，从不同侧面展现了学会成立40年来在赋能营销学者成长、促进中国营销学术共同体形成、推动营销学科发展上所取得的辉煌成就。这些文章宛如一幅幅生动的画面，呈现了学会波澜壮阔的历史，展示了一代代中国营销学人砥砺奋进、执着学术的卓越风姿，既有催人奋进的感召力，也有珍贵的史料价值。

本书封面贴有清华大学出版社防伪标签，无标签者不得销售。
版权所有，侵权必究。举报：010-62782989，beiqinquan@tup.tsinghua.edu.cn。

图书在版编目（CIP）数据

风雨兼程四十载，凝心聚力铸辉煌：中国高等院校市场学研究会成立40周年纪念文集 / 符国群主编.
北京：清华大学出版社，2024.7. -- ISBN 978-7-302-66678-3

Ⅰ. F713.50-53
中国国家版本馆 CIP 数据核字第 2024TA2943 号

责任编辑：朱晓瑞
封面设计：彩奇风
责任校对：王荣静
责任印制：杨 艳

出版发行：清华大学出版社
网　　址：https://www.tup.com.cn，https://www.wqxuetang.com
地　　址：北京清华大学学研大厦A座　　邮　编：100084
社 总 机：010-83470000　　邮　购：010-62786544
投稿与读者服务：010-62776969，c-service@tup.tsinghua.edu.cn
质量反馈：010-62772015，zhiliang@tup.tsinghua.edu.cn

印 装 者：大厂回族自治县彩虹印刷有限公司
经　　销：全国新华书店
开　　本：170mm×240mm　　印　张：14　　字　数：285千字
版　　次：2024年7月第1版　　印　次：2024年7月第1次印刷
定　　价：58.00元

产品编号：106596-01

序言

中国高等院校市场学研究会（以下简称学会）于1984年成立，2024年将迎来她的40华诞。学会于2023年决定成立编委会，组织出版纪念文集，作为学会成立40周年的献礼。自2023年6月发出征稿通知，到当年10月底，短短4个多月时间，共收到各类投稿近50篇。经主编、副主编审核，最终有48篇文章入选。这些文章，宛如一幅幅珍贵的历史画卷，从不同视角、不同层面呈现了学会波澜壮阔的发展历程，展现了众多学界前辈和同仁参与学会建设的卓越风采。

为更好反映学会在不同时期的发展，我们粗线条地按时间脉络，将这些文章和收集到的部分历史史料，分六个部分呈现。

第一部分"筚路蓝缕"，共收集12篇短文，这些文章多是关于学会早期的发展历史和作者参与学会早期重大活动的回忆。刚刚离世的学界前辈、原云南财贸学院院长吴健安教授较系统地回顾了学会成立经过及最初10年的重要事件，具有重要的史料价值，其撰写的文章被作为开篇。香港城市大学原营销系主任周南教授对学会原副会长、武汉大学甘碧群教授的采访文章，反映了学会刚成立时我国引进国外营销知识与理论、培养本土营销人才的艰难历程；学会原副会长、清华大学林功实教授和学会原副会长、北京工商大学兰苓教授合写的文章，则回忆了营销学科在我国早期发展的坎坷，尤其是市场营销本科专业在学会多位专家四处游说、据理力争下才得以保存的历史事件；学会原副会长、中南财经政法大学万后芬教授则娓娓道来其在学会的"多个首次"，以及她个人开展绿色营销研究的心路历程；学会原副会长、中国人民大学郭国庆教授则重点披露了学会首次协办大型国际会议的台前幕后经历。此外，这一部分还刊载了中南财经政法大学汤定娜教授、中国石油大学钟国焱教授、吉林省经济管理干部学院刘文广教授、西安交通大学庄贵军教授、西安交通大学郝渊晓教授、中国人民大学李先国教授、大连理工大学张闯教授的文章，这些文章或围绕某次学会会议，或围绕参与学会活动的趣闻逸事、学术主题展开，读来让我们恍惚置身于学会早期各种丰富多彩的学术活动中。

第二部分"承前启后"包含9篇文章，这些文章多是由我国第二代或第三代营销学者撰写，反映的主要是20世纪90年代到21世纪第一个10年学会的发展，同时也有少量文章介绍了2010年之后的办会、办刊情况。该部分第一篇文章由学会现任会长、武汉大学汪涛教授提供，他深情回忆了自己从20世纪90年代中期与学会结缘，到与学会共同成长的感悟与历程。接下来的一篇文章是由大连理工大学董大海教授提供,他用隽雅的文字、轻松的笔调给我们带来了他早期参与学会活动的片段,具有强烈的画面感。华东理工大学景奉杰教授不仅介绍了他早期与学会结缘经过,而且重点描述了他担任学会领导职务后所经历的各种事件与活动;复旦大学范秀成教授侧重介绍了 Journal of Contemporary Marketing Science 创刊背后的故事,以及该刊与学会的关系;江西财经大学杨慧教授则围绕参与学会教学专委会工作、组建江西高校市场营销学联盟等事项做了较详细的介绍。华中农业大学原副校长李崇光教授、上海财经大学高维和教授、贺州学院袁胜军教授、华东理工大学费鸿萍教授各自分享了他们与学会共同成长的故事和经历,他们提供的稿件文字清新、情深意切,可读性强。

第三部分"再铸辉煌"共有 11 篇文章,涵盖了 2015 年以后学会大致发展历程。第一篇文章由学会原会长、北京大学符国群教授提供,主要介绍了他 8 年任职期间学会在建章立制、规范运行、扩大学会影响等方面的思路与举措。学会现任常务副会长、北京大学彭泗清教授则结合他担任学会秘书长的切身体会,高度概括了学术共同体健康发展的关键因素,言之切切,振聋发聩。中南财经政法大学费显政教授重点分享了他个人及中南财经政法大学历代营销学人为学会建设添砖加瓦、贡献力量的故事。该部分的其他作者,包括中央财经大学李季教授、河南财经政法大学牛全保教授、浙江财经大学王建明教授、江南大学滕乐法教授、吉林大学金晓彤教授、华东师范大学何佳讯教授、清华大学胡左浩教授、北京林业大学陈凯教授,各自分享了他们在近些年克服各种困难承办学会各种类型会议,并在承办过程中通过创新和精细化管理扩大社会影响的感人事迹。

第四部分"不忘初心",记述的是学会在举办教学年会、开展产教融合等方面的历程。该部分包括 10 篇论文,分别由桂林理工大学连漪教授、华中农业大学副校长青平教授、曾任职于南昌大学的董晓松教授(现就职于上海工程技术大学)、汕头大学郭功星教授、高等教育出版社高级编审童宁先生、清华大学出版社经管与人文社科分社刘志彬社长、首都经济贸易大学陈立平教授、中国地质大学(武汉)郭锐教授、东北大学张昊教授、中央财经大学姚凯副教授供稿。学会最初成立时全称为"全国高等财经院校、综合大学市场学教学研究会",她最初的使命是团结全国从事市场学教学的学者在教学、人才培养和学科建设等方面进行分享与交流,学会自 2016 年始定期举办教学年会,并得到越来越多的学者与高校的支持,本部分主要是记述与此相关的学会会议与活动。

第五部分"薪火相传"反映的是博士生工作,第六部分则是汇聚了一些珍贵的图片和史料。学会博士生工作是在南开大学李东进教授的推动和领导下逐步开展起来的,该部分第一篇文章由他供稿。博士生联合会的历任负责人,包括中国人民大学博士生杨海龙、西安交通大学博士生丰超、湖南大学博士生吴月燕、武汉大学博士生谢鹏,如今均已毕业并找到了理想的教职。他们 4 位的供稿,较全面反映了博士生联合会早期开展的工作,以及他们各自的收获与感悟。从他们激情洋溢的文字里，我们可以强烈感受到这群活力四射的年轻人的投入与激情。

很多为学会建设作出重要贡献的前辈和同仁，或由于年事已高，或由于承担的工作繁重，未能撰文和用文字做分享，这确实令人遗憾。虽然如此，从本书所收集的文章里，我们仍可感受到学会的魅力和影响力，以及一代代营销学人为该学会的发展、中国市场营销学术共同体建设所做的付出和贡献，正是由于众多学界前辈和同仁的参与、奉献，学会才会有今天的勃勃生机。

回望来时路，砥砺再前行！希望本书的出版能够激发更多同仁对创立本学会的前辈的感恩与感激，激发更多年轻学者在未来加入营销学术共同体建设的行列。在本书即将付梓之际，除了感谢各位作者、感谢他们的精彩分享外，特别感谢清华大学出版社经管与人文社科分社刘志彬社长，以及负责本书编辑工作的朱晓瑞编辑，感谢他们对本书出版的大力支持和默默奉献！

符国群

中国高等院校市场学研究会前会长

北京大学光华管理学院教授

目录

第一篇 筚路蓝缕

一、中国高等院校市场学研究会与
　　与时俱进的40年 ·················· 云南财经大学 吴健安 2
二、信念的力量
　　——甘碧群先生访问记 ·················· 香港城市大学 周　南 6
三、学会早期琐忆
　　——中国高等院校市场学研究会成立
　　40周年纪念 ·················· 清华大学 林功实 北京工商大学 兰　苓 9
四、我在学会的首次经历 ·················· 中南财经政法大学 万后芬 12
五、中外营销学者团队的首次交流
　　——中国高等院校市场学研究会支持
　　ICMD-5成功召开 ·················· 中国人民大学 郭国庆 15
六、中国工科院校第一个本科市场营销专业 ······· 中国石油大学 钟国焱 18
七、如沐春风　催人奋进
　　——我对中国高等院校市场学研究会的
　　点滴感受 ·················· 中南财经政法大学 汤定娜 20
八、具有独特历史地位的苏州年会 ······· 吉林省经济管理干部学院 刘文广 24
九、中国高等院校市场学研究会的
　　"莫干山会议" ·················· 西安交通大学 郝渊晓 28
十、我的记忆碎片
　　——我与中国高等院校市场学研究会 ·················· 西安交通大学 庄贵军 31
十一、与学会共同成长的40年情缘 ·················· 中国人民大学 李先国 35
十二、学会成立初期关于营销学几个基本
　　问题的讨论 ·················· 大连理工大学 张　闯 39

第二篇 承前启后

一、我与学会的第一次 ·················· 武汉大学 汪　涛 46
二、高校市场学会为我开启进入市场营销
　　殿堂的大门 ·················· 大连理工大学 董大海 48

三、我与学会共成长，一片冰心在玉壶 …………… 华东理工大学　景奉杰　50
四、学会与学刊 ……………………………………… 复旦大学　范秀成　57
五、我想说的几件事
　　——与中国高等院校市场学研究会的点滴记忆 …… 江西财经大学　杨　慧　61
六、营销百花苑里一朵小花 ………………………… 华中农业大学　李崇光　64
七、15年涓滴成长，四十载同向而行 ……………… 上海财经大学　高维和　67
八、感恩一路有你 …………………………………… 贺州学院　袁胜军　72
九、向往、期待与成长 ……………………………… 华东理工大学　费鸿萍　75

第三篇　再铸辉煌

一、众人拾柴火焰高
　　——我做会长这八年 …………………………… 北京大学　符国群　82
二、学术共同体健康发展的四大法宝 ……………… 北京大学　彭泗清　89
三、学会四十年有感 ………………………………… 中南财经政法大学　费显政　92
四、我与学会 ………………………………………… 中央财经大学　李　季　96
五、我与"中原营销国际学术论坛" ……………… 河南财经政法大学　牛全保　102
六、2017年CMAU学术年会暨博士生
　　论坛的台前和幕后 …………………………… 浙江财经大学　王建明　106
七、使命必达，全力以赴
　　——我与中国高等院校市场学研究会的两三事 …… 江南大学　滕乐法　111
八、一次难以忘却的办会经历
　　——记2022年CMAU学术年会 …… 吉林大学　金晓彤　盛光华　崔宏静　115
九、以学术力量为国家品牌战略作出应有贡献 …… 华东师范大学　何佳讯　120
十、万事开头难：首届企业年会筹办记 …………… 清华大学　胡左浩　124
十一、同道相益，同心共济
　　——记承办绿色消费会议的难忘经历 ……… 北京林业大学　陈　凯　126

第四篇　不忘初心

一、智于变、慧于行
　　——举办中国高等院校市场学研究会2016年教学年会的
　　回顾与感想 …………………………………… 桂林理工大学　连　漪　132
二、我与中国高等院校市场学研究会
　　——2017年承办教学年会的回首感悟 ……… 华中农业大学　青　平　137
三、流云致远　聚翮前行 …………………………… 上海工程技术大学　董晓松　141
四、汕头大学与CMAU的美好邂逅
　　——2019年教学年会侧记 …………………… 汕头大学　郭功星　145

五、学会大先生和中国营销教材建设的缘与情 …… 高等教育出版社　童　宁 154
六、二十年磨一剑
　　——"新时代营销学系列新形态教材"养成记 …… 清华大学出版社　刘志彬 157
七、零售管理专业委员会探索产学研结合的
　　发展模式 ………………………………… 首都经济贸易大学　陈立平 160
八、绿我涓滴,会它千顷澄碧 ……………… 中国地质大学（武汉）　郭　锐 165
九、Credamo 见数与 CMAU 市策大赛之
　　缘起与未来 ……………………………………… 中央财经大学　姚　凯 168
十、服务营销专业发展,打造学生实践平台
　　——记录第二届 CMAU 市场研究与商业策划
　　　大赛总决赛 ……………………………………… 东北大学　张　昊 173

第五篇　薪火相传

一、我与学会的博士生联合会
　　——写给第一届博士生联合会理事会
　　　成员的公开信 …………………………………… 南开大学　李东进 178
二、博联会：汇聚每一滴小水珠 ………………… 南京财经大学　杨海龙 180
三、博联会：回望来时路,行向更远处 ……… 南京航空航天大学　丰　超 183
四、我和博联会见证彼此成长 ……………………… 福州大学　吴月燕 186
五、一群有趣的人在做一些有趣的事 ……………… 重庆大学　谢　鹏 190
六、博联会工作总结报告（第一届至第四届,2016 年至 2023 年）………… 192

第六篇　浮光掠影

学会 40 周年纪念文集部分照片 ……………………………………………… 200

第一篇　筚路蓝缕

一、中国高等院校市场学研究会与时俱进的 40 年

云南财经大学　吴健安

20 世纪 70 年代末,市场营销学在中国改革开放的大潮中重新引进,并在中国广袤大地上滥觞与发展。伴随着中国社会主义市场经济和教育事业的高歌猛进,中国高等院校市场学研究会经历了 1984 年至 2024 年 40 年的筚路蓝缕、栉风沐雨、砥砺前行,终于迎来今天春华秋实的满庭芬芳!

40 年转瞬即逝,其创业初期的艰难历程、诸多方面的丰硕成果,历历在目,谨志其一二,聊表寸心。

1982 年 5 月 13—24 日,在长沙召开的《中国社会主义市场学》教材研讨会上,有代表建议,为促进市场学在中国的学习、研究、引进和传播,应该建立类似"AMA(美国市场营销协会)"的学术性组织。1982 年 12 月,《中国社会主义市场学》教材定稿会议在北京召开,部分代表再次提议建立全国性的学术组织。1983 年 6 月 3—8 日,由商业部教育局组织在四川乐山召开的《市场学基础知识》教材审定会上,与会的贾生鑫、杨振郿、吴健安三位高校教师,共议了建立市场学研究会问题。

在经年酝酿的基础上,1983 年 8 月 20 日,由陕西财经学院贸易经济系发出了于 1983 年 10 月在西安召开"市场学教学研究会筹备会议"的通知。

1983 年 10 月 6—11 日,"市场学教学研究会筹备会议"在西安鼓楼饭店顺利召开。经讨论,学会定名为"全国高等财经院校、综合大学市场学教学研究会"。会议决定组成以贾生鑫为组长的筹备组,成员有来自全国各地的 18 所院校代表 18 人。

1984 年 1 月 6 日,在湖南财经学院积极高效的运营下,"全国高等财经院校、综合大学市场学教学研究会"成立大会和第一期市场学高级研讨班正式开幕,出席成立大会的代表来自 50 余所高校的教师共 70 余人。学术讨论中的重要成果之一,是明确了"市场学"是一门建立在经济科学、行为科学、现代管理学基础之上的应用科学,在改革开放后的社会主义经济中将发挥日益重要的作用。会议选举产生了理事 24 人。理事会选举何永祺、吴同光、吴健安、赵善铨、贾生鑫、章伯虎、蔡寅二为常务理事,同时推选贾生鑫为会长,何永祺和赵善铨为副会长,吴同光为秘书长。

会后最重要的任务,要把"中国高等财经院校、综合大学市场学教学研究会"登记为国家一级学会。在民政部办理全国性学会登记手续,首先得有部级挂靠单位。为此,贾生鑫会长多次进京与秘书长吴同光奔走"跑部",先后到过商业部、轻工业部、国家物价局……都没有结果。最后,还是陕西财经学院的主管部门——中国人

民银行,同意作为学会的挂靠单位,由时任副行长的李飞担任名誉会长。此后,学会在民政部获准登记。1987年,民政部正式批准学会更名为"中国高等院校市场学研究会"。

1984年7月,研究会与云南财贸学院联合开办为期10天的"市场学研究班"。参加研究班的有来自全国各地的高校教师、中专学校教师和企业领导260余人(其中高校教师70余人)。令人感动至深的一幕,是彭星闾先生为讲课从成都赶赴昆明,没有买到卧铺票,也没有买到坐票,在火车上站了一个通宵,次日上午到达昆明,还要求按原计划下午开讲。在研究班上,杭州商学院谭宗尧、武汉大学甘碧群、中国社会科学院陶珥分别介绍了市场学在美、欧和日本的研究与应用。

1985年7月24—30日,首届首次学会年会在春城昆明召开,名誉会长李飞和著名经济学家许涤新出席了开幕式并讲话。时年70岁的吴世经顾问,下了火车就径赴会场。热烈的气氛深深感染了与会的70余所高校的90多名代表。

为开好1986年的莫干山年会,贾生鑫会长于同年3月5—7日专门邀请杭州商学院谭宗尧先生和部分常务理事到西安开年会筹备会,从如何办班到会议日程,均做了细致的安排,保证会议圆满成功。

1987年哈尔滨年会适逢换届,由全体代表投票选出58名理事及15名常务理事,选举暨南大学何永祺为第二任会长,选举吴健安、梁世彬、郎宝书、杨鑫、韩枫、谭宗尧为副会长。各大行政区都有一名副会长。会议还修订了学会章程。

在中国高等院校市场学研究会的推动与影响下,我国市场营销学教学、研究和应用蓬勃发展,开设市场学课程的高校日益增多,师资队伍日益壮大,参会代表逐年递增,以"市场营销学"为书名的教材先后出版。

1989年的年会原定在成都召开,后因故未能举行。在马世俊的积极努力和广西有关部门的大力支持下,1990年的年会在桂林召开,有80多所院校的93位代表参加。是年又逢换届选举,选出理事65人,由理事选出常务理事21人,并一致推举何永祺连任会长,并选举甘碧群、厉以京、吴健安、杨鑫、郎宝书、梁世彬、韩枫、谭宗尧等为副会长,罗国民为秘书长。

1991年年会于8月10—14日在苏州召开,1992年年会于8月11—15日在西安召开。

在贾生鑫、何永祺先生的带领下,学会十分关注教学经验交流与教材建设,每次年会都把总结、交流教学经验作为重要课题,还委托吴健安主持研究教学大纲编写工作。

1993年原计划年会在河南召开,因故不能如期举行。经何永祺会长协调,7月27—31日在昆明召开年会。昆明年会又逢换届选举,产生了由79人组成的第四届理事会,并由理事选举出32名常务理事,推选罗国民为会长,甘碧群、厉以京、李国振、杨鑫、吴健安、林功实、郭国庆、梁世彬、韩枫为副会长,卜妙金为秘书长。

时光荏苒，岁月如梭，40年如白驹过隙。20世纪80年代开始学习和从事市场营销学教学研究与实践的教师和营销工作者数以千计。他们从参加工作到退休，无怨无悔地将毕生精力奉献给市场营销学，为营销理论与实践的发展，为社会主义祖国的建设倾尽全力。

40年来，是中国高等院校市场学研究会经历了从艰苦创业到发展壮大的40年，也是中国市场营销研究与应用华丽转身的40年。

40年来，市场营销教育蓬勃发展、形势喜人。从几十所院校到上千所院校开设"市场营销学"课程，每年培养造就高素质市场营销人才数十万人。市场营销专业从无到有，正式设立"市场营销"专业或方向的高校已不下千所。原来只有几所大学培养市场营销硕士，现培养市场营销硕士、博士的大学有数百所。教师队伍从数十人到数千人。1985年前，市场营销学教师中具有高级职称者，为数寥寥，以致开会时副教授被戏称为"稀有动物"。现在市场营销学的师资队伍，副教授、教授都数以千计。20世纪80年代，"市场营销学"教材处于紧缺状态。尤其是引进教材翻译出版，困难重重。梅汝和教授主译的柯特勒所著《营销管理》（第五版），1986年起步，历经5年，1990年才得以在书店问世。进入20世纪90年代，国内编写和出版的市场营销学著作日渐增多。曾经一书难求的市场营销学教材，如今累计出版的已超过千种。其中，中国高等院校市场学研究会成员主编的占较大比重。市场营销学教材建设呈现系列化、本土化、多样化，与当年"一书难求"的情况相比已有天壤之别。学会支持的《营销科学学报》，目前已被多所国内一流高校认定为国内营销学界的权威刊物，影响深远。特别值得点赞的是，2016年以来，学会除学术年会外，专门为市场营销学教学举办年会，为营销前沿理论的传播及营销学教学经验的总结、交流提供宝贵的平台，有力地促进教学质量的提高。

40年来，学会不断加强与海外营销学者的联系，强调"走向世界，加强与各国同行的联系"。历届年会，都重视邀请国外部分营销学者与会交流。学会出国人员也利用出访和探亲的机会，了解国外市场营销学研究和应用的情况。20世纪90年代，学会同韩国、美国、加拿大、日本、新加坡、瑞典、菲律宾、澳大利亚等国家建立广泛的国际学术交流关系。1993年8月，韩国市场学会会长李仲永教授应邀率团23人到我国访问，学会在广州的领导和秘书处接待了代表团，在广州南方大厦举办了"韩国市场营销研讨会"。

1994年7月20—24日，在上海召开"中国高等院校市场学研究会十周年纪念暨市场营销国际研讨会"，参加会议的有来自海内外市场营销专家、学者共160余人。其中，来自美国、菲律宾、新加坡、澳大利亚等国家和地区的营销学者20人。1995年6月22—25日，由中国人民大学、加拿大麦吉尔大学、康克迪亚大学联合主办的"第五届市场营销与社会发展国际会议"在北京成功举行。1999年12月7—12日，由香港城市大学华人管理研究中心和广州华南理工大学联合主办的"97华夏文化与现代管理国际学术研讨会"在香港城市大学召开，有来自海内外的专家、教授 100 余人参加。学会厉以京、梁世彬、郭国庆三位副会长是组委会成员。申请参会者提交了 150 多篇论文,经过双不记名的程序,选出 92 篇论文分别收入《华夏文化之管理理念》《华夏文化之管理实务》和《华夏文化之营销实务》文集,学会吴健安、卜妙金等十余人文章入选。

科特勒、舒尔茨等权威学者多次来华讲学,中国学者出国讲学和参加国际学术会议者也比往日增多。在学会的组织和推动下,中国营销学界渐次融入国际社会,中国市场营销学者开始全方位、大团队地登上国际舞台,与国际学术界、企业界的合作进一步加强,国际学术交流上了新台阶。

40 年来,为更好地发挥营销理论指导企业实践的作用,学会和会员都努力建立、加强、巩固与企业的联系,为企业发展出谋划策。早在 20 世纪 90 年代,学会就曾与青岛海尔集团控股有限公司、广州亚太 CI 研究所有限公司、飞利浦(中国)投资有限公司、昆明宏达(集团)公司、蚌埠浮法玻璃总公司、肇庆南方商业有限公司和鸿基实业有限公司等企业紧密合作,承担项目,参与营销策划。一部分学会顾问和会员担任了上市公司的独立董事和各类企业副总裁、总经理职务,还有多位顾问和会员受聘为各级地方政府经济社会发展咨询团的顾问。众多企业从初步认知到高度倚重市场营销,促进了营销理论与实践的紧密结合。上述情况,近 30 年来发展尤为迅速。

回顾学会既往 40 年,广大营销学者在学会的组织和带领下,为中国营销教育事业的发展,为营销理论的研究和应用,拼搏奋斗,风雨兼程,学会得到长足的发展并取得令人瞩目的成就。我深切怀念 20 世纪 80 年代初期启蒙阶段营销学界的前辈和先行者,对仙逝者深怀敬意,诚挚悼念。同时,谨祝健在者健康长寿、幸福快乐!诚望告别工作岗位的年长学者,保重身体,发挥余热!年轻的营销学者是我们事业辉煌的希望所在。学会的可持续性发展,需要更大范围、更深程度的传承与创新:传承世界优秀的营销理论,传承中国优秀的商业文化,传承历代营销学者的学术精神,结合改革开放以来中国企业营销的伟大实践,实现营销理论的薪火相传与全面创新!

(吴健安 学会第 2—6 届副会长、原云南财贸学院院长)

二、信念的力量

——甘碧群先生访问记

香港城市大学　周　南

"合抱之木,生于毫末;九层之台,起于累土。"(《道德经》第六十四章)中国营销学科发展至今,中国高等院校市场学研究会(简称"CMAU")一直起着引领作用。CMAU即将迎来40周年诞辰,此刻回望当年,探寻CMAU是如何在前辈学者的推动下从"毫末"与"累土"起步的,十分有意义。

甘碧群先生是我国改革开放后最早涉足市场营销学领域的学者之一,也是最早的两位市场营销学博导之一,对CMAU的创立与成长贡献良多。我最近从香港通过微信视频和身在武汉的甘先生对话接近一个小时,听她介绍这段难得且珍贵的经历,并请她对后辈学子提希望。以下是对话的简要记录,已经先生审阅。"甘"是甘老师的简称,"周"是我的简称。

周：甘老师,您18岁入读武汉大学(简称"武大"),1959年本科毕业后去中国人民大学读研究生,1962年9月毕业后回武大,在经济系任教。您是怎么与营销学结缘的?

甘：1980年,我通过了国家教委的出国留学英语考试之后,计划去美国当访问学者。国家开始实行改革开放,经济开始从计划导向转向市场导向,了解外国经验可以帮助中国发展经济。正好法国政府给了武大12个全资助的两年访学名额,学校希望我去法国学习。我当时面对两大困难：一是专业,我此前学习的是苏联计划经济体系下的经济学,但留学学习西方市场经济体系下的市场营销学,这将经历从宏观到微观、从经济学向管理学、从计划经济理论向市场经济理论的转变;二是语言,由于没有法语基础,我仅在国内参加了由法国教师举办的为期9个月的法语突击培训,便去了法国马赛第三大学企业管理研究院研修,于是我在当地又学了3个月法语。为了快速提高法语水平,我每天坚持听法语广播,每个周末都与当地学生和居民用法语交流,两年时间从未间断。刚开始旁听市场营销学课程时,我的状态像坐飞机,听得云里雾里。马赛第三大学企业管理研究院上课用的是科特勒《营销管理》教材的法文翻译版,我还专门买了英文原版。好在我在国内提前准备了中国台湾翻译出版的《行销学》以及一本闽建蜀教授所著的《市场营销学》教材,可以在课下用作参考。就这样,我课上认真听、课下对照着看。一年后,我基本过了专业与语言关,也能与当地人比较流利地交流。1990年,受美国福特基金资助,我又去美国加利福尼亚大学圣地亚哥分校(UCSD)和圣地亚哥州立大学(SDSU)

做访问学者半年多。这几年的留学经历让我收获很大。

周：请介绍一下CMAU的成立过程以及您的参与。

甘：1983年9月，我从法国回到武大时，筹备成立CMAU的工作正在如火如荼地进行。1984年1月6日，全国高等财经院校、综合大学市场学教学研究会成立大会在长沙举行。那时，专门去国外学习过营销学理论的学者很少。由于我从国外留学回来不久，因此被邀请在大会上作报告，介绍市场营销学在法国的发展与应用。我讲得很投入，大家听的兴致也很高。之后每届年会我都被邀请发言，分享我的想法与研究。1990年美国访学后，我又将美国当时的营销理论和实践发展情况介绍给与会教师。

CMAU第一届年会于1985年7月在昆明召开。为了筹集经费召开年会，我参与开办了市场学高级研讨班，向来自全国各地的高校教师和企业营销人员教授市场营销相关理论知识。

1990年至2003年退休以前，我一直担任学会副会长与学会学术委员会主任，其中一项重要任务是根据国家经济发展重点，选定每届年会的主题。我只是牵头，大家齐心协力，通过学术年会积极传播国内外营销学知识，交流教学经验。众人拾柴火焰高，每年的年会及各项学术活动总是开展得很顺畅。

学会学术委员会早期的另一项工作，是规划市场营销专业课程体系，并在此基础上引导营销学专业教材的建设工作。2000年，教育部指定由我作为总负责人，主编一套21世纪市场营销专业主干课程教材。这套教材包含12本营销学专业教材，由高等教育出版社出版。其中，我编著的《国际市场营销》被列为教育部重点教材。同时，我编著的《市场学通论》于1987年由武汉大学出版社首次出版并在其后再版12次。结合我个人对营销的理解，我还出版了两本专著——《宏观营销研究》《企业营销道德》，探讨如何将营销学思想应用于促进社会和经济发展。在学会发展早期，这些工作在社会上形成了正面的反响。我也很高兴看到学会在后继更多学者的努力下，不断发展和创新。

周：武汉大学的市场营销学专业是您创办的，请介绍一下。

甘：我从国外回到武大后，1984年开始给本科生上《市场营销学》课程。1985年我开始招收市场营销专业硕士生，1994年我开始招收博士生，最初招生是挂靠在经济学博士点专业目录下。在我担任武汉大学管理学院院长期间，于1998年组织申请并成功获批了企业管理专业博士点，开始独立招收企业管理学博士，市场营销学成为其中一个方向。感谢我的同事们和学生们，武大市场营销学科发展得不错。我的博士生符国群与汪涛分别担任了前两届(2015—2023年)与本届(2023—2027年)CMAU会长。长江后浪推前浪，我希望大家继续为营销学科的发展做贡献。

周：CMAU走到今天，前辈学者为我们树立了很好的榜样。您对后辈学子们有什么样的期望？

甘：我们那一代的营销学者对后辈学子们抱有很高的期望。当今世界风起云涌、技术变革层出不穷,青年学者们应当紧跟时代变化,探索由此带来的营销挑战与机遇,开展营销理论创新,并将其用到科研与教学之中。年轻人想提升职称是对的,但研究不能太狭窄,不能只跟着西方理论走,不要将过多精力投入在国外学术期刊上发表文章,要研以致用,将营销学理论真正应用于实践。我过去经常到当地企业如武钢、武商、武重、武烟等开展营销讲座和咨询活动,帮助企业分析营销问题和提出解决方案。我在担任湖北省、武汉市政府决策咨询委员会委员时也常常参与咨政活动,呼吁政府部门用营销学思想和方法推动市场经济。我希望大家加强与企业的沟通、多为政府献策,将理论联系实际,建立与发展中国自己的营销学理论体系。

周:"千里之行,始于足下"(《道德经》第六十四章)。没有老一辈的营销学者,就没有今天中国营销学界的繁荣景象。听了甘老师的分享,我们对老一辈学者的敬意增加了,您的教诲语重心长,我们会谨记。

2014 年甘碧群先生与在大学工作和学习的 54 位"徒子徒孙"合影
(前排右 7 为甘碧群先生,甘先生左手边为本文作者)

(周　南　香港城市大学市场营销学系退休教授、2007 年度教育部企业管理学科长江学者讲座教授、2019 年中国高等院校市场学研究会首届杰出贡献奖获得者)

三、学会早期琐忆

——中国高等院校市场学研究会成立40周年纪念

清华大学　林功实

北京工商大学　兰　苓

作为积极参与学会活动的老会员,我们有幸见证和经历了学会从筹备、建立到发展壮大的几乎所有历史进程。逢学会成立40周年之际,应符国群会长之邀,忆及学会早期活动中的片鳞半爪,借以反映学会发展历程中的某些侧面。

1. 生逢其时却也磕磕绊绊

市场(营销)学是党的十一届三中全会后顺应改革开放的大潮在重新引进的基础上创建和发展起来的学科,中国高等院校市场学研究会随之创办于20世纪80年代初,可谓生逢其时,是我国高校改革开放后复办和创办较早的专业学会之一。在大家的共同努力下,学会沐浴改革开放春风,得到多方面的关注与支持,呈蓬勃发展之势。然而,由于时代的局限性,其发展历程却也是磕磕绊绊,难说一帆风顺。

(1) 课程建设经坎坷

改革开放之初,计划与市场、姓"资"与姓"社"的争论还未尘埃落定,与市场经济紧密相关的市场营销学的命运,自然也充满了不确定性,甚至戏剧性。受当年反对资产阶级自由化和清除精神污染的影响,市场营销专业和市场营销学课程不幸受到"株连"和冲击。例如,某地日报头版头条发文《市场营销学——资本主义的生意经》(已排版),幸被有识领导及时阻止。质疑市场营销学必要性和合理性的传统保守观念在学界虽然最终未成气候,但仍给课程建设带来了一定影响。个别院校准备的课程被替换或削减课时,青年教师被重新安排其他课程。幸有新时期党的基本路线的指引,有各级、各界领导的关怀与支持,学会在历届会长及其班子领导下,不改初衷,不走回头路,以扎实的工作适应和满足建设中国特色社会主义市场经济对市场营销人才培养的客观需要。

(2) 专业生存遇危机

1990年7月23日,时任副会长、武汉大学管理学院院长甘碧群老师打来电话,通报了重要信息:在修订我国高校本科专业目录、是否保留市场营销专业时,由甘老师牵头南方片的论证意见与北方片有根本分歧,且有关部门已经表态支持北方片的意见,市场营销专业将被取消。北京商学院、陕西财经学院等4所已有在校营销专业本科学生的院校顿时面临危机。我们当即循着早年本专业的申报路径了解参与论证的相关人员、院校和行政业务机构的情况,摸清底数后四处游说,动员了几乎所有的力量据理力争，终于得到有关专家及部门领导的初步认可，悬在半空中的心才算落下一半。

1991年3月，逢"中国市场学会"成立，各校专家教授云集京城，见缝插针组织了12位专家在北京商学院召开了论证会，讨论并一致通过了《关于在高等院校本科专业目录中增设市场营销专业的意见》。专家们签名之后即马不停蹄踏归程。记得路途最远的是时任副会长、来自云南昆明且年逾60岁的吴健安老师。

各位专家教授签名的意见书，是而后办理一系列行政手续和审批程序的重要基础材料。在大家的共同努力下，不仅将市场营销专业保留下来，还摘掉了1988年公布的专业目录讨论稿中加着括号"试办"的帽子。

2. 一级学会管理不易

首届会长贾生鑫老师为研究会的筹备和创建立下了不可磨灭的历史性功勋。当时，学会的业务主管部门是中国人民银行总行，贾老师为争取总行有关领导的支持做了大量深入细致的工作。李连寿老师和郎宝书老师（北京经济学院教授、时任副会长）及相关院校的老师们为初建的学会做了大量的工作。时隔多年，说起本学会，还会有领导感到惊讶："一门课程，你们是怎么搞成一个全国一级学会的！"

（1）更名有波折

学会成立时，名为"全国高等财经院校、综合大学市场学教学研究会"。1986年年会，由厉以京教授（华南理工大学）联络的西安交通大学许绍李，清华大学林功实和吕一林等老师加入学会，后哈尔滨工业大学、北京航空航天大学等诸多工科院校老师加入。林功实在征得贾生鑫、何永琪会长同意后，联系了时任教育部办公厅主要领导，其同意协调后，在京的副会长郎宝书老师做了许多工作，杨岳全（北京大学经济学院）老师与林功实奔波多趟。林功实解释和说明了在接受审批过程中的多处问题和质疑：问题1，当时市场学只是一门课，不少学校尚未开设，在课名上也有分歧，传统认为市场学应归属经济学范畴，研究会只能作为经济学会的分会。问题2，冠以"中国"的学会罕见。林功实从中国社会主义的市场经济发展的需要，宣传和汇报了市场营销学的理论与方法、市场营销战略策略、市场营销管理丰富的学术内容和应用前景，以自己在香港中文大学管理学院选修的十多门课程、发达国家大多数院校都设立博士学位、市场营销系等得到上级的理解和支持。问题3，为什么不更名为"市场营销学会"？林功实也想乘机更改，但如果把市场学改了，研究会也改为学会，冠以"中国"的研究会，就更难获批准，因此，当时就同意还用市场学教学研究会，把全国改为中国，把原只含财经和综合大学变成高校。这样，仅把包括学校的范围改大了，加上两字减小了申报难度，虽不甚理想，但也名副其实。关键是能获批通过，以变更的名称、新的挂靠单位注册登记。

（2）重新登记的艰难

1998年民政部依据相关规定，下发《民政部关于清理整顿社会团体审定和换发证书工作的通知》，要求各业务主管单位对所管辖的社会团体进行清理整顿的初审,限1999年7月前将社会团体清理整顿审查及初审意见和社会团体《清理整顿报告书》等材料报送民政部。同时要求在1999年10月25日前,所有社团必须重新登记,未完成的不得再以社团名义活动。我们在浏览新闻时,无意发现发布审查合格的社会团体的整版名单中找不到自己的学会,随即在不久召开的年会常务理事会上提出这个问题。学会领导、秘书处和所有与会人员对此大为震惊,这意味着学会将丧失合法性,年会亦属非法活动。会长当即安排我们配合秘书处摸清情况并跟进,全力补救错过的审查资格和重新登记。返京后,即开始了在学会秘书处、民政部、教育部之间多次折返、历时两年多、新问题不断出现的"马拉松"。最大的难题是因人事异动,在主管部门找不到学会的任何材料。首先要设法争取到有关部门做特殊处理,给予学会组织和补办申报材料的机会,随之要准备大量的送审材料由我们这里传递到远在广州的秘书处签发,再邮寄到北京由我们送交不同的主管部门。手续流程繁杂、异地之间通信设备落后、没有专职工作人员、不熟悉相关情况等各种主客观因素,使得工作效率低、难度加大。多次接触中,我们的认真和辛劳打动了办理手续的工作人员,建议请罗国民会长给在京的同志出具全权委托书并请北京商学院临时代章,这样减少了材料的往返、加快了办理速度、争取了时间。最终得到两个部门的特殊对待,实属不易。我们和学会领导提前经历了高校教学评估类似的洗礼。

3. 学术研究报告做贡献

历届年会,做主题报告(初期称之为研究报告)和评审参会申报论文都是难度大、花费精力多的重头工作。

林功实在年会大会上多次发表主题研究报告,如《高速公路与新世纪市场营销》《21世纪议程与营销发展》《超级市场营销实现转变的思考》等。这些报告是理工科训练的背景与市场营销理论的功底相结合的结晶,林功实以敏锐的观察和独特的视角,重点研究世界范围内科技进步带来的市场营销理念和营销实践的发展。这种交叉学科的研究,得到了与会会员和港、澳专家同行的一致好评。

兰苓在1986年年会上发表的《市场营销新领域》研究报告,及时、准确地传达了首次在东方国家(新德里)召开的全球市场营销研讨会的新课题、国际市场营销研究的新动态,得到与会者的好评与鼓励。

回忆往昔与学会相伴的历程,喜观学会今朝以不断发展壮大之势展现出勃勃生机,由衷祝愿学会越办越好!

(林功实 学会第4—7届副会长、清华大学研究生院原常务副院长
兰　苓　学会第6—10届副会长、北京工商大学商学院原院长)

四、我在学会的首次经历

中南财经政法大学　万后芬

认识 marketing 是 1982 年在"中国工业科技现代化管理大连培训中心"的课堂上。1981 年底,38 岁的我,作为"搭头",跟随先生叶万春一起调到湖北财经学院(现在的中南财经政法大学),由数学专业转行从事经济管理方面的教学。感谢学校领导的培养,让我有机会参加了"中国工业科技现代化管理大连培训中心"(1982 年 5 月至 1982 年 11 月第三期)的学习,从此与 marketing 结下不解之缘。从 1985 年开始,在彭星闾先生的带领下参加了"中国高等院校市场学研究会"(当时的名称为"全国财经院校综合大学市场学教学研究会")的活动。在学会的活动中,留下了诸多难忘的回忆!

1. 首次参加学会年会

1985 年暑期,在彭星闾先生的带领下,我有幸参加了学会成立后的第一次年会。年会由云南财经大学吴健安先生及其团队承办。

由于叶万春要参加其他会议,我只好带着两个女儿到昆明去参会(如今大女儿叶敏也成为营销队伍中的一员)。半夜三点多钟,我们挤上了路过武汉的火车,挤在窄窄的过道上,经过近 30 个小时的奔波到达了昆明。虽然路途辛苦,但吴健安先生及其团队的热情接待、精心安排,以及昆明宜人的气候、优美的景色、美味的食品,让我们回味无穷。会后的桂林之行,在桂林粮校的安排下,我和两个女儿第一次乘坐了软卧火车(由于买不到车票),给我们留下了深刻的印象。特别是年会新颖的办会形式和开创性的研讨内容,更是使我终生难忘!

当时的年会采取"以班养会"的方式,通过会前的培训班筹集经费作为会议开支。半路出家、第一次参加年会的我,被指派作为培训班的教师,为培训班学员讲授"市场预测"课程,还真有些诚惶诚恐。还好,课程还算得到了认可。会后,应桂林粮校的邀请,我与甘碧群老师一起到该校进行了讲学。

记得第一次年会的主题讨论的是对"marketing"的翻译问题,老一辈营销人对"marketing"进行了精辟的阐释。营销前辈们各抒己见、认真剖析、求同存异、寻求共识,主要有三种意见:一是"销售学"。其主要依据是,最早出版的由罗真崇老师主编的教材《销售学原理》。二是"市场营运学"。其主要沿用港台教材的名称。三是"市场学"。通过讨论,多数人认可"市场学"的提法。所以,早期出版的教材,多为"市场学";学会的名称,虽几经更名,但"市场学研究会"几个字却一直没变。后来,大家一致认为"市场学"过于宽泛,"市场营销"的提法更加确切,因此"市场营销"成为学科和课程的名称。

此次昆明的年会,为学科的建立和发展奠定了良好的基础!营销前辈们渊博的知识、认真的态度、执着的精神为我们树立了榜样!

2. 首次承办学会年会

1996年暑期,以湖北省市场营销学会筹备组的名义(湖北省市场营销学会成立于1997年,首任会长彭星闾,常务副会长甘碧群,秘书长万后芬,筹备组以中南财经政法大学和武汉大学为主体)承办年会。

由于武汉暑期天气炎热,应学会要求,年会在宜昌举办。由于省学会还在筹备中,经费缺乏,异地办会更是增加了困难。在两个学校全体营销人的通力合作和两个学校校友的大力支持下,终于圆满完成了任务。

宜昌市商务局的中南财经政法大学校友协助解决了会议期间的食、住和会议室问题,使我们以有限的经费,顺利完成了年会的任务。

宜昌市旅游局的武汉大学校友,协助安排游轮,让参会代表免费乘坐游轮游览了三峡。武汉大学校友的精心安排,三峡壮观的景色,给代表们留下深刻的印象。

20世纪90年代,交通不够发达,比起吃、住、游来说,异地办会更大的困难是回程票的问题。宜昌不是省会城市,但又是旅游胜地,尽管两校的营销人想尽了办法,购买了部分从宜昌返程的车票,但还有部分老师的票是买的从武汉走,由汤定娜老师带着他们坐长途汽车到武汉,再分别乘坐飞机、火车(记得有山东的胡正明老师、广州的卜妙金老师等),但仍然没能解决所有参会者的回程问题。最后迫不得已,请宜昌市政府的校友出面,将最后几位未买到回程票的会员直接送上火车,到车上再补票。我相信,这几位老会友一定难忘那次宜昌参会的经历。

这次宜昌的会议,还接待了一位未满周岁的小"会友"(艾学蛟老师的孩子),他的参加为活动增添了不少乐趣!

3. 首次承办市场营销教学研讨会

中国高等院校市场学研究会主办的"教学方法与手段创新"研讨会于2008年11月29日至11月30日在武汉召开。会议由中南财经政法大学工商管理学院承办,湖北经济学院、高等教育出版社协办。

本次聚焦教学问题的会议,得到学会领导的高度重视和大力支持。学会老领导贾鑫生先生、彭星闾先生、甘碧群先生,秘书长吕一林,教学委员会的同仁兰苓、卜妙金、张庚森、景奉杰及诸多会员代表出席了会议。

我作为学会负责教学研究的副会长,领衔承办并主持了这次会议。学会副会长兰苓、中南财经政法大学党委书记张中华、教务部长刘茂林、工商学院院长陈池波,湖北经济学院工商学院院长彭代武、高等教育出版社童宁主任等在开幕式上致辞!

本次会议拟邀请本届国家级名师奖获得者、天津大学汪波教授介绍其教学经验(因时间冲突,未能成行);邀请工商管理教学指导委员会委员、华中科技大学田志龙教授介绍哈佛大学商学院的案例教学;邀请有关营销模拟软件开发商来做现场演示。

会议围绕主题重点对新的教学方法及应用,实践性教学及教学基地建设,营销模拟教学与实验室建设,教学手段创新等问题进行了研讨。

学会还组织有关专家对论文进行评审,评选出一、二、三等奖,并予以适当的奖励;特别优秀的论文被推荐到《中国大学教学》等刊物上发表。

教学研究理应是高校学会研究的重要主题之一。此次研讨会的召开,在学会领导和校领导的大力支持下,在我校全体营销人的共同努力下取得圆满成功!会议的召开,对于促进营销教学方法和手段的改革与创新,起到了一定的作用。

4. 首次认识"绿色营销"

20世纪90年代初,广东外语外贸大学的梁世彬先生告知,近期在一个市场营销国际会议上听到一个新的词"绿色营销",并问我有没有兴趣研究一下。在梁世彬先生的引导下,我开始进入绿色世界进行探讨。随着对"绿色"的认识,引申到"环保""生态"领域。通过对相关资料收集和学习,我越来越强烈地感觉到这是一个关系到人类生存发展的重大问题。于是,从1995年开始,通过对资料和思路的整理,申报了社科基金课题。但两次申报都石沉大海,没有获得批准。有老师开玩笑地说,这个东西太新了,别人不认可。1997年改报自科基金项目,终于获得了资助(1998年1月至2000年12月)。但由于不懂得相关规定,项目成果没有在指定的刊物上发表,项目成果没有得到有关部门的认可,但却受到社会的重视。

项目成果由高等教育出版社作为"面向21世纪课程教材"于2001年出版,是我国第一部《绿色营销》教材。教材的问世,受到社会的好评。其繁体版教材在台湾地区出版;2003年12月,中央教育电视台《大学书苑》栏目以采访形式、以"让企业站在绿色事业的前沿"为题,对《绿色营销》教材进行了20分钟的推介;2005年12月8日,应国家环保资源部的邀请,我到人民大会堂为参加"循环经济与绿色营销战略研讨会"的企业家做了题为"实施绿色营销,塑造绿色企业形象"的报告。

2015年10月,在党的十八届五中全会上,绿色发展理念作为新时期"五位一体"的新发展理念之一,被写入党中央的文件,成为我国新时期重要的发展理念,受到广泛重视。学会也非常重视对绿色营销的研究。2021年,由浙江财经大学王建明教授主持,成立了中国高等院校市场学研究会绿色消费与绿色营销专委会,并举行了八届专题研讨会。感谢梁世彬先生的引导,使我有机会较早地进入绿色领域,为我国绿色营销事业的发展做了少许贡献!

(万后芬 学会第6—9届副会长、中南财经政法大学荣休教授)

五、中外营销学者团队的首次交流

——中国高等院校市场学研究会支持 ICMD-5 成功召开

中国人民大学　郭国庆

1993 年,中国高等院校市场学研究会年会在位于昆明的云南财贸学院举行。年会恰逢换届选举,经过民主协商和无记名投票选举,产生了由 79 人组成的第四届理事会,并由理事选举出 32 名常务理事,推选罗国民为会长,甘碧群、厉以京、李国振、杨鑫、吴健安、林功实、郭国庆、梁世彬、韩枫为副会长,卜妙金为秘书长。学会理事和常务理事中,增添了大批中青年营销学者,经华北地区代表提名,时年 31 岁的郭国庆当选为副会长,主要使命是代表学会参与第五届市场营销与发展国际会议(the Fifth International Conference on Marketing and Development)的筹备,为中国学者成团队地与国外学者交流对接做好准备。中国人民大学邝鸿教授等被聘请为学会顾问。

经过报请国务院有关部门批准及两年多时间的筹备,由中国人民大学、加拿大麦吉尔大学和康克迪亚大学联合主办,中国高等院校市场学研究会协办的第五届市场营销与社会发展国际会议(ICMD-5)于 1995 年 6 月 22—25 日在北京召开。

这次国际学术会议属于国际学术组织 ISMD(International Society for Marketing and Development,营销与发展国际学会)每两年一届的例行年会。其一般在发展中国家举行,研究市场营销对社会发展的贡献、产品服务质量、商品设计与经济社会发展、消费者欲望与经济发展、消费文化与社会发展、技术转让与持续增长、跨国公司营销战略适应、中美化妆品消费行为比较、消费者行为推动经济发展、社会发展中的性别角色、消费者节省与经济发展、营销道德诉求与社会公益事业、发展中国家的营销教育者培训、90 年代中国营销组织转型、世界大米市场的竞争力调研、农产品营销在促进印度部落发展中的作用、商科毕业生的营销职业生涯选择决策、转型经济国家的品牌战略与国际税务、国家形象与原产地效应、中国产品的整体形象与购买意图、市场发展与购买态度的国际比较、跨国酒店与本土连锁酒店的竞争营销、市场地域与营销发展、社会营销中的媒体、社会营销中的市场细分与广告战略、反倾销法对发展中国家新兴产业的威胁、杀虫剂在第三世界的市场营销、阿根廷进口商的采购行为、政府政策对国有企业新产品开发的影响、农产品投入营销与农村发展、印度水果蔬菜的对外营销、中国的文化环境与业务经营、市场营销战略对社区福祉的影响、清迈木制品工艺品的营销与管理、宏观营销与可持续发展的生态伦理、强化营销伦理与制止不道德广告、中国广告业的媒体战略、东亚经济体的市场优势比较、将超级市场技术引入中国的可行性研究、中国跨国公司发展研究、农村手工艺品营销、市场营销与人类福祉、市场营销与法律、市场营销与伦理道德、市场营销与妇女地位、市场营销与消除贫困等宏观市场营销问题。以往几届曾在印度、土耳其等国举行,所在国家的总统或总理出席大会开幕式。

ICMD-5 由中国人民大学副校长郑杭生、加拿大麦吉尔大学管理学院教授库纳尔·巴苏(Kunal Basu)、加拿大康克迪亚大学管理学院教授阿娜玛·乔伊(Annamma Joy)担任大会主席,郭国庆任大会秘书长,中国人民大学校长李文海教授和时任 ISMD 主席、美国罗德岛大学教授鲁比·罗伊·多拉基亚(Ruby Roy Dholakia)先后致开幕词。中国人民大学原党组书记、校长袁宝华、ISMD 副主席、美国亚利桑那州立大学教授 A. 福阿特·菲拉特(A. Fuat Firat)、中国高等院校市场学研究会顾问梅汝和教授,美国犹他大学教授拉塞尔·W. 贝尔克(Russell W. Belk)、美国鲍尔州立大学教授埃罗德甘·克姆库(Erodgan Kmcu)、土耳其毕尔坎特大学教授吉利兹·格尔(Guliz Ger)、澳大利亚新南威尔士大学教授罗杰·A. 雷顿(Roger A. Layton)等出席开幕式。

中国高等院校市场学研究会等学术组织作为协办单位,为会议的召开作出了重要的贡献,何永祺、甘碧群、符国群、王慧农、李先国、牛海鹏、程红、赵少钦、张轶凡、黄卫平、郭晓凌、李海洋、张玉利、谷克鉴、陆定光等学者提交了学术论文。

来自美国、加拿大、法国、印度、日本、丹麦、土耳其、澳大利亚、荷兰、哥斯达黎加、意大利、泰国、巴西、摩洛哥、肯尼亚、加纳、秘鲁、墨西哥、希腊、挪威、越南、韩国、芬兰、阿根廷、波兰、罗马尼亚、巴基斯坦等 46 个国家和地区的 135 名外国学者和 142 名国内学者出席了会议,这些学者包括杰拉尔德·阿尔鲍姆(Gerald Albaum)、阿兰·达阿斯图斯(Alain d'Astous)、罗杰·M. 海勒(Roger M. Heeler)、约翰·杰克逊(John Jackson)、玛丽·W. 坎伊(Mary W. Kanyi)、梅里琳·F. 莱顿(Merrilyn F. Layton)、詹姆斯·E. 利特尔菲尔德(James E. Littlefield)、罗夫曼·布莱恩(Lofman Brian)、特伦斯·内维特(Terence Nevett)、简·奥尔森(Janeen Olson)、奥格登·安妮塔(Ogden Anita)、查尔斯·R. 巴顿(Charles R. Patton)、波特·吉娜(Po rt Gina)、克利福德·J. 舒尔茨(Clifford J. Shultz)等。

25 名国内学者的论文被收入《第五届市场营销与社会发展国际会议论文集》(Proceedings of The Fifth Conference on Marketing and Development)。论文集出版支持单位包括营销与发展国际学会、加拿大管理科学学报(CJAS)、宏观营销学报、消费心理学报、消费者研究协会、消费心理协会、北美营销教育学会印度分会。甘碧群、符国群、牛海鹏等 6 名中国学者的论文荣获国际优秀论文奖。从此,中国市场营销学者开始全方位、大团队地登上国际舞台,与国际学术界、企业界的合作进一步加强,标志着中国营销学国际化的开始。

大会开幕前一天(即 1995 年 6 月 21 日)下午,国务院领导同志在人民大会堂福建厅会见了前来参会的部分国外学者,并向来自各国的市场营销学者介绍了中国政府治理通货膨胀、加强产品质量管理、提高人民生活质量的主要举措以及取得的成效。他指出,加强宏观调控,整顿金融秩序,为治理通胀、平抑物价奠定了基础。他说,我们坚持不搞全面紧缩,只对低水平重复建设和"泡沫经济"的部分从严管理,而对交通、能源、农业及有利于培育新的经济增长点的部分积极扶持。这样,就避免了大起大落,实现了经济的"软着陆"。来自麦吉尔大学的青年学者马克·扎博(Mark Szabo)非常兴奋,积极请教提问,还带来了自己的老师纽茂夫教授对领导同志的问候和良好祝愿。

第五届市场营销与社会发展国际会议最后一天,ISMD 常务理事会(Board of Directors,BOD)换届选举,郭国庆作为亚澳地区代表当选为常务理事。

加拿大麦吉尔大学管理学院教授库纳尔·巴苏,后来任职于英国牛津大学赛义德商学院。他曾讲过这样一段话:"市场营销教育旨在提高各种社会交易活动的效率。它有助于个人和组织在不断变化的经济、文化、政治、社会和法律环境中树立长远观念,并为其提供适应未来变化所必需的手段和技能。毫无疑问,在经济迅速增长的各个国家,营销教育对于促进企业成功地适应外部环境变化具有十分重要的意义。而对跨世纪的中国企业来说,尤其如此。"

(郭国庆 学会第 4—8 届副会长、中国人民大学教授)

六、中国工科院校第一个本科市场营销专业

中国石油大学 钟国焱

随着改革开放和社会主义市场经济的蓬勃发展,市场营销的概念也迅速在国家经济管理和企事业经营领域流传开来。在"在中国高等院校市场学研究会"的推动下,1992年春夏,教育部高等教育司指定5个财经院校试办市场营销本科专业,所有的工科院校,包括原华东工学院(今南京理工大学)在内,自然未列其中。但当年华东工学院经济管理系师资力量较强,专业方向分布面较宽而且相对均衡,并从企业调入一批实践经验丰富的中年干部充实一线教学,深受欢迎。因此,院系领导都很支持一个来自基层教师的新动议:顺应潮流,尽快设立这个正在迅速热起来的新兴专业。于是,由经管系管理工程教研室牵头,双管齐下,在编写教学计划上报相关部委(教育部高教司和兵工部教育司)备案的同时,又征得院系领导同意,从当年经管系会计专业和统计专业三年级同学中,采取自愿报名的办法,总共有27位明显性格外向的新生(其中男生占2/3以上,只有6位女生)报了名,很快便组建起编外的工科院校第一个市场营销专业班,并按照紧急编写出来的教学计划和教学大纲,从9月1日新学年开始便进入正常的专业教学进程。

1992年,教育部高教司公布了新建专业的审批结果,其中计划指定新设市场营销专业的5个院校,有4个参与了新建,另有1个自动放弃了这个机会;但同时,高教司立刻开启审查并同时批准了计划外的华东工学院申报计划,于是,这次试办仍未少于原计划的5个院校,只是换进来一个工科院校,华东工学院这个试办班便名正言顺地转正了,1990级27位同学欢呼雀跃,两年之后,全班同学顺利毕业,无人考研,两人留校担任专业助教,其余25位同学都直接找到了各自满意的工作,并获得了较高水平的收入。

也是从1992年暑期开始,华东工学院这一刚刚获批的新专业,正式公开列入每年国家统考本科招生的目录。

从1990年首届内部招生开始,从华东工学院到南京理工大学,前后连续招生11年,其中还有好几年时间曾接受校内文、理、工科各专业的本科生,选择辅修市场营销专业并计入双学历,参与辅修的同学们毕业后,在双向选择的就业市场上,竞争实力也确实增强不少。

但这股一哄而上的狂热必然无法持久,时间不长难免退潮。这是因为,许多从无经济管理方向教学实践经验的师范院校(据传说,甚至包括有学历教育资格的个别省市委党校),也都凑热闹挤进来挂牌招收市场营销本科生。于是,没过太久,很

快地,全国突然大量集中涌现的市场营销专业本科毕业生太多,迅速过剩,工作不好找了。而在这个苗头出现之前不久,南京理工大学冷静地估计了形势,便于2001年适时地停招了这个曾经一度火热的专业,2004年裁撤了这个专业,不再保留。

从1992年、1993年华东工学院开招两届由会计统计三年级同学自愿报名转新专业开始,即从1994年到2004年,14年间总共毕业了11届本科生300多人。一个新开专业短暂的全生命周期,恰恰是与市场营销概念在我国迅速传播与运行相依相伴的过程。由于这一新专业的试办和计划招生,全国是从1992级新生入学开始的,到1996年才有首批毕业生,而南京理工大学的新设市场营销专业方向本科生班,早了两年,于1994年就开始每年有一个班的毕业生了。因此,它不仅是全国工科院校的第一个,也是全国高校第一个本科市场营销专业班。

(钟国焱 学会第5—10届常务理事、中国石油大学荣休教授)

七、如沐春风　催人奋进

——我对中国高等院校市场学研究会的点滴感受

中南财经政法大学　汤定娜

1.

要为纪念学会成立40周年写点什么，思绪被拉回到了已经久远的过去，脑海里首先出现的是1982年春聆听《市场学》课程的情景。其实追溯起来，我接触市场学、进入市场营销教学与研究领域以及成为学会一员，起点正是在这里。

20世纪80年代初，学会创始人之一彭星闾先生在我当时就读的学校湖北财经学院（中南财经政法大学的前身）首开《市场学》课程。非常怀念彭星闾先生！这门全新的课，彭先生先在专修科讲授，接着在本科商业经济专业1979级讲授，也就是我所在的班级。那年，我们大三；那年，我们班同学有幸成为《市场学》课程国内最早的学生。

虽然已经一去40多年，但《市场学》课堂上彭先生的授课情景却仍历历在目：讲台上摆放着一摞小本子，有六七本，是当时常见的土黄色封皮的工作手册。工作手册里装着的是彭先生在自己收集和自己翻译的大量资料上整理出的讲义的内容。彭先生用他那浓浓的湖南长沙口音在讲台上从容地讲着，从管理学界的最新发展动态讲到市场学的精华内容。台上讲着，台下不停笔地记着……

彭先生讲课很具有吸引力，我们又要听课、又要记笔记，忙得不亦乐乎。那时听课记笔记是常态，是必需的：一是因为我们这些恢复高考制度后考进大学的被称作新三届的学生学习热情高，态度特别认真，极力想记下所听到的每一句话；二是因为当时教材种类非常少，辅助学习资料更几近于无，因此不做笔记不行。

这门《市场学》课程刚刚从海外引进，彭先生讲这门课属于开先河之举。我毕业留校后曾听他说过，当时有人对他质疑："这些内容能讲吗？"他是顶着莫大的压力开这门课的。确实，在改革开放的初期，人们还处于对"市场"不够理解和接受的状态。

还有一个小插曲。新开的这门课，国内是没有教材的。我们被告知订购到教材了，是王德馨与江显新编著的《市场学》。但是开课了，这本教材还没到。直到下一个学期开学后，我们才拿到了这本姗姗来迟的与众不同的教材——竖版繁体字的《市场学》。竖版繁体字，看每一页都很费劲。可以想象当时拿到这本教材的我们内心有多么崩溃！在教材上没有看到出版时间和出版单位，后来查了一下，这本《市场学》是台北三民书局1970年出版的。

不久,彭先生还将香港中文大学的闵建蜀教授请来我们学校给师生做市场学方面的讲座。讲座很受欢迎,还有不少校外来人。场上气氛热烈,不断有人提问。具体内容因时间过去已久记不太清,留下的只是因第一次经历讲座这种形式而感到新奇和触动。这种感受在之后每次听高校市场学研究会年会的大会发言时仍会出现:开阔了视野并激发出进一步去学习提高的欲望。

2.

我是20世纪80年代末才开始担任市场营销学课程的教学工作的。与现在起点动辄就是营销博士的年轻教师相比,我的学识有限、资料匮乏,要完成讲课、做研究的任务感觉是难上加难。用如饥似渴来形容当时我的想尽快学习专业知识的心情与状态一点也不为过。好在我们学校当时在市场营销学科建设上已有了扎实的基础并初见成效。1982年最早在本科开出《市场学》课程;1983年最早在硕士点设置市场营销研究方向,招收营销专业硕士研究生;1988年(早1992年市场营销专业上国家专业目录4年时间)设置了市场营销专门化,招收市场营销本科生;1990年,彭星闾先生更是获批成为全国首批市场营销专业的博士生导师,招收博士研究生。教研室的彭星闾先生、万后芬教授,还有严学军教授等是学会最早的发起者和参与者。在他们的带领下,我很快进入状态并成为学会一员。在进入学会后就真切地感受到积极参加学会举办的年会和各项活动是提升专业修养的最佳路径之一。

对我们教研室来说,参加学会举办的年会是每年最重要的任务之一。从早年万后芬教授担任教研室主任起,其对参加年会明确提出两条要求:一是必须撰写论文投稿参会;二是参会必须发声,即要在小组研讨会上发言。这两条要求说起来简单,但内涵丰富、寓意深远,对培养年轻教师的学术素养和进取心成效显著。这两条后来也成为我对我的博士生和硕士生参加年会的要求。早些年因为经费有限,每次年会,教研室只能派出两三个代表参加,参会的老师都被要求回来后在教研室传达转述参加年会的过程、详细内容和体会,让听者仿若参与其中,也都感觉收获很大。

我初始只是积极投稿参会,后来与同事们一起跟着万后芬教授尽心尽力地投入参与举办学会的年会、举办教学研讨会、参加学会的各种活动之中。在后期担任副会长的那几年也做了一些学会的相关工作。

我们这些会员在专业教学与研究水平上的提升和事业的发展等方面都与学会给予的强大支撑和推动分不开。此外,我们湖北的学会会员在提升和发展上还有一个不可忽略的重要影响因素,即湖北省市场营销学会对会员的影响。1997年,彭星闾先生、甘碧群先生、万后芬教授和符国群教授等组织在湖北特别是在武汉的高校会员与实业界人士成立了湖北省市场营销学会。湖北省市场营销学会自成立以来,在前述领导人以及田志龙教授、汪涛教授和景奉杰教授等的带领下健康持续发展,在促进会员的知识更新、提升学术研究能力、成功申报项目以及锻炼学生理论与实践相结合能力和有效地服务社会等方面都取得了可观的成果。

3.

不断地参会学习,就能不断提高进步,无论是学识、视野还是学术研究能力等。这是对我成为学会会员后深深感受的概括。下面举其中一个具体的例子来予以说明并表达对学会的感激之情。

我的研究比较多地关注渠道与零售这一块。在 1995 年参加的在北京举办的 MBA(工商管理硕士)《市场营销学》师资培训班上,我对渠道的重要性有了深刻印象,当时授课的香港中文大学李金汉教授将渠道列为 4P(产品、价格、推广、渠道)之首。而零售行业对于我来说,是有着特殊缘分的行业。在考上大学前,我在零售基层工作了 8 年,对零售行业实务有一定了解。再者,我本科学习的专业是商业经济,与零售密切相关。还有一点则与学会直接相关,就是 20 世纪 90 年代初,我参加了学会与其他机构合作开展的一项全国零售店调查。湖北省被抽样为样本省,调查由中南财经大学(中南财经政法大学的前身)与武汉大学共同承担。参加这个项目,我不仅通过地毯式调查以及对当地零售业负责人访谈,摸清了我负责的样本县零售实体店的基本状况,还学习了市场调研的一些知识与实操技术方法。后来参与了万后芬教授主持的一项关于零售外商投资的国家社科基金项目。通过调研访谈,对当时零售业的发展和研究动态有了一些了解。基于以上种种,我在博士论文选题时,在导师万后芬教授的指导下,选择了研究零售企业的空间扩张方面的问题,于是也就接触了零售连锁企业空间扩张的特殊形式——网络扩张开店,也就是被称作双渠道零售或多渠道零售的问题。

我记得我以多渠道零售方面的问题撰写的论文于 2003 年投稿参会。因网络购物 20 世纪 90 年代末才在中国兴起,发展初期问题多多,如支付问题、信用问题、运输问题、产品质量问题等。当时的网店基本上是仅在网上独立开店的新店,实体店开网店实施双渠道策略的少之又少;大家对多渠道零售这个问题也感觉很陌生。那次年会的小组会对我提出的问题进行了热烈讨论。我感觉会上提的问题特别是一些质疑对我有很大启发,帮助我进一步厘清了研究思路。这个研究涉及的是新的研究领域的新的研究问题,我当时正处于艰难探索之中。在这个时候,有同行通过点评和提问有针对性地给予这么深入具体的支持与帮助,显得多么难能可贵。

之后我又带着这个论题上过学会的年会小组会讨论。一次次参会,一次次受到打磨、启发和鼓舞,我逐渐也有了一些研究成果,以这个论题撰写的论文分别被 2004 年和 2007 年武汉电子商务国际会议所接受。后来我利用出国的机会在美国考察了几个大型零售企业,并查阅了大量多渠道零售研究的外文资料,进一步摸清了该研究的前沿动态,对研究问题有了更清晰的认知。2012 年,我获批了关于多渠道零售研究的国家自科基金项目。项目在研期间,我又在与其他学会会员的大量交流讨论中获得支持与帮助。我的博士生、硕士生也先后携论文参会,他们不断从学会的年会、博士生论坛和专题讲座等会议中获取知识营养与学术能量,也有了可喜的进步与成果。

这只是我的一个研究的列举,说明学会在帮助会员提升学术研究能力与水平方面的作用和成效。除此以外,我还经历了学会在教学研究思维和能力水平的提高以及服务社会和文化传承等方面给予会员的多方位、高水平的引导、支持与帮助。

学会是靠山,是土壤,给会员支撑和营养,每次接触都令人如沐春风;年会是别样的课堂,是大型学术沙龙,给会员知识和动力,每次参会都仿佛听到催人奋进的鼓声。学会一定会活力四射、事业长青!

最后还有一句话:向学会的老前辈致敬!你们倾尽全力打造的学会给一代又一代市场营销学者铺路架桥,让其成为市场营销学科的生力军。后辈当努力,一代应更比一代强!

(汤定娜　学会第10届副会长、中南财经政法大学教授)

八、具有独特历史地位的苏州年会

吉林省经济管理干部学院　刘文广

长沙，湖南财贸学院的一次全国性的会议，宣告了"中国高等财经院校、综合大学市场学教学研究会"（中国高等院校市场学研究会前身）的诞生！从1984年云南昆明上马村（云南财贸学院）开始，到2024年湘江之滨的岳麓山（湖南大学），我将与"中国高等院校市场学研究会"共同走过40年。在过去的39年里，我伴随着学会共同成长，见证了在历任会长主持下的同舟共济的奋斗历程。首任会长贾生鑫坚韧创新，二任会长何永祺扎实敬业，三任会长罗国民国际视野，四任会长纪宝成名望加持，五任会长符国群执着求变，接力效应连接出了一条学会成长的上扬曲线。我在2019年卸任副会长转任顾问委员会副主任，前一段时间向国群和汪涛两位现任了解了一下2020年以来的学会运行情况，得知在会长符国群的带领下，各层各线同心协力，各项事业继续得以拓展，学会经费结余200余万元，下一届的学会发展有了可靠的保障。我们曾为几百元、几千元的经费而努力，也有结余为零的年景，我不能不为这样的业绩大大点赞！这也说明39年来从无到有、由小到大、从雏声啼晓到名满天下，"中国高等院校市场学研究会"无论是在自身建设上，还是在中国市场营销的教学、研究和应用的推广上，都取得了巨大的成就，并且已经进入健康和可持续发展的轨道。

市场营销是应用型学科，虽然学会的主业一直以教学和研究为核心，但一直注重与企业实践的结合。从吴凤山、韩枫、华光彦主持承办的哈尔滨年会开始，到苏州年会、第二和第三次昆明年会、贵阳年会、呼和浩特年会、银川年会、第三次哈尔滨年会等，都充满了企业营销的色彩；双师型学者吴同光、华光彦、袁步英、马连福、刘志超、刘文广、张文贤、雷鸣、孟昭礼、胡其辉、聂元昆、张鸿等，都有不同程度的企业实操经历，并取得了不俗的营销管理业绩。学会首任秘书长吴同光指导和培育著名电影明星李秀明成功转轨进入公司经营领域，早年学会最年轻的（黑龙江大学）副教授、学会副秘书长、公认的杰出人才华光彦在黑龙江企业界享有崇高的威望……学会有着连贯的光辉历史，篇幅所限，恕不能一一推介，本文在这条奔腾的历史河流中只能截取一段黄金节点，作为学会成立40周年献上的一颗明珠，为我们留下一抹光辉的记忆。

1991年8月10—14日，中国高等院校市场学研究会学术年会在苏州召开。这届年会是由苏州大学张文贤教授负责承办的。张文贤教授是产教融合型学者，有丰富的企业工作经验和丰硕的教学、研究成果，对企业营销有独到见解。承办苏州年会那年，张文贤在苏州大学财经学院副院长任上，其后转入复旦大学，历任复旦

八、具有独特历史地位的苏州年会 ○ 25

2002年由副会长吴健安、胡其辉（左二）主持承办的昆明年会截取图片（前排右六为张文贤教授，右五为刘文广教授）

大学管理学院会计学系主任、上海博达进修学院院长、上海博导企业效率研究所所长，是复旦大学教授、博士生导师、国务院政府特殊津贴专家、中国高等院校市场学研究会常务理事、上海人才研究会副秘书长，著述等身。张文贤教授理论与实践融于一身的特点和在企业界的影响力给苏州年会打上了自身的烙印，使该届年会深受好评。

苏州年会承载了多方面的成就，在学会成长史中占有独特的地位，具有里程碑意义。首先，苏州年会追求产教融合、理实结合的目标与效果，安排苏州企业家做了实践色彩浓重的精彩报告，组织了学者、企业家及官员进行深度交流，考察了东方丝绸市场，感受了改革前沿地区的营销态势及市场氛围。其次，苏州年会首度启动了学会优秀论文奖的颁奖仪式，在何永祺会长主持下，学会为会员提供展示研究成果的平台，在苏州正式搭建了起来。再次，我们熟知的"申办中国高等院校市场学研究会年会"这项经久不衰的活动，在苏州年会期间酝酿试行，其后各高校积极申办、争取支持的场面成为年会的一道风景线，32年来它已成为学会年会的重要议程。最后，非常有必要说一说该届年会的会务工作。该届年会非常成功，得益于会议杰出的组织工作，所有衔接的部位都做到了严密、精准、顺达、通畅、周到，忙而不乱，加上校企双方充分的资源投入，保障了会议的高效运行。那时，学会的会务费在全国国家一级学会中是最低的，而且会务事项很麻烦，没有手机、网上联络和高铁，火车卧铺票一票难求，返程票要由会务解决，接送站要由会议负责，一日三餐

(从汉餐、素食到清真餐)一应到位,企业赞助的纪念品和参观旅游足金足两。苏州会议竟然完美地做到了这些,这无论是在当前或是过去都是不可想象的,张文贤教授、苏州大学的师生和苏州企业界的朋友们铸就了一座无差错办会的丰碑。

除此之外,苏州年会还曝出了不少值得一提的花絮,其中在苏州经济体制改革委员会和企业家协会的座谈会上就发生了一件与厉以宁教授高热度关联的趣事。厉以宁是在政界、经济学界和企业界拥有影响力的人物,他代表了西方经济学引进并加以全面实践的一个时代,从某种意义上说,厉以宁是当代中国西方经济学的化身。厉以宁虽然不在了,但这个时代所形成的特征仍然在继续。

1991年8月12日下午,经张文贤教授安排,我和中国高等院校市场学研究会会长何永祺、副会长厉以京、常务理事张文贤应邀与苏州市经济体制改革委员会、苏州市企业家协会的企业家和官员进行闭门座谈。何永祺会长介绍了市场营销在我国的基本历史和学会的概况,我就国有企业、集体企业、乡镇企业承包和财政、货币政策等宏观调控措施失效等企业外部机制问题发表意见,厉以京教授就计划经济与市场调节相结合的经济体制和运行机制下企业营销作用的发挥问题发表看法。结果最后出场的厉以京的发言被打乱了。在交流过程中,当企业家们得知厉以京是厉以宁的胞弟后,厉以京的发言就变成了企业家们对厉以宁有哪些新见解、新动向的提问,要求做最新的披露,以探求改革趋势,弄得厉以京应接不暇。整个见面会热闹非凡,一半时间讨论了我国企业的现实营销及环境问题,另一半时间则归属了厉以宁,可见厉以宁当年在企业界的影响力就已达到相当高的程度了。

厉以宁对西方经济学的看法是有变化的。早期他认为西方经济学是庸俗的、实用主义的,头痛医头、脚痛医脚的。他在20世纪80年代初出版过一本关于宏观经济学的小册子,对凯恩斯经济学介绍得精确,言简意赅,其中关于投资不振和消费需求不足的来龙去脉,给我留下了深刻的印象。按照那本书的意涵,原本我以为在经济改革过程中,厉以宁会在这方面发挥重要作用,以避免我们重蹈美国曾发生的民众后顾之忧的覆辙。但在由自主仿制、创造型开发转向合资合作来料加工,由生产型转向贸易经济,由工业经济、产业升级换代和消费经济并举转向全面的消费经济之后,我国还是发生了消费需求不足的问题,而且几十年下来,这个问题越发严重,仍然没有得到解决。

孙尚清曾在昆明年会的开幕式上将市场学释说为市场经济学,虽然市场学产生于市场经济,但它并不是关于市场经济的学说。厉以宁与孙尚清有所不同,厉以宁虽以西方经济学见长,但搞企业改革不可能撇开市场营销,他曾经讲过一个向寺庙及其和尚推销梳子的故事,展示了一个现象背后所揭示出的营销观念和营销技术问题。厉以宁由经济学跨入营销管理领域,他的研究应该受到其胞弟厉以京教授的影响,从而发生了经济学家与市场营销的神交神往,使他提出的改革意见更贴近企业经营实际,也拉近了他本人与企业的距离。

回首往事,难免升腾一种漫无边际的情绪,万水千山、夕阳朝阳,一部中国营销史,犹如两岸猿声啼不住的绿水青山和奔腾而下的万里江河,当太阳升起的时候,苍穹之下所蕴含的生机便会焕发出来。中国高等院校市场学研究会就是让中国市场营销焕发出勃勃生机的那一轮永远燃烧的太阳!

(刘文广　学会第7—10届副会长、吉林省经济管理干部学院教授)

九、中国高等院校市场学研究会的"莫干山会议"

西安交通大学　郝渊晓

1986年的暑假,中国高等财经院校、综合大学市场学教学研究会,在杭州商学院召开年会及《市场学》师资培训班,地址在德清县莫干山。我有幸参加这次会议,并产生深刻印象。

1985年我在陕西财经学院工业经济系毕业后,留校分配在物资系从事教学与科研工作,确定的教学及研究方向为"物资市场学"。上大学期间,工经系李连寿老师给我们讲授《市场学》课程,选用教材是贾生鑫教授主编的中国人民银行组织编写的全国高等财经院校教材《中国社会主义市场学》(陕西人民出版社,1983年6月第1版)。李连寿老师是我步入市场营销学教学和科研的启蒙老师,当年的课堂笔记至今仍然历历在目,助教闫涛蔚老师讲了几次课(后成为山东大学威海分校教授)。

我有机会参加这次会议,主要是我们物资系以研究生产资料流通为主(现在的物流系),物资系在陕西财经学院相对特殊,是国家物资部在陕西财经学院办的专业,有物资经济、物资财务会计两个专业。在经费紧张的情况下,由于物资系开设新课程,领导同意我参加这次年会及师资培训班。由此,我和学会建立了30多年的深厚感情。

这次年会,是学会1984年成立后的第二次年会,同时举办市场学师资培训班。当时学会的主管部门是中国人民银行,秘书处设立在陕西财经学院,会长是贾生鑫教授,杨鑫老师、李连寿老师及财院贸经系许多老师都为学会做了大量具体工作。因此,年会在杭州召开,财院去的人员较多。在参会之前,尽管在一个学院,但是我对贾生鑫老师只是知道,并没有任何联系,但这次会后,我和贾老师的感情逐步加深,一直延续37年之久,贾老师成为我人生重要的导师和引路人。这次市场学师资培训班,于1986年7月10日下午在莫干山礼堂举行开学典礼,贾生鑫会长讲话,杭州商学院谭宗尧教授安排教学班的教学计划及要求,学员130多人。学会年会7月11日下午举行开幕式,出席会议代表86人。中国人民银行教育司司长代表主管部门讲话,杭州商学院党委书记致欢迎词,陕西财经学院院长肖彦芳讲话,莫干山管理局领导致辞,理工科院校代表华南工学院厉以京老师讲话。杨鑫代表秘书处做学会工作报告。

市场学培训班课程表如表1所示。

九、中国高等院校市场学研究会的"莫干山会议"

表 1　市场学培训班课程表（1986 年 7 月）

课次	授课题目	授课人	授课人院校	时间
第一讲	市场策略与规划	吴世经	西南财经学院	7 月 11 日上午 7 月 12 日上午
第二讲	西方市场营销观念演变的研究	何永祺	暨南大学	7 月 12 日下午
第三讲	关于市场学几个问题的初探	甘碧群	武汉大学	7 月 13 日上午
第四讲	关于企业战略计划的几个问题	邝　鸿	中国人民大学	7 月 13 日下午 7 月 14 日上午
第五讲	香港市场营销研究	厉以京	华南工学院	7 月 14 日下午
第六讲	现代市场营销观念的新发展	梅汝和	上海财经学院	7 月 15 日上午
第七讲	目标市场选择的研究	许凤歧	上海财经学院	7 月 15 日下午
第八讲	牌号策略研究	黄　燕	上海外贸学院	7 月 16 日上午
第九讲	新问题求索	彭星闾	中南财经学院	7 月 16 日下午
第十讲	关于价格策略研究的几个问题	吴健安	云南财贸学院	7 月 17 日上午
第十一讲	企业营销的本质及其对环境的适应和利用	郎宝书	北京经济学院	7 月 17 日下午
第十二讲	促销策略研究	励瑞云	吉林大学经济系	7 月 18 日上午
第十三讲	销售渠道研究	贾生鑫	陕西财经学院	7 月 18 日下午
第十四讲	企业市场营销绩效评估	杨　鑫	陕西财经学院	7 月 19 日上午
第十五讲	市场营销管理职能的研究	谭宗尧	杭州商学院	7 月 19 日下午
第十六讲	市场营销管理程序研究	谭宗尧	杭州商学院	7 月 20 日上午

参加这次市场学培训班,是我从事市场营销学教学和科研的开始,在市场营销这个领域耕耘 35 年,一直到退休。通过这次培训班,我和贾生鑫教授成为莫逆之交。在我 35 年的教学中,贾老师是我最崇敬的老前辈之一。后来的每年学会召开年会,我基本参加,一是我所在系有经费支持;二是贾会长要参加年会,我要照顾贾老师的行程。特别是贾老师年高以后,每次参会我都和贾老师沟通,征求意见,贾老师极强的记忆力及反应,经常和我谈及学会成立前后的逸闻趣事,特别是经费紧张,老一代对事业的敬业精神使我非常敬佩。

非常遗憾的是,2023 年 1 月 4 日,由于新冠感染,贾生鑫老师在 99 岁时驾鹤西去。参加 2023 年的武汉大学年会,我独自一人,感到孤单。根据贾老师的身体及精神状况,原计划在百岁生日,我们再举办庆祝宴会,现在只能是一种遗憾了。

从事市场营销学教学以来,在各位前辈的教导下,在各位营销界朋友、同仁的帮助下,在"中国高等院校市场学研究会"这个大家庭里,我得到了太多的帮助,也使我不断进步,在教学和科研上取得了一定的成绩。

近 40 年的市场营销学教学和科研,我主要取得如下主要业绩。

我发表在《当代经济科学》(1990 年第 2 期)上的论文《期货交易中心:重建生产资料市场组织形式的有效途径》,获学会第一次优秀论文二等奖(一等奖空缺)。

现任陕西省人大常委会财经咨询专家、丝路阿克苏易货贸易研究院院长、陕西现代经济与管理研究院副院长、陕西省物流学会副会长、陕西省拍卖行业协会副会长。2018年荣获"改革开放40年中国物流行业杰出贡献人物"称号。

现学术兼任中国高等院校市场学研究会理事，全国拍卖标准化技术委员会（SAC/TC366）委员，全国拍卖师执业资格考试委员会委员。

1997年获中国金融基金优秀教师奖，1999年获陕西省首届优秀青年经济理论工作者称号，1994年陕西省人事厅破格晋升营销学副教授，2002年在西安交通大学破格晋升营销学教授。

近40年来，发表论文100多篇，主编（副主编）教材35部，合著11部。获省、部级科研奖项10余个，其中2004年主持的《陕西省物流产业发展战略规划研究》，2006年获中国物流与采购联合会科技进步奖一等奖、2008年获陕西高等学校科学技术奖二等奖；《"案例教学法"在市场营销教学中的应用》获1995年陕西省人民政府优秀教学成果一等奖，1996年中国人民银行首届优秀教学成果一等奖。主编的《物资市场学》1992年获第6届全国图书"金钥匙"一等奖、1995年陕西省高校优秀教材一等奖。主编的《市场营销管理》（第三版）获2002年西安交通大学第8届优秀教材一等奖；主编的《现代物流管理学》获2004年西安交通大学第9届优秀教材二等奖。主编"十一五"国家级规划教材《商业银行营销管理学》（科学出版社，2009年第2版）、主编西安交通大学"十四五"重点规划教材《市场营销学》（西安交通大学出版社，2021年第3版）。

论文《论产权拍卖市场营销策略》获2001年陕西省人民政府第6届哲学、人文社会科学优秀成果三等奖。2011年主持《陕西省物流业发展中长期规划研究》，2013年主持陕西省社科基金《丝绸之路经济带区域物流一体化协调机制构建研究》。2021年《陕西工业流动经济发展研究》获陕西高等学校人文社会科学研究优秀成果奖三等奖。

（郝渊晓　学会第6—10届副秘书长、西安交通大学经济与金融学院教授）

十、我的记忆碎片
——我与中国高等院校市场学研究会

西安交通大学　庄贵军

在陕西财经学院上大学期间,应该是大四的最后一学期,1984年开学以后,就听说了中国高等院校市场学研究会,当时叫"中国高等财经院校、综合大学市场学教学研究会"。我们贸易经济系里的贾生鑫教授担任学会第一任会长,牛军(女)老师(系办公室行政人员)给他当秘书。会计系的杨鑫、工业经济系的李连寿,都是积极参与者。

1984年我留校,成为贸易经济系的一名年轻助教。之后的几年里,每到暑假来临,都看到他们很忙碌,一方面筹备年会,另一方面早早购买参会的火车票。那时的火车票不好买,尤其是卧铺票,要提前两三天甚至半夜排队才能买得到。

再后来,我成为贾生鑫教授的硕士研究生,直到1989年9月毕业。这期间,参加过陕西省市场学会的活动,认识了西安交通大学的许绍李教授和陕西机械学院(后来改名为"西安理工大学")的胡士廉教授。后来他们都是我硕士毕业论文答辩的评审人和答辩委员会的成员。当然,也认识了和我年龄相当的张庚淼、闫涛蔚和郝渊晓。

第一次参加学会的学术活动,是在1990年暑假的桂林年会。当时,住在桂林的桂星酒店。第一次住这种星级酒店,生出很多感慨,我在日记中写道:"在此过了五日老外的生活。"那时,由于自己没有科研经费,要用系里的经费,所以参加会议要争取。记得当时系里资助了300元人民币。

那次会议让我长了不少见识,见到了好多以前只闻其名、不见其人的前辈。印象最深的是暨南大学的何永祺教授和他的夫人。何永祺教授是那一届的会长。我们一起坐船从桂林到阳朔畅游桂林山水。在船上,我和夫人就坐在他们夫妇的对面。他夫人还买了一些田螺让我们品尝。

何永祺教授话不多,普通话里带有浓重的老广口音。他的个头比较高,在体型上刚好与贾生鑫教授形成鲜明对比。贾老师白白胖胖,何老师黑黑瘦瘦;贾老师矮,何老师高;贾老师秃顶,何老师头发茂盛。

此外,广东商学院(后改为"广东财经大学")的罗国民教授也给我留下深刻印象。他后来当了好多年的会长。当时,只听说他是归国华侨,挺有钱的。虽然稍稍有一点阴柔之气,但他很活跃,情商很高,对待我们这些小字辈也没有架子。之后,他升任广东商学院的院长（相当于现在的校长），我和他有过比较多的接触。有一度我曾经想调到他们学校去，他甚至把广州房子的钥匙都给我准备好了。

会议的内容完全忘记了，只记得一些年轻教师凑到一起慷慨激昂地讨论中国营销学未来的发展，感叹何时在研究水平上能赶上西方发达国家。

桂林年会之后，我又参加过昆明、西安以及大连举办的年会。西安的年会由杨鑫教授牵头、陕西财经学院主办。杨鑫当时是陕西财经学院主管产业开发的副院长，财大气粗。他非常努力想把年会办好，而且那一年也确实办得很好，花了不少钱，得到了与会代表的高度赞扬。

我、张庚森、闫涛蔚、郝渊晓和一些陕西财经学院的硕士研究生是主要的志愿者。记得我接待的第一位学会领导，就是中国人民大学的郭国庆教授。他当时应该是学会的副会长。我带着他和几位老教授参观了陕西历史博物馆。

郭国庆的年龄虽然比我小，但成名很早，让我"羡慕嫉妒恨"了很多年。他是我们这一代里最早成为教授，也是最早带研究生的。在昆明开会时他已经带了几个研究生，其中一个是李海洋。我当时正准备去英国做中级访学。郭国庆带着一个很年轻的小伙子向我介绍，说小伙子叫李海洋，是他的学生，正准备到香港理工大学深造。没想到几年以后，我到香港城市大学读博时，李海洋竟然成为我的"师兄"。李海洋和他后来的夫人张燕都在香港城市大学商学院管理学系，我刚去时也是在管理学系，后来才转到市场营销系。李海洋和张燕后来都去了美国做教授，在战略管理方面的学术成就都很高。

我和郭国庆的缘分还不限于此。我获得博士学位以后，陕西财经学院被并入西安交通大学，我于是成为西安交通大学管理学院的一员。在教学时，我多次和郭国庆共同给我们EMBA（高级管理人员工商管理硕士）的同学上课。他上前面两天，我上后面两天。

在那次会议上还认识了香港理工大学的陆定光博士和香港浸会大学的一位姓刘的女老师。陆定光很热情，也很直爽，说话的速度很快。我向他请教了一些问题，他不厌其烦地向我解释。我们的友谊持续了很长时间，我在香港读博时与他见过几次面，后来回到西安还见过他两次，他到西安给香港理工大学的MBA上课。他好像是这个项目的主管。

刘老师是一个台湾同胞，说话柔声细语，很好听。她信基督教，为人很和善。我到香港读博时还和她见过几次面，探讨过一些学术问题。

1997年底至2001年5月，我到香港城市大学攻读博士学位。这期间和之后的一段时间，减少了参加学会活动的次数。此时，更希望眼睛向外，多参加一些国际学术会议。博士毕业后，又响应赵平和符国群教授的号召，更多地参与JMS（《营销科学学报》）的活动。

在济南、南昌、太原和内蒙古召开的年会还是参加了，并参与优秀论文的评审。

记得在南昌的会议上还"救"过场。大会的最后一天下午,学会秘书长、中国人民大学的吕一林教授突然找到我,让我给大会做一个 30 分钟的报告。报告很成功,报告之后又认识很多新朋友。

往事如烟,只剩这些记忆碎片。随着年龄的增长,越来越觉得自己生活在四维空间。很多记忆中的人和事重叠着,常常说不清楚哪一个在前、哪一个在后。一些人和事可能在记忆中还被随意拼接起来,不知是真是假。

我们这一代营销学者是伴随着中国高等院校市场学研究会的诞生、成长、壮大而成长起来的。我们有承上启下的使命感。在我们的成长过程中,学会组织的活动让我们开阔了眼界。学术共同体内大家的相互帮助,让我们有了归属感。经过我们这一代人的共同努力,中国营销学的研究水平已经逐渐赶上了西方发达国家。回头望时,我们已经老去,超越的任务需要后来的营销学者继续完成。

西安年会工作人员的合影。前排正中的是杨鑫教授,前排右三是李连寿教授,左三是牛军老师。

○ 风雨兼程四十载，凝心聚力铸辉煌

带郭国庆(右一)和几位老教授参观陕西历史博物馆。正中间的是何永祺教授，左三是他夫人。

（庄贵军　学会第7—10届常务理事、西安交通大学教授）

十一、与学会共同成长的40年情缘

中国人民大学 李先国

2024年中国高等院校市场学研究会成立40周年了,回想起40年来与学会结缘的点点滴滴,不禁感慨万千。

1. 与学会结缘,入门市场学

我1983年上大学,1984年1月6日,我的母校湖南财经学院成功举办了"全国高等财经院校、综合大学市场学教学研究会"成立大会和第一期市场学高级研讨班。作为学会创始人之一的湖南财经学院杨德道教授是我的市场学启蒙老师。当年作为一名本科生的"小白",并不知道日后会与学会结下不解之缘。当时杨德道教授给我们讲授《市场学》课程,用的教材是《中国社会主义市场学》(贾生鑫主编,陕西人民出版社,1983),这是我第一次接触市场学,杨教授讲课风趣幽默、内容充实、结合实际、生动具象,给我留下深刻印象,也使我对这门学科产生了浓厚的兴趣。在市场学的感召下,我度过了愉快的4年大学生活。

1987年8月,学会在哈尔滨举行换届大会,更名为"中国高等院校市场学研究会",中国人民大学邝鸿教授继续被聘请为学会顾问,郭国庆教授被选举为理事。这一年我本科毕业考入中国人民大学贸易经济系,正是在学会顾问邝鸿教授、郭国庆教授的引领和指导下,我走上了市场营销学的研究道路。

1988年第一次在图书馆看到"现代营销学之父"菲利普·科特勒博士的被誉为"营销学《圣经》"的《营销管理:分析、计划、执行和控制》(第5版,1984),被营销管理内容的博大精深所吸引。1990年拜读了邝鸿教授主编的《现代市场营销大全》(经济管理出版社,1990),该书邀集国内数十所大专院校和科研机构的著名市场学教授、专家共同撰写,共31篇,200余万字,在当时算得上市场学界的鸿篇巨制。大师的引领,大作的滋润,使得我在攻读硕士和博士学位期间,均将市场营销作为研究方向。

2. 成为学会会员,广交学界朋友

1993年任教中国人民大学,适逢中国人民大学贸易经济系成立市场营销教研室(后发展为商学院市场营销系),我幸运地成为第一批市场营销专业教师,正式投身于市场营销学的教育和研究事业。1996年相继出版了《销售管理》和《商务谈判理论与实务》两本著作。

1997年作为学会会员参加大连海事大学承办的中国高等院校市场学研究会年会,第一次作为主讲嘉宾在大会分享"中国人民大学书报资料中心市场调研与营销策划"的主题报告,当时的心情是兴奋、忐忑又惊喜。在郭国庆教授的引荐下,结识了何永祺教授、韩枫教授、彭星闾教授、甘碧群教授、吴健安教授、罗国民教授等老一辈营销学教授,同时通过交流认识了很多年轻的市场营销学者,使我对市场营销学科的发展有了进一步的感悟。

之后几乎每年积极参加学会的年会,每次都是满载而归,科研能力也得到了提升。2002年我提出了数字化整合营销理论,论文《客户关系管理与数字化整合营销》2003年获中国高等院校市场学研究会第6届优秀论文奖。2003年又出版《分销》一书。

3. 司职副秘书长,义务效力12年

2003年学会年会在贵州财经大学举行,进行了换届选举,学会秘书处迁至中国人民大学。随后,中国人民大学承担起了扩大学会与全国市场营销学界、企业界、政府相关部门、社会团体联系的重任,为推动市场营销学研究成果和技术在我国的发展和应用作出了相应的贡献。在郭国庆副会长、吕一林秘书长的领导下,我开始了秘书处的工作。由于没有专职秘书,我作为副秘书长就承担了秘书处的很多工作,一干就是12年。

刚接手秘书处的工作,要对接主管单位教育部、民政部、开户银行等外部事务,准备各种材料进行汇报。每年要给教育部相关部门写年度总结报告,参加民政部的社团组织年审,不合格就得重来。这部分最头疼的还是开户银行的工作,由于找不到1984年学会成立的民政部的批件(学会搬家负责人更替丢失),银行不能给开户,两年都没有申请下来。后来补足其他证明材料,在中国人民大学校友帮助下,终于在中国银行中国人民大学支行成功开户,所以必须得珍惜这个来之不易的开户银行账号。后来又应学会要求去民政部尝试拟将学会名称更名为"中国高等院校市场营销学研究会",但得到的答复是:如果更名,就不能带"中国"名头,已经不批中国名头的学会组织了,更名只好作罢。

秘书处日常工作最重要的是筹备和主办每年的年会。我主要负责年会的各项日程安排、年会论文的收集与匿名评审的组织、学会领导出席会议的联络、与会议承办单位的对接、常务理事会议和会长办公会议的组织与记录、会场布置、主席台座次安排、论文分组交流会场的安排与监控、获奖论文的证书准备、年会简报编写等。同时协助吕一林教授考察每年承办单位的前期筹备。

每次年会期间都很忙,最忙碌的一次会议是"中国高等院校市场学研究会2004年会暨20周年庆典",2004年7月24—26日在中国人民大学隆重召开,会议主题为"经济全球化与中国市场营销"。这次大会得到上级领导部门的高度重视和支持,教育部副部长吴启迪、商务部副部长张志刚、中国高等教育学会会长周远清、中国价格学会会长成致平、中国市场学会理事长高铁生、中国物流与采购联合会常务副会长丁俊发、中国连锁经营协会会长郭戈平、中国商业经济学会副会长张采庆、教育部高等教育司副司长刘凤泰等领导与嘉宾出席了年会。来自全国100多所高校包括香港学者在内的400多名学界代表进行了学术交流。我作为主力参加了会议筹备与实施的多个环节,包括会议议程安排、讲座专家联系、会议通知起草、会议论文的收集与匿名评审组织、会议现场控制、新闻稿及年会简报撰写等,有几天都忙到凌晨。在郭国庆教授、吕一林教授、江林教授等多位老师及同行的努力下,会议圆满成功。大会对(以姓氏笔画为序)马世俊、邝鸿、甘碧群、厉以京、汤正如、李连寿、吴健安、何永祺、罗国民、贾生鑫、彭星闾、韩枫等12位为学会20年作出特殊贡献的老教授进行了嘉奖。10多家媒体对会议进行了新闻报道,大大提升了学会的知名度和美誉度。这次大会是学会成立20周年以来,层次最高、规模最大、与会代表和提交论文最多的一次空前盛会。

秘书处的工作有苦也有乐。每次年会筹备都要持续相当一段时间,有时还要对承办单位进行实地考察。记得有一年12月与兰苓副会长、吕一林秘书长去辽宁葫芦岛市考察拟承办单位辽宁工程技术大学营销管理学院的情况,正值寒冬时节,在当地车站等火车的时候,寒风凛冽,差点被吹跑,冻得直哆嗦的情景还历历在目。虽然年会期间很辛苦,但每次年会也能见到众多营销学界的前辈和精英,享受营销学术的饕餮盛宴,实乃人生幸事。同时也为全国各地的营销学者每次会议能够乘兴而来、满载而归感到高兴。其间有幸结识了李连寿、李国振、林功实、万后芬、卜妙金、胡其辉、刘文广、龚振、兰苓、张庚淼、钟育赣、王德章、符国群、孙国辉、汪涛等营销学界著名教授,从他们身上学到了很多,特别感谢他们的引领。

秘书处的工作占用了我很多业余时间,有人问我:这个业余工作不发工资,不报销费用,也不计工作业绩,完全是义务服务,为什么能坚持12年?我是觉得,身为营销人,能为学会的传承做点事感到光荣,能为学科的发展尽点力感到荣幸。学会前辈也都是无私奉献,给学会和学科的发展打下了这么好的基础,我们必须把她发扬光大,要无愧于前辈、无愧于来者。为了我们学会的发展事业,我认为付出值得。

4. 当选副会长,继续为学会服务

2019年7月,学会年会在长沙的中南大学召开,我当选为第十一届学会副会长。角色改变,我还是会尽力为学会做点事。其间相继参加了学会举办的学术年会、教学年会和企业年会,并在首届企业年会圆桌会议上做"企业数字化营销的发展"的主题分享。

2022年,符国群会长联系我,表达了学会拟与中国人民大学书报资料中心合作办刊,办成学会会刊的意向。其实早在2011年双方就谈过合作意向,当时因为学会经费不足而放弃了。由于我一直担任中国人民大学书报资料中心的学术顾问,曾创办《市场营销》《市场营销文摘》杂志并任主编,就对此进行了前期准备和联络,起草了《合作办刊协议》《办刊可行性分析》《办刊申请书》等文件。2022年6月29日,我与符国群会长、中国人民大学书报资料中心主任张可云教授、总编高自龙、副总编钱蓉等就共同创办市场营销原发期刊进行了磋商,初步达成合作办刊意向,刊名都定好了。但由于疫情及负责人更替等因素的影响最后没有成功,着实遗憾。相信新一届学会领导班子会努力实现办会刊的愿望。

2023年7月,学会年会在武汉大学召开,我继续当选为第十二届学会副会长,并兼任组织与发展工作委员会主任。承担了一个重要任务:负责组织采集国内高校市场营销学科发展信息,包括信息采集问卷设计(含单位与个人)、问卷上线采集、数据分析,编写中国高等院校市场营销学科发展报告等,争取在学会40周年庆典上发布研究成果。

5. 感恩学会,与学会一起成长

市场学会成立40年,我与市场学结缘40年,求学10年,为党的教育事业工作30年。已经与学会建立了深厚的感情,每年参加学会年会仿佛成了一种习惯,如果不能参加,好像就缺少了点什么。在为学会服务的同时,并没有荒废我的主业:教学和科研,而是与学会一同成长。在学会前辈和同行们的帮助和鼓励下,也取得了一定的成绩,算给学会40周年庆典献礼!

2005年获教育部颁发的国家级教学成果一等奖、北京市人民政府颁发的北京市教育教学成果一等奖。论文《模仿品牌对著名品牌稀释的实证研究》获中国高等院校市场学研究会2008年会优秀论文奖。在《管理世界》《南开管理评论》《中国软科学》《管理科学》《财贸经济》等杂志发表中英文学术论文60多篇;共出版专著、译著和教材10多部,其中主编了3本"十一五""十二五"国家级规划教材:《分销渠道管理》《销售管理》和《市场营销学》。主编的《销售管理教程》2006年获得"北京市精品教材"奖。主编的《渠道管理》(数字教材版,2019)、《销售管理》(第6版数字教材版,2022)由中国人民大学出版社出版,创立了独特的销售管理、渠道管理教材体系,为教材建设和人才培养作出了一定贡献。

自己也从一名青椒成长为教授、博士生导师。感恩学会,祝福学会!我将继续努力,为市场学会的发展,为营销学科的发展,不断添砖加瓦。愿营销学者们之间的深厚友谊长存!希望中国高等院校市场学研究会越办越好,基业长青!

(李先国 中国高等院校市场学研究会副会长、中国人民大学商学院教授)

十二、学会成立初期关于营销学几个基本问题的讨论[①]

大连理工大学　张　闯

1. 关于"marketing"译法的讨论

营销学在1979年被引入以后，marketing主要被译为"市场学"，也有少数学者主张使用"销售学"的译法（罗真崈，1982）。闵建蜀（1981）认为"市场学"似乎专指静态，而且与微观经济学很相似，易与微观经济学概念相混淆，也无法表达企业一系列营销活动的动态特征。但若将其译为"销售学"，则不仅无法反映"marketing"的全部含义，还与从属于"marketing"的销售管理相混淆，难免以偏概全。他认为"市场营销学"能够比较准确地表达"marketing"的含义，但表达有些不够简洁。杨凯衡（1984）认为"市场学"的译法显然是受了"market"市场一词本义的影响。这种译法给人一种静态的概念，还容易使人望文生义，认为"市场学"研究的主要内容是"市场"，因而不能表达"marketing"的全部含义。他认为"营销学"这种译法比较贴切。"营"字代表经营管理，包括企业如何制订计划、制定策略，如何协调、控制企业的活动；"销"字则是指市场销售，包括销售前的调研、预测以及随之制定的具体营销策略。郭碧翔（1985）对"市场学"的译法也表达了同样的观点，市场与市场营销虽然是紧密关联的两个概念，但将"marketing"译成"市场学"是十分不确切的。邝鸿（1985）认为将"marketing"作为学科名称时的不同译法反映了对作为客观经济活动的marketing的认知差别，虽然他并未明确阐明哪种译法最为贴切，但他明确地认为"销售学"的译法是错误的。随着学界对营销理论认知和理解的加深，越来越多的学者倾向于"市场营销学"的译法（黄燕，1986；吴健安，2014）。在中国高等院校市场学研究会1985年的年会上，与会学者就此问题进行了热烈的讨论，并未达成一致意见，讨论一直延续到次年的年会。到1987年第三届年会时，"市场营销学"的译法基本达成共识，当年就有3本以"市场营销学"为标题的教科书出版（吴健安，2014）。吴健安教授在回顾市场营销学在中国传播的第一个十年并对其未来发展进行展望时，开宗明义地表明"marketing"的诸多译法中，"市场营销学"是适当的（吴健安，1988）。自那时以后，越来越多的教材都采用了市场营销学的标题，进入20世纪90年代以后，随着科特勒《营销管理》中文版和代表着当时营销学界权威观点的《现代市场营销大全》（邝鸿，1990）的出版，市场学的用法渐渐淡出了学

[①] 张闯.营销思想史[M].北京：北京大学出版社，2024.

术文献。

2. 关于营销学(市场学)研究对象与研究内容的讨论

对学科名称的译法在相当大程度上反映了学界当时对于营销学研究对象和研究内容的认识,确如一些学者所担心的那样(杨凯衡,1984;郭碧翔,1985),学界在引进、学习与传播营销学的过程中,经历了一个认知偏差与纠正的过程。

夏蔚莼(1982)较早对这一问题进行了讨论,认为《社会主义市场学》是一门旨在揭示商品流通规律的学科,它的研究对象是商品供求关系,而其研究内容则主要包括社会主义市场的供求规律、商品产销的客观依据、商品的作价及其依据,以及市场经营结构与渠道。这一观点在 20 世纪 80 年代的前半期是比较有代表性的。在中国高等院校市场学研究会的成立大会上,营销学的研究对象是与会代表讨论最为激烈的问题,会议综述总结了关于这一问题的五种主要观点(杨岳全,1984):①以社会主义市场供求关系为研究对象;②以企业市场营销活动为研究对象;③以商品流通规律为研究对象;④以商品流通过程为研究对象;⑤以企业为获取经济收益的市场活动为研究对象。这五种观点可以归为两类:一类以宏观的市场供求与商品流通过程为研究对象,一类以微观的企业市场经营活动为研究对象,其中微观的观点与营销管理的内容基本是一致的,而宏观的内容则与商业经济学相混淆,这种问题的出现也许与当时不少营销学的研究者都是商业经济学者有关,当然也与"marketing"的"市场学"译法有关。

甘碧群(1985)以美国市场营销协会对营销的定义为基础,较早准确地阐述了营销学的学科属性与研究对象。她认为营销学是一门新兴的管理学科,其研究对象是企业的市场营销活动,即企业如何从消费者的需求与欲望出发,有计划地组织企业的整体活动,将产品与劳务转移到消费者手中,实现企业盈利的目标。甘碧群对当时出版的不少《市场学》教科书将营销学研究对象等同于商业经济学研究对象的错误看法进行了澄清,认为需要区分市场与市场营销两个概念的区别和联系。郭碧翔(1985)也表达了相同的看法,认为市场学应当以市场营销活动及其规律为研究对象,市场学要研究市场,但绝不是以市场为研究对象。贺名仑(1985)对此问题进行了更为细致的阐述。他认为市场学是研究市场上营销活动形成和发展的学科,它的研究对象是市场营销活动所体现的以消费者需求为中心的市场营销关系、市场营销规律和市场营销的策略。在此基础上,他认为市场学的主要研究内容应当是有关市场营销关系的形成和影响、决定市场营销活动的主客观因素,即不可控制因素和可控制因素,主要包括五个方面:①市场机制与市场环境;②市场营销目标与目标市场;③市场营销策略的组合:商品、价格、渠道与促销;④市场调查、市场预测与营销决策;⑤市场控制与管理。可见贺名仑教授所阐述的营销学的研究内容基本体现了营销管理理论的主要内容。邝鸿(1985)认为市场学的研究对象是市场营销活动,这涉及从不同的层面和角度对市场营销进行理解。他结合美国市场营销协会对市场营销的定义,以及美国学界科特勒、麦卡锡等代表性学者对市营销的定义的不同观点,对营销学所涉及的一般经济与社会过程和企业营销管理活动两个层面进行了探讨。梅汝和与张桁(1986)在较为系统地阐述了营销思想发展与演进历史的基础上,明确指出营销管理理论是西方市场营销学的主流理论,我国学界应当加强对以营销管理为导向的营销学研究。

上述几位学者发表的论述基本澄清了学界对当时市场学研究对象和研究内容的误解,厘清了市场学与商业经济学在学科属性、研究对象与内容方面的认识。20 世纪 80 年代后半期,学界对上述问题的讨论与争论大为减少,反映了学界对这一问题基本达成共识。

3. 关于社会主义市场学(营销学)的讨论

在营销学引进的初期,学界关于建立具有中国特色的社会主义市场学相关的问题进行了讨论,反映了当时历史时期的特点。陶桓祥(1984)的观点代表了当时一些学者的观点,他批评了在学习与应用市场营销学原理的过程中,建立社会主义市场营销学应该主要吸取资产阶级市场营销学的营养,而认为马克思包括《资本论》在内的经典著作没有营销思想的倾向,他从"产品必须适合市场需要""商品销售是生产与流通的中心环节""从生产与流通的总体上把握销售""社会总产品的实现问题"四个方面概括了马克思的市场营销思想,认为深入地研究和探讨马克思的市场营销思想对于建立具有中国特色的社会主义市场营销学具有十分重要的意义。在中国高等院校市场学研究会成立大会上,中国社会主义市场学相关的问题是会议讨论的重点问题之一。参会代表们认为建立具有中国特色的社会主义市场学首先要坚持四项基本原则,贯彻执行党的各项方针政策,要以马克思主义政治经济学为指导。其次,要认真总结我国市场活动和商业活动的丰富经验,包括古代和近代市场活动经验与商业经济思想,尤其是党的十一届三中全会以来商品流通的实践更应全面总结。再次,要注意吸收国外市场学中有益的东西,加以改造,为我所用。与会代表认为,社会主义市场学与资本主义市场学在以下三个方面存在差异:①研究的目的不同,社会主义市场学研究的目的是真正满足人民群众生活需要,而资本主义市场学则是为了赚取更多利润。②研究的角度不同,社会主义市场学不仅研究微观,而且研究宏观,宏观与微观相结合,而资本主义市场学则主要研究微观,因为生产资料资本主义私有制使之不可能研究宏观。③理论基础不同,社会主义市场学以马克思主义政治经济学为理论基础,而资本主义市场学则以资产阶级经济学为理论基础(杨岳全,1984,第 14-15 页)。考虑到参加中国高等院校市场学研究会成立大会的学者代表了当时营销学界的骨干力量,上述观点是具有代表性的。

甘碧群(1985,1986)认为,中国社会主义市场学要反映我国生产关系和生产力的特色,相对于资本主义生产关系私有制和社会生产力高度发达的特点,中国特色社会主义市场学要反映我国社会主义公有制和生产力水平较低的特点。因此,建立具有中国特色的社会主义市场学既要从商品经济的共性出发,借鉴西方市场学中于我有用的东西，又要兼顾我国国情，不生搬硬套西方理论。郭碧翔(1985)在回顾西方营销思想发展历程的基础上针对陶桓祥(1984)关于学习马克思营销思想的观点提出了不同意见，认为将《资本论》中有关市场和销售的论述归结为马克思的营销思想无论对于完整理解马克思理论体系，还是对市场营销概念的理解与认知及其学科归属上都是不恰当的。郭碧翔进而认为建立中国特色的营销学应当在坚持马克思主义基本原理的基础上，从我国的基本国情出发，"原原本本地学"。他指出当时已经出版的《市场学》教材对市场营销学基本概念和范畴的认知存在错误，倡导加强对国外营销名著原著的学习，以达到正本清源的目的。学界普遍认为坚持马克思主义基本原理的指导是建立社会主义市场学的基本指导思想，贺名仑(1985)则借鉴马克思"生产一般"的概念，进一步提出在建立社会主义市场学的过程中，要建立"市场营销一般"的科学概念，即以商品经济为基础的市场营销活动的"共性"，并将其作为建立中国特色社会主义营销学的指导思想。邝鸿(1985)也表达了相同的观点，认为虽然我国社会制度和国情与西方资本主义国家不同，但是西方资本主义国家的社会化大生产、商品经济中必然包含不同社会制度下的社会化大生产、商品经济中普遍存在的东西，学习这些一般的科学原理对于我国经济建设具有重要意义。我们学习西方市场学也必须"从头到尾、原原本本地学"，在此基础上我们才能从中吸取科学的，适合我国国情的有用的东西，逐步建立中国社会主义市场学。

随着讨论的深入，学界对于建立社会主义市场学的讨论渐渐淡化了意识形态的色彩，而是基于商品经济体系和中国的现实情境来讨论。1987年中国高等院校市场学研究会第三届年会上，这个问题仍然是讨论的重点问题之一，只是"中国特色社会主义市场学"的说法转换成了"中国特色市场学"，并且与会学者在以下四个方面基本达成共识：①需要认真学习西方市场学原理；②以马克思主义为指导，特别强调要将西方市场学理论与中国实际情况相结合；③系统地总结我国悠久的市场营销经验，为现实服务；④研究中国的现实，特别是要到企业中去，研究中国经济管理和企业管理的实践(叶晓峰，陈亚平，王俊恒，1987)。学界这些共识的达成反映了随着营销思想在中国的传播，中国学者对营销思想的认识和理解日益深入与准确，当然整体上也是国家经济体制市场化改革不断推向深入的反映(汤正如，2008)。

参考文献：

甘碧群,1985.关于市场学几个问题的探讨[J].武汉大学学报(社会科学版)(5)：15-18.

甘碧群,1986.建立具有中国特色的社会主义市场学问题初探[J].武汉大学学报(社会科学版)(5)：40-43.

郭碧翔,1985.关于市场学研究中的若干问题——兼与陶桓祥同志商榷[J].财贸经济(4)：36-40.

贺名仑,1985.关于我国市场学的建立与发展问题[J].商业经济研究(3)：6-11.

黄燕,1986.关于市场营销学几个基本概念[J].商业经济与管理(4):86-88.
邝鸿,1985.论市场学的研究对象和方法[J].财贸经济(9):35-39.
邝鸿,1990.现代市场营销大全[M].北京:经济管理出版社.
罗真嵩,1982.一门新兴的市场管理学科——现代销售学[J].国际贸易问题(4):36-46.
梅汝和,张桁,1986.论市场营销学的过去、现在和未来[J].商业经济与管理(3):49-53.
闵建蜀,1981.市场学的性质与研究方法[J].陕西财经学院学报(4):12-18.
汤正如,2008.改革开放30年市场营销学在中国传播应用的发展变化[J].市场营销导刊(6):3-10.
陶桓祥,1984.马克思的市场营销思想初探[J].财贸经济(7):8-12.
吴健安,1988.市场营销学在中国的传播与展望[J].云南财贸学院学报(9):13-17.
吴健安,2014.中国高校市场学研究会30年的那些事[J].营销科学学报,10(3):1-18.
夏蔚莼,1982.社会主义市场学研究的对象和方法[J].社会科学辑刊(6):66-70.
杨凯衡,1984.谈MARKETING的译法[J].国际贸易问题(1):63.
杨岳全,1984.全国高等院校市场学教学研究会成立[J].经济学动态(4):14-15.
叶晓峰,陈亚平,王俊恒,1987.发展和完善具有中国特色的社会主义市场学体系——中国高等院校市场学会第三次年会理论观点综述[J].商业研究(10):6-8.

(张　闯　中国高等院校市场学研究会副会长、大连理工大学经济管理学院教授)

第二篇　承前启后

一、我与学会的第一次

武汉大学　汪　涛

算起来,我从事市场营销的教学与研究至今已有32年,而和学会的结缘始于29年前。

1995年,我第一次参加学会活动。那年我硕士研究生毕业留校任教,同时攻读博士学位。完成报到手续后,我到导师甘碧群先生那里汇报工作,她当时是武汉大学管理学院院长。汇报完毕,她说中国高校市场学会有一个学术会议,你可以去参加一下。我一愣,因为在我的心目中,学术会议都是高大上的场合,我等小辈只可远观仰视,再加上我刚刚入职,角色身份还有一个转换过程,就这样一下子走进学术殿堂了?见我有些惶恐,甘先生笑言,见见世面也好!

确实见了世面!会议由安徽财贸学院承办,在安徽黄山市举行,与会代表有二三百人。从来没有参加过如此大规模的会议,从没有见过如此多的前辈学者。学会领导和蔼可亲,参会代表交流热烈,可以看出,很多人都是多年朋友,大家济济一堂,谈研究,叙友情,气氛融洽。尽管我是第一次参会,但在这种轻松的环境下,也很快适应了,不久就和一些与会的年轻学者熟络起来。这是学会给我的第一印象,像家一样,有一种安定亲切之感。

接下来我见识到的是学会开放包容的学术气氛。记得大会主题演讲,安徽财贸学院的龚振教授做了一个报告,主题是对马斯洛的需求层次理论的修正。看了标题,心中一怔,还有人质疑?这可是我们奉为圭臬的经典理论!这还不算,龚教授演讲完后,在交流讨论环节,马上有老师对龚教授的观点提出了商榷,两人往来讨论,似乎谁也没有说服谁。我在台下可是听得目瞪口呆:原来写在教材上的理论是可以争论的,原来站在台上发言的学者也可以被质疑,原本关系很好的朋友也会为学术红脸的!这让我第一次感受到了学者对学术研究的较真,感受到学会对学术讨论的包容。这是学会给我的第二个印象:求真、平等、包容、开放。

在此之后,我又和学会有了更多的第一次:

1996年,武汉大学和中南财经大学共同承办了在湖北宜昌举行的学术年会,我作为会务组的成员,第一次全程参与了会议的筹备和组织工作;

2003年,学会第七次代表大会在贵州贵阳举行,我第一次做大会主题报告;

2007年,在黑龙江哈尔滨举办的年会上,我被推选为学会第八届理事会副会长,第一次担任学会领导职务;

……

事后回想起来,每一个第一次,在我的职业和学术生涯中,都扮演着极其重要的角色,对我个人都产生了极其深远的积极影响,无形之中,增强了我的研究兴趣,扩展了我的学术视野,塑造了我的治学风格,影响了我的为人处世。我的学术生涯中的很多阶段都与这些第一次有着某种奇妙的联系,可以说,我的成长之一开始以及发展的每一步,都和学会这个平台息息相关,都离不开学会各位前辈、同仁的关心、指导和帮助。

我也相信,这样幸运地得到学会扶持的,不会只有我一个人。也正是因为学会的团结、务实、开放、创新,不断地扶持、帮促了一代又一代的学人,才铸就了学会薪火相传的精神,才形成了今天方兴未艾的繁荣,才赓续了未来生生不息的发展。

(汪　涛　中国高等院校市场学研究会会长、武汉大学教授)

二、高校市场学会为我开启进入市场营销殿堂的大门

大连理工大学　董大海

时间过得飞快,转眼我与中国高等院校市场学研究会(以下简称"高校市场学会"或"学会")结缘已有30多年了。很多旧事早已忘却,但对高校市场学会助我走进营销学殿堂的恩泽一直念念在兹,萦绕于心,感恩不尽。

我本科学的是工程力学专业,1982年毕业留校,在做了5年学校党政工作之后,抱着对管理学懵懵懂懂的热爱,我向组织提出要读管理研究生的申请。1987年入读,1991年初毕业,学的是组织行为学,师从恩师余凯成教授。毕业后本想留在组织管理教研室,但是因为没有名额,转而求助汤正如教授,汤老师收留了我,使我成为市场营销教研室的一名正式教师。自此,汤老师成为我进入市场营销学方向的引路人,我的第二位恩师。

汤老师带我参加了高校市场学会1991年年会,这是我第一次参加学会活动,陌生而新鲜。那时我刚刚担任教职,初入营销,学问浅薄,只能像小学生一样,默默地倾听各位前辈的宏论,认真做着笔记。会议结束后,感到很有收获。那时的学会年会规模很小,都是老师,没有学生,也就七八十人,好像不到百人,会议形式主要是交流,不像现在的年会,人数近千人,分为好多论坛宣读论文。

转年第二次参加高校市场学会,因为与各位老师大致熟悉了,也有了点感悟,所以在会上我偶尔可以参与点讨论,也就是说上几句而已。各位前辈对我的发言给予了充分的肯定,使我信心倍增。我既感受到了这个交流平台的学术价值,也感受到了这个"大家庭"的温暖。非常抱歉,很多老先生的姓名我都记不得了,印象比较深和接触比较多的是厉以京、万后芬、甘碧群、吴健安、卜妙金等几位前辈。这些前辈敬业、谦和、友善、团结、奖掖后生,给我留下了非常美好的印记。

第三年参加年会的时候,因为已经有了前两次参会的经验,这两年也恶补了一些市场营销理论知识,所以胆子也大了,在会上做了一个20多分钟的发言,讲的主题是"营销三化"。一是"市场国际化",主要讲的是"市场观"。随着改革开放,越来越多的外资企业进入中国市场,也有越来越多的中国产品走向世界,市场营销者必须建立新的市场观,即国内市场国际化、中国企业国际化。前句是说,中国企业除了要关注与国内同行的竞争,还要关注与外国企业的竞争;后半句说的是,中国企业不仅要在国内经营,也要把国际市场纳入视野。不论是教学,还是研究,我们都要有这样的市场观。二是"教学案例化",主要讲的是"教学方法观"。当时的市场

营销教学主要采用讲授式教学方法,大连理工大学管理学院因为受中美两国政府合作举办的中国工业科技管理大连培训中心的影响,比较强调案例教学,我也是有感而发,建议多采用案例教学。现在来看,这已经不是什么新奇的观点,但在那时,还是比较有新意的。三是"研究实证化",这说的是"科研观"。我们老一辈营销学老师大都是从政治经济学、财政学、流通学等"文科"专业转行而来的,那时的营销学论文绝大多数都是沿用传统的文科论文范式,通常的语句是"我认为",有观点,但缺乏严密的推理和实证检验。我受余凯成教授的熏陶,他有国外访学经历,外语非常好,也曾尝试在组织行为学研究中使用实证研究方法,但受限于那个时代,对实证研究的认识和对方法的掌握还都是非常粗浅的。也因为我是理工科学生,对科学及其定量化更有偏好,所以我坚定地认为市场营销学要科学化就必须定量化。在当时还很难看到国外论文的条件下,能提出这样的观点,现在想来还多少有点沾沾自喜。后来,我和一批与我年龄相仿的中青年老师共同推动了中国营销学研究实证化的转型。回头来看,在整个工商管理学界,营销学研究实证化是走在前面的。我的这次发言,得到了参会老师们的热烈掌声。

正是高校市场学会这个平台和这个平台上的各位前辈的接纳、教诲和鼓励,使我更加热爱这个专业,致力于这个专业的教学科研并取得了一点点成绩。每每想起高校市场学会在我人生、在我职业发展中的作用,我都深怀感恩,对学会充满敬意。

曾有一段时间,因为国内学术风向的转变和其他学会(协会)的兴起,高校市场学会有些冷寂。符国群、汪涛等一批老师挺身而出,励精图治,二次创业,使高校市场学会重新焕发勃勃生机,这真是营销学界的一大幸事。

祝高校市场学会代代相传,助青年人才成长,积中国营销智慧,为中国式现代化作出我们营销人更大的贡献。

(董大海 学会第7—10届常务理事、大连理工大学经济管理学院教授)

三、我与学会共成长,一片冰心在玉壶

华东理工大学 景奉杰

> 风云激荡四十年,砥砺前行敢为先。
> 前辈泰斗创基业,群星璀璨谱新篇。
> 光荣岁月四十年,乘风破浪挂云帆。
> 我与学会共成长,继往开来永向前。

弹指一挥 40 年,中国高等院校市场学研究会(以下简称学会或 CMAU),伴随着中国改革开放和市场化进程不断发展与壮大,到 2024 年将迎来她的 40 周年华诞。回顾个人商科教育职业生涯,发现从数学"半路出家"转行市场营销到现在,竟有近 30 年之久的"我与学会共成长"的形影不离和并肩前行。往事历历,情景依稀,感慨万千,千言万语,却不知从何说起,只好有选择性地轻描淡写地写下"我与学会共成长"的点点滴滴。

1. 向前辈学者致敬

CMAU 创立于中国改革开放的初期 1984 年,我个人没有经历学会的创立初期。但是,完全可以想象这在当时一定是一个伟大的创举。学会的首任(1984—1987 年)会长贾生鑫教授见过几次,不是他当会长的时候,而是他作为学会顾问在八九十岁高龄参加学会年会的时候。学会的第二任(二、三届,1987—1993 年)会长暨南大学何永祺教授,第三任(四、五、六届,1993—2003 年)会长广东财经大学罗国民教授,第四任(七、八、九届,2003—2015 年)会长中国人民大学纪宝成教授,都是我仰望的学会领导和前辈学者。相对来讲,比较熟悉并给我很大帮助的早期的学会领导包括云南财经大学吴健安先生、武汉大学甘碧群先生、中南财经政法大学万后芬先生,以及比他们年轻的云南大学胡其辉教授、中国人民大学吕一林教授、西安交通大学张庚森教授、哈尔滨商业大学王德章教授、华侨大学曾路教授、广州外语外贸大学钟育赣教授、北京工商大学兰苓教授和最年轻但出道最早的中国人民大学郭国庆教授等。他们给我的第一个最深刻的印象就是对学会工作非常敬业,对推动市场学理论研究、实践应用和学科专业建设、人才培养尽心竭力,在学会发展初期面临很多困难包括财力非常有限的情况下,作出了很大的牺牲和贡献。第二个深刻的印象是前辈学者们非常注重理论联系实际,花很多的时间和精力走出教室、走出校园,走向企业、走向田间,致力于向业界推广普及市场学理论,让最先掌握了市场学理论的企业家和经理人获得更大的成功。第三个深刻的印象,学会的规模不大,年会也就是 100 人左右。学会会员学术上是志同道合的同行,生活中是无话不说的朋友和密友,很有团结友爱、温馨和谐的家庭氛围。记得 1998 年突发洪水,我从武汉回黑龙江老家被困在北京,是郭国庆教授"走后门"托人把我送到当时绿皮车的行李车上。如果说前六届学会领导还是"高高在上"的家长,大概到了纪宝成教授担任第八届(2007 年)会长的时候,北京大学符国群教授、中央财经大学孙国辉教授和武汉大学汪涛教授等中青年学者已经被推举进入学会领导班子,给学会工作带来了一股朝气蓬勃的新风。当时,我作为常务理事和很多常务理事一样,每年一次的常务理事会也非常有"以会为家"的参与感。

2. 向同辈学人致谢

我个人是 1995 年在武汉大学数学博士后出站破格晋升为教授,又机缘巧合由时任武汉大学管理学院院长的甘碧群教授引荐留校,正式"半路出家"转行市场学教学与研究。1996 年第一次参加学会在宜昌举办的年会,根据华中农业大学李崇光教授回忆,2001 年在重庆商学院举办的学会年会上我和他同时被增补为理事。后来,有史料记载的是 2003 年成为学会的常务理事,我的工作单位 2007 年也由武汉大学珞珈山转到华中科技大学喻家山,2012 年又加盟华东理工大学商学院,直到 2015 年在哈尔滨工程大学召开的年会上被推举为北京大学符国群为会长的学会第 10 届理事会副会长,同时担任学会功能支部书记。

学会第 10 届领导班子成员与顾问合影
前排左起:吕一林、王德章、刘希宋、吴健安、万后芬、符国群、钟玉赣、兰苓、汤定娜
后排左起:孙国辉、张庚淼、胡其辉、龚正、汪涛、景奉杰、李东进、刘文广、彭泗清

学会2019年学术年会在长沙普瑞酒店召开,会议期间7月27日举行会员代表大会及换届选举,我荣幸地被安排担任主持人。本届会员代表大会、理事会和常务理事会及换届选举工作平稳顺利完成。符国群教授连任学会第11届理事会会长,武汉大学汪涛当选常务副会长,北京大学彭泗清当选秘书长。本届领导班子也增加了对外经济贸易大学后转到首都经济贸易大学,目前在浙江工商大学担任校长的王永贵、中南大学龚艳萍、大连理工大学(当时在东北财经大学)张闯、中南财经政法大学费显政和西安交通大学舒成利等"70后""80后"新生力量。本届理事会,我也继续当选副会长并担任教学委员会主任和执委会专职CEO(首席执行官)。学会作为教育部主管、民政部注册的国家一级学会,我能够有机会在这个平台上参与服务工作,是我一生的荣幸和荣耀。在此要感谢的人太多太多,限于篇幅,我就不一一点名致谢了!

学会第11届部分参会领导班子成员合影
左起:彭泗清、连漪、龚艳萍、李东进、汪涛、符国群、孙明辉、景奉杰、李先国、金晓彤

3. 见证学会飞跃发展

(1)教学年会应运而生

学会的主体是高校学者,而高校的首要任务就是教育教学和人才培养。因此,学会自始至终重视学科发展、专业建设和人才培养。2016年,在符国群会长的建议和领导下,以及副会长兼教学委员会主任钟玉赣教授的指导下,由桂林理工大学管理学院和高等教育出版社联合承办,连漪院长及其团队具体操办,10月15—16日在广西桂林举办了具有标志意义的学会首届独立于学术年会的教学年会。至此,学会作为资源集聚和资源分享的大平台有了"两会",学会裂变为一大一小两个子平台。随后,2017年在华中农业大学李崇光副校长和经济管理学院青平院长的支

持下,学会第二届教学年会暨案例教学师资培训班在武汉狮子山举办,会议期间学会案例研究中心宣告成立,复旦大学蒋青云教授担任主任。

2018年,由时任南昌大学经济管理学院副院长的董晓松承办第三届教学年会暨师资培训。2019年,由时任汕头大学商学院院长的徐二明和郭功星老师承办第四届教学年会暨师资培训。教学年会暨师资培训得到广大高校和会员的积极参与,会议的规模不断扩大。到2020年由中南财经政法大学费显政和杜鹏在新冠感染疫情严格管控的形势下承办,更是教学年会扩容升级的转折点。第五届教学年会首次面向会员开展市场营销优秀教学成果评奖和优秀教学论文评奖,中山大学王海忠获得首届教学成果特等奖,武汉大学黄敏学和中央财经大学王毅获得一等奖。本次教学年会清华大学出版社作为协办单位,也与学会签订了出版系列新形态教材的战略合作协议。

2021年由中央财经大学孙国辉副校长和商学院王毅团队承办教学年会,第六届教学年会在北京香山饭店以线上线下结合形式举行,2022年由海南大学管理学院童泽林团队承办,第七届教学年会在海南海口亚泰酒店以线上线下结合形式举办,第八届教学年会由深圳大学管理学院周志民团队承办。教学年会坚持不断创新和持续升级,目前已经有师资培训、主题演讲、学科发展论坛、教学成果展示评比、教学论文交流和评比、教学期刊主编面对面等模块构成的丰富多彩的市场营销乃至商科教育教学盛会。

2022教学年会部分参会代表合影

(2) 专委会如雨后春笋

随着学会学术年会和教学年会等活动的开展,学会的会员规模和社会影响不断扩大,以互联网、大数据、新媒体和人工智能为代表的新兴技术的发展,组建更加聚焦和专业的研究中心或专业委员会被提到议事议程。在符国群会长的建议和亲自督导推动下,学会陆续组建成立了移动数智营销、大数据营销、品牌、案例教学与研究、绿色消费与绿色营销、农产品营销、数据与市场研究、服务营销、新媒体营销、零售管理、家庭消费研究、产教融合等12个专业委员会。专委会作为学会的分支机构,学术活动的蓬勃开展对于学会关注的专题领域的深入研究和搭建学界与业界的沟通交流和协同育人的平台,起到了非常重要的作用。比如,由学会零售管理专业委员会主办,首都经济贸易大学工商管理学院承办的第三届中国零售管理学术论坛于2023年9月在北京召开,不仅有来自多所高校的零售管理学者与会,其青年企业家论坛还吸引了不少家族零售企业的二代管理者和传承人参加。

CMAU 数据与市场研究专委会 2023 年年会参会代表留影

2023年10月,由学会数据与市场研究专委会主办、浙江大学管理学院承办、浙江大学神经管理学实验室协办的首届营销科学家/营销工程师论坛在杭州举办,吸引了数十家来自营销技术行业的嘉宾和与会者。据悉,服务营销专委会年会即将在山城重庆举办,品牌专委会主办的中国品牌科学与应用论坛即将在上海举办,绿色消费与绿色营销专委会年会即将在吉林长春举办。

(3) 新形态教材编辑出版

学会向来重视教学和人才培养,始终把提升教学质量作为重要任务。2020年教育部《普通高等学校教材管理办法》发布,对教材的定位、组织形式和展现形态都提出了更新更高的要求,因此,学会决定组织出版一套高水平的新形态教材,以满足新形势下高水平教学的需要。在经过多方比较和综合权衡之后,学会选择长期合作伙伴——清华大学出版社作为出版单位,并框定了33本书的合作书目。

对教材作者团队的遴选是编写好教材的最重要的工作,经过征求很多专家的意见,符国群会长、彭泗清秘书长和我反复讨论后,明确要求主编必须是学界权威和资深学者,教学和科研都很出色,作者团队由来自3所以上不同层次的高校的5名以上的作者组成。2021年初,我有大量的工作是在联系确定主编,有时甚至到凌晨还在协调。这些大牌作者都是百事缠身,虽然也有少量主编由于时间和精力等原因没有接受邀请,但绝大多数第一意向的作者都非常支持。会长符国群和秘书长彭泗清亲自挂帅,王永贵、白长虹、龚艳萍和王建明等积极响应,作者们很快就完成了大纲的编制。2021年4月,学会联合清华大学出版社在北京西郊宾馆召开了第一次编委会,对各个教材的大纲进行了认真审定,保障了系列教材的整体性以及各个教材之间的内容匹配。现在,已经有十余种教材完成交稿,有五种顺利出版发行。这应该是学会有组织地与出版社合作编辑出版系列教材的一次创新的尝试。

(4) CMAU市策大赛如火如荼

符国群会长一直希望学会推动针对学生开展全国性营销学科比赛,早在2017年,华中农业大学的教学年会上还专门成立领导小组专题讨论竞赛问题。鉴于各种原因包括学会缺少专职团队和财力不足等,比赛的计划一直没有落实。直到与Credamo见数的创始人、中央财经大学的姚凯达成协议,大赛事宜才有了实质性进展。经协商讨论,最后由符国群会长建议,大赛名称确定为CMAU全国大学生市场研究与商业策划大赛,由学会主办、Credamo见数联合主办。该赛事于2022年正式启动,当年6月3日以线上方式举办了隆重的启动仪式。

为响应符国群会长"走出象牙塔、解决真问题"的倡议,市策大赛采用企业命题的形式,比赛中所有命题均由企业提供,参赛学生通过研究解决企业的"真问题",锻炼培养自身的市场研究与商业策划的实践能力。比赛坚持公益性,参赛过程中不收取报名费、培训费等费用。主办方免费组织公益培训、师资培训,为参赛师生提供专业指导。目前,四川省、河南省已将CMAU全国大学生市场研究与商业策划大赛认定为省级竞赛项目,被很多高校纳入专业课程或实践课程的评价体系中。

2022年首届市策大赛中,共有来自全国(除港澳台地区之外)31个省、自治区、直辖市的22 288人报名参赛,参赛院校超过500所。通过专业知识认证考试的共15 847人,并有1 782支团队成功提交了参赛作品。2023年第二届市策大赛再创新高,报名人数达到了25 688人,通过专业知识认证19 085人,有2 005支队伍成功提交了参赛作品。前两届CMAU市策大赛获得了众多院校老师和同学的高度认可与支持,中国高等院校市场学研究会与Credamo见数通过全国性赛事的组织与开展,搭建产学研合作新平台,与高校和企业建立更深层次的联系与沟通,推动产学研深度融合,让更多的院校师生与企业从中受益。大赛举办满三届后,大赛执委会将积极申请加入《全国普通高校大学生竞赛目录》,让比赛更具权威性和影响力。

　　写在最后：2023年7月学会在武汉大学珞珈山召开学术年会和会员代表大会，第11届理事会完成了光荣的历史使命，2024年的学术年会将回到40年前的起点即在湖南长沙举办。第12届理事会由武汉大学汪涛教授担任会长，同时有一批资深学者和年轻有为的学者被留任或推举到学会领导岗位。相信长江后浪推前浪，在新一届领导班子的带领下，中国高等院校市场学研究会将迎来更加辉煌灿烂的明天。

（景奉杰　学会第10—11届理事会副会长、华东理工大学荣休教授）

四、学会与学刊

复旦大学　范秀成

作为一门新兴学科,市场营销在我国是伴随对外开放和市场经济主导地位的确立应运而生的。印象中,我国较早开设市场营销相关课程的大学主要集中在财经类院校;1993年后,市场营销列入《普通高等学校本科专业目录》,越来越多的学校先后设立市场营销专业,组建市场营销系。据统计,迄今有约700所院校开设市场营销本科专业,学科专业发展呈现一派欣欣向荣的景象。

1. 与学会结缘

我与中国高等院校市场学研究会(CMAU)结缘始于吴晓云老师的介绍。吴老师是CMAU早期的参与者。20世纪90年代初她从天津财经学院调入南开大学后,我们成为同事。经吴老师介绍,我参加了在昆明举办的CMAU年会(大概是2002年或2003年)。20年过去了,当年的情景仍历历在目。记得是当场填表入会,交会费、注册,由此成为CMAU的一员。这是我人生第一次参加国内的专业学术团体,有了组织的依靠和依托,倍感兴奋和亲切。印象中在会场聆听了吴晓云老师、李怀斌老师等精彩的学术报告,见到了仰慕已久的甘碧群先生及其带领的武汉大学团队,邂逅了不少之前只在教材和文章中看到名字的同行。虽初次见面,却似曾相识,丝毫没有陌生感。或许,共同的兴趣和类似的背景早就将我们紧紧地联系在一起。

2. 学科成熟的标志

一个学科的成熟有几个重要标志:有一批大家公认的能代表学科发展水平的学者;有能够把同行聚拢在一起的学会;有能够反映学科研究水平的学术期刊。从这三个方面看,就20年前中国营销学科的状况而言,学刊的建设尤为不足。当时,办刊机制灵活、富于创新意识的《销售与市场》属于实务性杂志;由于对待市场营销的视角及关注重点与学科主流意识相差甚远,系出名门的《市场营销导刊》的发展堪忧,直至日后停刊。与会计学(有《会计研究》)、审计学(有《审计研究》)、财务金融(有《金融研究》)等相近专业比较,市场营销学科的学者对创办高水平专业学术期刊的愿望更为迫切。由于我有参与创办《南开管理评论》的经历,对此感触更深。在南开大学工作期间,由于离北京近,曾数次去北京大学和清华大学参加博士论文答辩。记得一次在北京大学博士论文答辩期间,曾与赵平老师、符国群老师、涂平老师等聊起过创办营销专业学术期刊的事情。2004年参加了第一届中国营销科学学术年会并被安排做了大会报告,后担任《营销科学学报》第一批专业主编,见证和参与《营销科学学报》的创办及发展,倍感幸运和欣慰。

3. 为什么要办一份英文学术期刊

在《营销科学学报》创刊 10 周年之际,我基于自己的经历和观察,提议创办一份由中国营销学界主导的英文学术期刊,旋即得到时任《营销科学学报》主编的符国群老师的支持和不少学界同仁的积极响应。

创办英文专业学术期刊的想法主要基于以下几方面的考虑。

第一,是提升中国营销学术共同体国际地位的需要。改革开放后,特别是加入世界贸易组织后,中国深度融入世界,国际学术交流日益频繁。《营销科学学报》创办 10 年基本解决了市场营销的学科地位问题,市场营销不再被视为推销术,而是具有较高门槛的专业和科学。作为国际营销学界的新生力量,蓬勃发展的中国营销学科和学术团体 CMAU 需要一个国际期刊作为其标识。

从国际上看,美国市场营销协会成立于 1937 年,其标志性会刊是 *Journal of Marketing*。该刊物在学界和业界都颇具影响,最新的影响因子高达 15.36,在营销期刊中高居榜首。JM(《市场营销学杂志》)创刊于 1936 年,其前身是 1934 年创刊的 *American Marketing Journal*。欧洲的主要营销学术团体是 1975 年创建的 EMAC(European Marketing Academy),其会刊 *International Journal of Research in Marketing*(IJRM)创刊于 1984 年,编辑团队非常国际化,发文质量高,经常推出热门话题专刊,很受社会关注,2023 年影响因子达到 7,是国际公认的高水平营销学期刊。澳洲的市场营销学会是 1998 年创立的 Australian and New Zealand Marketing Academy(ANZMAC),会刊是 *Australasian Marketing Journal*(AMJ)。AMJ1993 年创刊,先有刊物,后有学会 ANZMAC。该刊物 1993 年刊发了 2 期,1994—1997 年每年刊发 1 期,1998 年恢复到 2 期,一直坚持到 2008 年;2009 年改成 4 期。近些年,ANZMAC 投入资源加强办刊力量,AMJ 发展势头良好。

第二,为国内营销学者提供国际发表的窗口。随着国内市场营销研究队伍的发展壮大,研究成果发表的难度也水涨船高。适合投稿的中文期刊不多,专业期刊只有《营销科学学报》,一年发文量 32 篇;其他综合类期刊,如《南开管理评论》,平均每期刊发 2~3 篇营销类论文,一年不会超过 20 篇。另外,《营销科学学报》中文发表的论文总体质量不低,但是受语言限制,缺乏国际影响力。创办一份英文学术期刊,有助于促进本土研究成果的发表和分享,也利于吸引国际学者和专家的投稿和参与,促进国际学术交流,加强中国市场营销学与国际前沿研究的连接和互动。

第三,有利于推动有关中国问题、中国现象的研究。市场营销的理论和方法具有较强的情景和环境依赖性。不少中国学者有过类似经历:当你将基于中国问题、中国现象的论文投到英文期刊时,审稿过程中经常需要做大量的解释工作,有关问题的重要性和必要性很容易不被接受。创办一份中国营销学界主导的国际期刊,有利于争夺学术话语权,讲好中国故事,进而创建中国特色的营销理论。

4. 刊物的定位和筹备

基于以上考虑和前期相关调研,我们最终决定创办一份英文的营销学学术期刊。作为《营销科学学报》的姊妹刊,新刊物在早期将以《营销科学学报》已发表的中文文章翻译为主,逐渐实现翻译稿和原始投稿并行,最终过渡到以原始投稿为主。

新的刊物旨在理论与实践之间架起桥梁,兼顾严谨性与相关性。鼓励问题导向的跨学科研究,突出新兴市场的作用以及技术进步对商业创新的巨大影响。除了传统的营销主题外,刊物尤其欢迎强调新概念和新理论、以技术为支撑的新方法论,以及对新兴市场的营销洞察的文章。

符国群老师以《营销科学学报》主编的身份开始与感兴趣的出版社接触,最后敲定英国的 Emerald 出版社。由于《营销科学学报》不是一个机构,后以 CMAU 的名义沟通谈判。我多次参与商讨相关事宜。2015 年 2 月 12 日,CMAU 与 Emerald 出版社签了合作协议,中方签字的是吕一林老师。当时 CMAU 秘书处设在中国人民大学,吕老师是秘书长。随后,Emerald 分别与清华大学出版社和人民邮电出版社签署了《营销科学学报》发表的中文论文的版权转让合同。

关于新刊物的名称,最早希望采用 *Journal of Marketing Science*。后来发现,该名称已被注册使用;随之考虑 *Journal of Marketing Studies*,结果发现也已被注册使用。也考虑过 *Chinese Journal of Marketing Science*,但又担心限定性太强,可能影响刊物的开放性和国际化。最后在 2015 年 3 月初于武汉召开的一个会议期间,座谈讨论时王承璐老师提出可以加一个 contemporary,这样可以兼容上述想法。最终确定名称为 *Journal of Contemporary Marketing Science*,简称 JCMS,后来在 Emerald 出版社的系统里使用 JCMARS 的简称。

刊物的出版人是理查德·惠特菲尔德(Richard Whitfield)先生。我和符国群老师及理查德多次沟通后,最后确定了刊物的基本架构。我出任主编(editor-in-chief),香港城市大学的苏晨汀教授、美国纽黑文大学王承璐教授出任联合主编(co-editors)。2021 年后,王老师因出任 Emerald 旗下另一本期刊的主编辞去联合主编职务而荣升本刊顾问,北京大学的徐菁老师接任联合主编。

经多方努力,我们邀请了包括罗素·W. 贝尔克(Russell W. Belk)、克里斯蒂安·格伦鲁斯(Christian Grönroos)、贾格迪什·N. 谢思(Jagdish N. Sheth)等先驱名家以及奚恺元、张忠等著名华人营销学者在内的 16 位杰出营销学者出任刊物顾问,邀请才凤艳、常亚平等老师组成刊物编委会,海外编委来自美国、英国、新西兰等地。经过 4 年筹备,JCMARS 于 2018 年正式创刊。

5. 现状与未来展望

截止到 2023 年 10 月底,JCMARS 共发表了论文 88 篇。2019 年,下载 1 889 次;2003 年 1 月至 10 月,当年下载达 15 143 次。从影响因子看,2019 年是 0.1,2020 年是 0.43,2023 年 10 月底截至当年影响因子是 1.31。总体看,刊物发展势头良好。

由于缺乏知名度和权威性，新办刊物在早期发展是异常艰难的，国人对SSCI（社会科学引文索引）的情有独钟无疑也增加了办刊的难度。现在培养一个期刊进入SSCI需要更长的时间和更好的数据。突如其来的疫情限制了线下交流和推广机会，打乱了刊物原有的部署；《营销科学学报》获得刊号，与JCMARS的翻译合作终止，也给刊物的发展带来新的变数。

作为CMAU的会刊，CMAU近年的每次年会都为JCMARS提供宣传推广的机会，因此刊物的国内知名度有所提升。我们积极与市场营销领域第一个重点项目群的研究团队合作，刊发项目组最新的研究成果。JCMARS原来发文基本局限于实证论文，后逐渐增加发文类型，刊发了一些综述和案例研究的论文。进一步融入CMAU，加强与CMAU专委会合作，已经在绿色营销和新产品开发方面联合发布了专刊征稿通知。

中国日新月异的营销实践创新为高质量营销学研究成果的涌现创造了有利条件；作为讲好中国营销故事的阵地，JCMARS未来可期。

（范秀成　中国高等院校市场学研究会常务理事、复旦大学管理学院教授、*Journal of Contemporary Marketing Science* 主编）

五、我想说的几件事

——与中国高等院校市场学研究会的点滴记忆

江西财经大学 杨 慧

2023年是中国高等院校市场学研究会(后简称"学会")成立40周年。40年峥嵘岁月、40年硕果累累,学会的许多事情值得我们纪念和回味!在我对学会的记忆中,还真有几件事情想要说一说。

第一件我想说的事情是,我与学会的结缘。说到这里,有一位我敬重的老师是必须提及的,他就是时任学会副会长的钟育赣老师。钟老师是我们江西人,曾经在江西高校任教。他是江西高校营销学界重量级学者,江西营销界知名人士。钟老师一直很关心江西高校营销专业的发展,一直致力于推动江西高校营销专业的成长。其中一项可圈可点的工作就是,为江西高校及教师搭建与学会沟通交流的桥梁,推动江西高校及教师走出江西,走向全国。我,就是在钟老师的引荐下走进学会这个殿堂的。记得我第一次参加学会在贵州大学举办的年会,就是得益于钟老师的推荐。这次会议,让我第一次亲历了学会年会的盛况,也第一次领略了大美贵州秀美的风光。自从有了贵州的第一次相遇,与学会每年一次的相约,便成为我学术人生中不会轻易失约的重要时刻。我已记不清楚参加了多少次学会的年会,但是,我见证了学会在历任会长带领下的薪火传承,见证了学会学术氛围的日益浓厚,见证了越来越多高知青年学者的加盟,见证了学会事业在蓬勃向上中的不断发扬光大。

第二件我想说的事情是,在学会鼎力支持和推动下,江西省高校市场营销学联盟(后简称"联盟")的成立。联盟的成立,是时任会长符国群老师大力推动的结果。当时的背景是,为了增加区域高校营销专业交流合作的机会,湖北武汉的高校率先组建地方高校市场营销学会,开启了地方高校区域交流与合作的新模式。在云南财经大学举办的学会年会上,符老师就开始向我提议,要我们江西高校向湖北高校学习,在江西高校之间建立营销专业学术和教学交流平台。记得在江西营销学联盟的筹备期间,符老师始终高度关注联盟成立的进展情况。时任学会副会长景奉杰老师也一直跟踪指导和协调我们的工作。联盟的成立也得到了江西各个高校的积极响应。时任东华理工大学经管学院院长、现任副校长的熊国宝老师,时任江西师范大学商学院院长赵卫宏老师,时任南昌大学经管学院副院长的董晓松老师,时任华东交通大学经管学院院长的韩士专老师,南昌航空大学经管学院院长黄蕾老师,江西中医药大学院长姚东明老师,江西农业大学经管学院副院长张征华老师,南昌工程学院工商管理学院副院长稽国平老师等积极谋划,研讨江西营销学联盟的组织架构、议事规则、合作模式等。江西财经大学作为发起单位,承办了联盟的成立与首届年会。为了办好会议,江西财经大学营销系做了大量卓有成效的工作。陆醇红、谌飞龙、余可发、沈鹏熠、张守刚、许丽艳、钟岭、吴忠华等老师不分昼夜辛勤工作,圆满完成各项准备工作。首届轮值秘书长余可发老师更是为会议举办付出了大量的心血。以上所有提及名字的老师是江西省高校市场营销学联盟的创立者、江西省高校市场营销事业的推动者,他们的名字应该让人铭记。在众人拾柴的推动下,江西省高校市场学联盟成立大会和首届学术年会于2020年11月24日在江西财经大学隆重举行,符国群老师和景奉杰老师到会祝贺并致辞,省内高校近100名专家学者参会。联盟的成立标志着江西省高校的市场营销教师从此有了交流学术、分享教学经验、共谋学科发展的平台。2021年的江西省高校市场营销学联盟年会在江西东华理工大学隆重召开。熊国宝副校长亲自指挥,赵建彬轮值秘书长具体执行,并于2021年12月19日成功举办了题为"江西高质量跨越式发展与绿色营销创新"的第二届年会。2022年江西省高校市场学联盟第三届年会在华东交通大学如期举行。时任院长韩士专、现任院长欧阳志刚高度重视,轮值秘书长冷雄辉认真谋划,在疫情肆虐的情况下,于2022年11月26日在网上成功举办了题为"数智化时代市场营销的创新与发展"的年会。符国群老师和景奉杰老师在网上参加了第二届和第三届年会,致辞和进行了专题演讲。2023年的江西省高校市场学联盟第四届年会将在江西中医药大学举行。现在,每年一次的联盟年会已成为江西高校营销界的学术盛会,得到各高校营销学老师的积极参与和高度赞誉。感谢中国高等院校市场学研究会的大力扶持!感谢符国群会长和景奉杰副会长的无私帮助!感谢所有关心和支持江西高校市场营销事业发展的领导和老师!

第三件我想说的事情是,中国高等院校市场学研究会教学专业委员会(后称"教学专委会")的工作。教学专委会是学会成立最早的专委会之一,成立于2003年。我是首届教学专委会的委员,并于2019年担任教学专委会的副主任,直接受命于景奉杰主任的领导。在景主任的带领下,教学专委会一直致力于高校教学改革探索、教学经验推广与交流、师资培训等一系列工作。教学专委会积极筹备每年的教学年会,从2016年在桂林理工大学召开的首届年会开始,已经举办了七届。年会上,许多高校分享了自己学校和专业在教学管理与教学改革上的经验及做法;学科负责人会议上的深度对话,提升了各高校市场营销学科建设的认知水平、明确了市场营销学科未来的发展方向;教师之间教学理念与方法的交流碰撞,让每位教师获取了丰厚的教学营养和启迪。教学专委会非常重视师资培训工作,每年都会根据教师的需求深入开展形式多样的师资培训工作。比如数字化营销、新媒体营销、网络教学方法等都成为师资培训的重要内容。此外,教学专委会还以开展优秀教学成果评选为抓手,推动各个高校探索和总结营销学科的最新发展、鼓励教师开展教学内容和方法的前沿研究。

参加教学专委会的工作,对我而言,也是提升和学习的良好机会。与景奉杰主任、费鸿萍老师、郑敏老师的相识与共事,让我更深刻地领会了什么叫敬业和睿智;在南昌大学2018年召开的中国高等院校市场学研究会教学年会上,我代表江西财经大学做题为《以生为本,精准育人——构建江财"一训两段三模块"的营销人才培养模式》的演讲,让我充分感受了什么叫分享的快乐;参加每届教学年会,目睹连漪老师、董晓松老师、郭功星老师、费显政老师等一批承办学校牵头人的投入与付出,让我进一步体会了什么叫情怀与担当。

  依稀岁月,雨墨情深。我与中国高等院校市场学研究会的缘分还在延续!

  祝贺中国高等院校市场学研究会40岁生日!祝福中国高等院校市场学研究会!祝福中国高等院校市场学研究会的所有老师!祝福我们终身为之奋斗的市场营销专业!祝愿中国高等院校市场学研究会在汪涛为首的新一届领导团队带领下,再创新的辉煌!让我们共同祝福、共同期待!

  (杨　慧　中国高等院校市场学研究会教学委员会原副主任、江西财经大学教授)

六、营销百花苑里一朵小花

华中农业大学　李崇光

　　1999年,时任武汉大学商学院工商管理系主任的符国群教授邀请我为武汉大学工商管理系的同学们讲讲当时中国加入世界贸易组织谈判背景下农产品营销问题。那时,符教授刚刚获得霍英东高校青年教师奖和武汉大学十大杰出青年称号,是在国内营销学界脱颖而出的青年学者。我在华中农业大学管理科学系市场营销专业教授农产品营销学,我们因参加中国高等院校市场学研究会和湖北省市场营销学会的学术活动而认识。活动由符教授主持,现场非常活跃。同学们围绕主题提出了许多问题,反映了他们浓厚的兴趣,也有些问题是农产品营销实践中的常识问题,同学们比较陌生,需要为他们补上这些知识,我逐一进行了解答。活动结束后,联想到过去在与本校和其他高校市场营销以及相关专业的老师与同学交流中的相同情况,感觉很有必要在全国更多的高校相关专业开设农产品营销学课程。中国是一个农业大国,农产品营销知识不仅是农业生产者和经营者所必需,也是市场营销、农林经济管理相关专业学生将来毕业后从事相关职业的需要。农产品营销学是市场营销主流学科大树上发芽的一个小枝条,如逢春风雨露,必将绽放出朵朵美丽的花!

　　2001年,中国高等院校市场学研究会年会在重庆举行。会议由重庆商学院承办,甘碧群副会长致辞,罗国民会长做主旨报告。我提交了农产品营销相关论文参会,提出重视和加强农产品营销学研究。会议将"加入WTO(世界贸易组织)与农产品营销"列入2002年学术年会研讨专题,作为选题方向之一。在2001年这次年会上,我和其他5位同仁增补为学会理事,其中也有我熟悉的武汉大学景奉杰教授。

　　在农业大学建设农产品营销学,最紧迫的工作是编写一本本土化的国家统编教材。那时,国内还很难找到这样一本国家统编教材,只有一些零散的农产品营销(运销)学讲习资料或册子。而当时的农产品市场又遇到诸多尚未完全弄清的现实问题,如农产品供给和消费呈现两旺局面,但仍然存在农产品销售难的困境,这为农产品营销学科学体系的建立和专业人才培养提供了现实需求。1998年8月,教育部和农业部委派全国几所重点农业大学的九位教师(我是其中之一)到美国Iowa State University商学院访学 MBAin Agribusiness,时间一个学期,旨在将该培养模式引入国内农业大学。其间,我收集了欧美多种农产品营销学教材和相关资料,着手准备编写一本《农产品营销学》教材。经过几年的准备,2004年1月作为国内第一本农产品营销学国家规划教材由高等教育出版社正式出版。在教材编写和出版期间,学会副会长甘碧群教授、万后芬教授提出了很宝贵的意见,万老师作为主审,甘老师为该书作序;第二版出版时,学会副会长郭国庆教授也提出了很好的意见并作第二版序。序中提到了西方最早的农产品营销教材——美国威士康星大学韦尔德教授的《农产品营销学》,这些史料也很珍贵。目前,教材已出版第四版,先后入选国家"十五""十一五"和"十二五"规划教材,并在全国许多高校使用。回想起来,这本教材的出版,恰是中国高等院校市场学研究会在农业高校开展营销学推广工作开出的一朵小花。

伴随《农产品营销学》国家规划教材的出版,另一项基础工作是建设一门高质量的"农产品营销学"课程。华中农业大学创办市场营销专业时间比较早,1993年就开始招生了。其实,当时在专业人才培养方案中已经列入"农产品营销学"课程,但只是选修课,因为当时国内还没有成熟的农产品营销学知识体系,也很少有高校开设此课程。记得早期留美归国的农经学者沈达尊先生曾于1990年邀请加拿大University of Manitoba的专家来学校做农产品运销学讲座,这是改革开放后国内最早的农产品营销学普及推广活动之一,大家听了都感到内容很新鲜。此后,华中农业大学组建课程组,在开设几年选修课的基础上,将"农产品营销学"作为必修课纳入营销专业和农林经济管理专业人才培养方案,并作为专业特色课程进行重点建设。学校也在农学、园艺、水产和生物等多个自然科学专业开设选修课。同时,作为教育部农林经济管理专业教学指导委员会委员和副主任委员,我也一直努力建议将"农产品营销(运销)学"课程作为核心课程纳入教指委"农林经济管理专业人才培养方案"(俗称"国标"),建议得到教指委主任委员中国人民大学唐忠教授和秘书长曾寅初教授以及委员们的赞同并采纳。这样,全国更多的农林高校开设了"农产品营销(运销)学"课程。这些措施有力推动了"农产品营销学"的推广和提升。

为了提高课程质量和教学水平,全国农林院校创建了"农产品营销学"课程联盟,定期和不定期开展课程建设、课程内容、教学模式以及讲授方法的研讨和交流。中国高等院校市场学研究会也在华中农业大学举办了市场营销教学研讨会,全国多所高校踊跃参加,符国群会长亲临现场指导并做交流报告,有力推动了提升课程及其教学质量的工作。华中农业大学以及其他多所农业高校的"农产品营销学"课程入选国家精品课程、国家精品资源共享课和国家一流课程。

中国高等院校市场学研究会众多学者在助力华中农业大学农产品营销学术水平提升上给予了无私奉献。符国群会长、汪涛会长、王永贵副会长以及田志龙、景奉杰、常亚平、黄敏学等学会领导和专家,多次应邀来校讲授营销前沿理论和研究方法,特别是营销案例研究和营销实验等定量研究方法。这些报告对青年教师、博士和硕士研究生们的学术生涯发展,在关键时期起到了关键指引作用,有力地推动了学校市场营销学科水平的提升,也使华中农业大学乃至全国农产品营销研究汇入营销研究主流。团队教师和博士生也频繁参加中国高等院校市场学研究会组织的营销学术会议，汇报农产品营销的研究成果，在学习和交流中提升学术水平。

2019年6月，在符国群会长发起并亲自组织下，"中国高等院校市场学研究会农产品营销研究中心"正式成立，华中农业大学副校长青平教授任主任，中国农业大学陆娟教授、西安邮电大学张鸿教授、桂林电子科技大学袁胜军教授任副主任，华中农业大学项朝阳教授任秘书长，本人也被符会长"钦点册封"为顾问，有了一个"官衔"。中心的成立是中国农产品营销学发展的一件大事，也从全国营销学术机构建制完善方面反映了农产品营销已成为市场营销主流学科的重要组成部分。

在学会的支持下，学校农产品营销学术队伍也在成长和壮大。现任学科带头人青平教授等入选国家高层次人才计划；经管学院有7名教师入选国家现代农业产业技术体系担任7个产业的产业经济岗位科学家，从事相关农业产业的生产和营销研究，定期和不定期为农业农村部以及国家相关部门和行业提交咨询建议；农产品营销团队在主持承担一批国家社科重大、国家自科重点和面上项目的同时，还承担了内蒙古伊利实业集团股份有限公司、湖南金健米业股份有限公司、大连华农集团等农业企业的咨询项目，为农业产业和企业发展作出了贡献。

学校的"农产品贸易与营销系列课程教学团队"入选教育部优秀教学团队；市场营销专业入选国家一流专业建设点；教研成果获得国家教学成果二等奖；学科和专业建设水平得到了提升。

在中国高等院校市场学研究会成立40周年之际，回顾华中农业大学农产品营销学发展的这段历程，农产品营销学能够开出一朵具有泥土味的小花，得益于学会多年的栽培和浇灌。愿这朵小花在全国市场营销百花苑里，为满园春色增添一抹色彩、一缕清香！

（李崇光　华中农业大学经管学院教授、武昌首义学院校长、中国高等院校市场学研究会农产品营销研究中心顾问）

七、15 年涓滴成长，四十载同向而行

上海财经大学　高维和

1. 我与学会：15 年涓滴成长

作为一个中国"70"后市场营销学教学和研究的中青年教授，毫无疑问赶上了中国市场营销蓬勃发展的大潮，其中中国高等院校市场学研究会（简称为学会）是这场世界营销中国大发展的参与者，甚至可以说是当仁不让的主导者之一。作为一个高校学者和以学生为主的市场营销学科交流、教学和研究平台，从最早聚焦市场营销学教学和学科发展探讨功能的学会，逐渐成为国内唯一的综合性多功能学术组织。从我个人的经历和体会来说，参与学会举办的各种教学和学术会议，对于年轻人提高教学能力、开阔学术视野和提升学术素养极为重要。虽然，由于各种原因，特别是 2016 年之后我担任了学校发展规划处副处长，负责学校的学科特别是双一流和上海高峰学科建设等行政工作，我并没有全勤参加学会每年组织的各项活动，但是 2006 年我逐渐了解并参加学会会议，并于 2008 年参与学会活动，15 年来对于我个人的职业发展以及个人成长有着不可取代的助力。

学会 2009 年年会，在广西桂林电子科技大学召开。这是我第一次参加学会的年会，年会的主题是：消费升级与市场营销。年会是在 2008 年金融危机这个大背景下举行的，其时的我属于名副其实的青椒，虽然 2007 年因为机缘巧合我进入上海财经大学，由于当时岗位是研究岗，并没有特定的教学安排，所以 2007 年底一直到 2008 年，我都处于身份转变的犹疑中。2009 年 7 月，我和上海财经大学市场营销系几个在读博士生以及几位年轻同事一起参会。年会我并没有论文报告，但是让我印象非常深刻的是，第一，当时的报告嘉宾不约而同指出市场营销学对于扩大内需、促进经济社会健康发展起着重要的作用。时移世易，已然过去十几年，但是扩大内需、倡导营销的社会责任依然具有全新的现实意义。回想起来，这对于"小白"的我来说，这些报告是增强营销自信和决心营销研究的原动力。第二，时任学会副会长郭国庆教授以及其时还非常年轻的王永贵教授的报告让我大开眼界。郭会长指出中国市场营销领域的教学和研究依然存在忽视市场营销基础知识、基本理论的教学，市场营销贴近现实的研究不够等问题。虽然这些问题在当下的市场营销学中依然存在，潜移默化中也成为后续我个人研究中一直思考的方向和目标之一。其实，王永贵校长当时报告的内容我全然已经忘记，但是他当时报告声音的洪亮、穿透力以及投入程度，对不够自信、不够投入、不够坚决的我来说，实实在在是一次全新的现场教学。第三，认识了一些新同事，并且成为志同道合的好朋友。正是这次会议，我认识了东北财经大学年轻教师张闯以及汪旭辉等，后来我们共同

发起了中国营销战略论坛,虽然猝不及防的疫情影响甚大,2023年12月23—24日第四届中国营销战略论坛在复旦大学召开,这也算是参加学会的收获之后,我们自己对于中国市场营销学教学和研究的贡献之一。

学会2012年年会,在内蒙古财经大学召开。这是我第一次论文得奖的年会。2012年逐渐走出第一个职业生涯转换期的我,以《从偶然王国到自由王国——商业性朋友关系的建构机制及其绩效探析》论文投稿,尽然意外得奖,蓦然回首却微不足道,但是却对于我有着特殊的意义。得奖之后,我觉得这个题目应该还可以继续探索,2013年我在这个获奖论文的想法基础之上,整体形成《因"商"生"情","商情"合一:商业性朋友关系的建构机制和平衡策略研究》的国家自然科学基金面上项目申请报告,并且幸运获批。2022年,这个项目在后评估中获得特优评价,也是当年获得"特优"评价的两个市场营销面上项目之一。学会的报告、获奖不仅有助于获得各位同事和前辈的建议和指正,也会不经意中播下一粒种子并生根发芽,这个小苗虽然不一定长成参天大树,但是新的生活、新的出发毕竟依然开始。另外,正是这次会议让我线下见到了具有独特魅力的国内营销学界前辈——华中科技大学景奉杰教授。随后,景老师就职华东理工大学。而后,我相信大家对于市场学学会上的景式诗歌不再陌生。

学会2022年教学年会暨营销学科发展论坛,在海南大学召开,年会的主题是"数字化营销人才培养:新教改、新形态、新模式",这是我第一次参加学会的教学年会,虽然因为外在不可抗力,我只能线上参会并做了一个主旨报告。我在学校发展规划处和学科办从事行政工作已然多年,对于工商管理学科以及市场营销学科发展和研究逐渐有了一点自己的认识和感想,本次年会上我以"新版目录变化与管理学学科建设的思考"为报告主题,和与会的同事和同学们分享了市场营销学科发展现状以及面临的挑战,报告之后有多位国内同仁私下索取相关报告的PPT,表明现阶段大家对于国内市场营销学教学和研究存在的包括但不限于,教学和科研融合潜力、市场营销人才培养、市场营销学科在工商管理学科中的定位以及研究如何回应和解决现实问题,这些方向性和根本性问题的共同关注以及思考。

学会2023年学术年会在武汉大学召开,本次年会选举产生学会换届第十二届理事会,本人有幸当选为学会副秘书长,并且负责学会华东片高校等机构的会员服务和发展等事宜。凡是过往,皆为序章;凡是未来,皆有可期。身为副秘书长以及学会的常务理事,上海财经大学也是学会的常务理事单位,作为中国现代市场营销学教研重要力量之一,中国现代市场营销学理论和思想传播地之一,本人深感荣幸和责任重大,及时当勤勉,岁月不待人,为学会这个大家共同的家园贡献自己的力量。

2. 系与学会：40年同向而行

源于1917年南京高等师范学校创办的普通商业系，1954年上海财经大学开设"贸易经济"专业并设立"市场营销"方向，1979年招收国际贸易专业市场营销专门化研究生，2002年正式设立市场营销学科博士点，上海财经大学市场营销系是中国最早开展市场营销教学和研究的院系之一。为了市场营销学在中国的推广、普及和发展，市场营销系梅汝和教授亲自牵头组织并推进一批营销学专业的学术机构和平台的建立，包括高校市场营销学会、上海市市场学会、中国市场学会等。作为中国最早成立的市场营销学术组织，学会与上海市市场学会自成立之日起，就成为中国市场营销学科发展的重要阵地和产学研联系的核心桥梁。

"Marketing"中文名翻译。Marketing最早在中国以"市场学"为中文对应，这一点可以从学会(1987年更名)以及成立初就以"上海市市场学会"为名可以看出。学会成立之后，专门召开关于"marketing"中文名的相关讨论，但都没有一致的结论，直到1990年上海人民出版社《营销管理》第五版的正式翻译出版。许多现在约定俗成的专业词汇翻译在当时并没有确定的说法，梅汝和积极组织和参与学会相关专家的讨论会。自此，"Marketing"一词翻译成"市场营销"逐渐成为国内营销学界和实务界约定俗成的名字。其时，当菲利普·科特勒本人得知梅汝和及其团队正在进行的翻译后也表示十分支持并寄来了他亲自写的序言，认为在中国能翻译出版这本书是一个重大的改革举措，这也是当时少有的国外作者亲自作序。

教材编译和出版。1984年，时任上海市市长汪道涵到美国西北大学访问时，被菲利普·科特勒的*Marketing Management*深深震撼，决定要把这部著作引入中国。随后，上海财经大学市场营销系主任、上海市市场学会会长梅汝和先生成立专项工作组展开翻译工作，于中国大陆地区首次引进并组织翻译菲利普·科特勒第五版*Marketing Management*，把书定名为《营销管理》，在1990年由上海人民出版社出版。这本在西方有着"营销《圣经》"之称的著作，由于其系统性和权威性，成为日后国内营销学的教材蓝本。

学术交流。上海市市场学会自20世纪80年代创设以来，作为国内最早的市场营销学术组织，经历早期国外市场营销思想传播、国内市场营销人才培养以及市场营销研究的策源地之一等阶段，学会在创设发展的各个不同阶段，都积极参与学会主导和组织的各种学术活动：组织市场营销学国际交流、思考和推动中国市场营销学的发展、组织学会相关骨干力量编写《市场学词典》以及积极参与和指导企业的市场营销实践等。新时代，上海财经大学市场营销系在学会指导下，分别召开了多次高层次会议，如2021年我们克服疫情影响，召开了"营销科学创新与发展"高峰论坛，邀请了时任学会会长符国群教授等国内代表性学者齐聚上海财经大学，共商共话中国市场营销学的人才培养和学术研究，

1994年海尔集团市场营销研究会合影

学会领导与上海市场学会部分会员合影

"营销科学创新与发展"高峰论坛

3. 不是结语的结语

1910年美国学者正式提出和确定市场营销学概念与定义,自改革开放以来,中国市场营销在短短的40年间快速发展,不断进步,成为一种影响和推动社会进步的力量。学会40年如一日,带动和推动现代市场营销学在中国广为传播,为国内大学和学者交流提供了独一无二的官方平台,中国市场营销理论和研究得到了显而易见的大发展。新时代,在进一步做大做强的基础上,继续增进国际学术交流,为世界市场营销学发展贡献中国学者的力量和声音。本人作为学会副秘书长,将借助自己担任上海市市场学会法人代表、副会长和副秘书长的契机,在学会战略指引和领导下,恪尽职守,为学会发展特别是华东片会员发展和学会影响力的进一步增强勤勉担当。

(高维和　中国高等院校市场学研究会副秘书长、上海财经大学商学院教授)

八、感恩一路有你

贺州学院　袁胜军

1. 缘起

我的本科、硕士都是学计算机的,博士是学信息管理与信息系统的,都与市场营销无关。但就是因为大学期间选修了《市场营销学》,心里总是惦记着市场营销。

2007年9月,我博士毕业后就职桂林电子科技大学商学院(那时是管理学院),当时的学院领导考虑到我的学科背景,把我安排在电子商务系。做了一个学期电子商务系的专任教师后,我向学院申请到工商管理系,理由有二:一是我个人的兴趣在市场营销,不在电子商务;二是因为不喜欢,就很难做好,这样对我个人发展不利,对专业发展不利,尤其是可能教不好学生。当时的学院领导比较开明,谈了一些之所以安排我到电子商务系的初衷后,就同意我去工商管理系担任市场营销专任教师的申请。从此,我就成为一名市场营销专业的专任教师。

2008年7月,我和同事到山西太原参加当年由太原理工大学承办的中国高等院校市场学研究会(以下简称"学会")年会,参会之前,我向学院领导提出,如果有可能,是否可以申请学院也承办一次,学院领导很爽快地就答应了,并承诺学院一定会大力支持。非常感谢学会对于年会承办单位的开放和包容,给了我们申请的机会,经过宣讲和投票后,我们获得了学会2009年年会的承办权,从此,我与学会正式结缘。

2. 成长

说到成长,我认为有三个典型经历对我帮助颇大。

第一个就是承办了学会2009年的年会。获得学会2009年年会承办权以后,我立即向学校及学院相关领导汇报,并得到他们的大力支持。之后,又多次向学会秘书处就学会召开的主题、方案等细节问题进行汇报并寻求指导。正是在学会领导及秘书处、学校及学院领导的大力支持下,学会在2009年7月25日顺利召开并得到了大家的认可。正是这次承办年会的经历,让我在以下几个方面收获颇丰:一是锻炼了自己的沟通、组织和协调能力,通过和学校领导、学会秘书处等多轮的汇报、整个年会从头至尾的组织,我在上述几个方面的能力得到了较大的提升;二是得到了学校及学院领导的认可,为以后在学院及学校开展相关工作奠定了基础;三是拓宽了自己的视野,由于自己是非营销专业出身,但当时出于职责,我阅读了几乎每一篇会议论文,对于市场营销的研究领域有了较为全面的认知;四是有机会和营销界的一些前辈和青年学者进行面对面交流,并得到他们的面对面指导,尤其是有机会参与张云起教授主持的教育部"使用信息技术工具改造课程"项目,为自己以后的教学和科研能力提升奠定了基础。

第二个就是在北京大学从事博士后研究。正是承办年会的缘故,让我有幸认识了符国群教授,并得以进入北京大学光华管理学院从事博士后研究。记得当时我到中央财经大学参加由张云起教授发起的一个培训,当时邀请了符老师做报告。在中间休息时,我忐忑地走到符老师身边,询问是否有机会成为他的博士后。令我分外惊讶的是,符老师竟一眼认出了我,并肯定了我们承办学会年会的效果,但告诉我他有名额但一直没有招,待回去问过学校后再回复我。待过了几天我再联系符老师时,符老师说欢迎我申请他的博士后。在申请入站面试时,当时的面试小组组长曹凤岐(先生已于2022年仙逝)老师告诉我,因为根据规定,非应届博士毕业生入站需要交10万元的费用。对于当时一个来自农村刚刚工作的青椒而言,这其实是一笔不小的费用,看出我的难处后,曹凤岐老师建议我和导师沟通。面试结束后,符老师告诉我不要担心费用的问题,他可以拿他的课题经费资助我一部分,并建议我向我工作的学校申请一部分经费以缓解我的经济压力。后来,正是符国群教授和桂林电子科技大学时任校长周怀营教授的经费资助,使得我顺利完成博士后研究。正是这段博士后经历,不但让我明确了自己未来学术研究的方向,也为我后来从事教学和科研工作奠定了坚实基础,尤其是符老师指导学生的责任心和敬业,更是直接影响我指导研究生的身心投入和方式。

第三个就是成为市场营销专业的专任教师。从电子商务专业转到市场营销专业做专任教师后,完全是基于兴趣和热爱,但底子还是很薄弱的。为了能够尽快具备市场营销专业专任教师的知识结构和能力,一方面,我利用参加学会年会的机会多听、多看、多学,并抓住机会向前辈们潜心请教;另一方面,我还给自己制订了3~5年上完市场营销专业所有专业课程的规划,期望通过上课倒逼自己,让自己能够以更快的速度、更多的精力投入来满足教学需要。现在回头来看,除了两门课一直没有机会上以外,其他的专业课我全部上了一遍,从学生评价来看,效果也还是比较理想的。

3. 布道

古人云:"师者,所以传道受业解惑也。"成为一名市场营销专业专任教师后,我也努力传道、授业和解惑,并按照有理想信念、有道德情操、有扎实学识、有仁爱之心的"四有"好老师的标准要求自己,履行好一个好老师的职责。

传道,我一直把它理解为告诉学生做人做事的道理,坚持立德树人,让学生树立正确的世界观、人生观和价值观。我一直告诫学生,做人和做事其实是通的,人做好了,事情也很难做不好。我经常举稻盛和夫的例子,他刚开始经营企业时,也不知道该如何经营,就是想着怎么做人就怎么做企业吧,其最后经营企业非常成功。我也经常会和学生说,世界上最伟大的两个职业其实就是教师和医生,教师让人的精神和心理变得积极健康,而医生则是让人的身体变得健康。相比于医生,教师的责任更为重大,因为教师是改变思想的,并且面对的是一个又一个群体,影响的是一代又一代人,这也是国家对于师德师风如此重视的原因。无论是本科生,还是研究生,学生都能从我这里汲取正能量,变得积极、乐观、向上,这也是我个人比较骄傲和自豪的地方。

授业,则是传授知识,但我理解为不单单是书本知识,还包括社会知识。相对于本科生和学术性研究生而言,老师除了对知识掌握更为系统、全面、准确和深刻之外,还多了一些社会阅历,对社会热点事件的解读也会更客观一些。所以,在给他们授课时,我更愿意把书本知识和社会事件、企业案例结合起来,增加学生的学习兴趣。对于MBA学生而言,他们有着丰富的行业或者企业管理经验以及社会阅读能力,但往往是知识系统性、体系性欠缺,我更愿意先把一门课程的知识体系梳理成框架,并明晰各知识模块之间的逻辑关系,帮助学生从总体上把握知识的全貌,这样的授课方式让我的教授和学生的理解都变得轻松。记得一次给MBA学员授课中间休息时,一个银行支行的行长跑过来告诉我,她原来一直从事的其实就是营销工作,但一直不理解到底什么是营销,听了我的课,看了我画的图后,她豁然开朗了。后来我也私下问过几个学生,反映基本相同,我也就基本相信学生反映的真实性了。学生这种积极的反馈,也进一步增强了我采用此类方式授课的信心。

解惑,我理解为就是为学生的各类困惑提供参考建议。虽然是老师,但我从来不会针对学生的非知识性困惑或者疑问告诉他们一定要怎样,我通常更愿意告诉学生这是老师的理解、判断或者建议,仅供他们参考而已。正是这样的一种解惑方式,往往让学生感受到真诚、平等和放松,多数情况下能够为学生提供帮助,我也因此收获了许多学生朋友。

正是由于学会,我从非营销专业转向了营销专业;也正是由于学会,我逐渐成为一名真正的营销学者。虽然,现在从事高校纪委的工作,但在我的心里,我一直都认为自己是一名营销学者。从事营销专业的教学和科研,虽然有困难和挑战,但我很享受,而让我能够享有今天愉快的工作心情的,就是中国高等院校市场学研究会,感恩一路有你!

(袁胜军　贺州学院党委常委、纪委书记,历任桂林电子科技大学商学院市场营销专业负责人、工商管理系主任、院长、人事处处长)

九、向往、期待与成长

华东理工大学　费鸿萍

学会已经40年了,已经与学会认识30多年了。

引言:初识——对老院长的崇拜与引领

认识中国高等院校市场学研究会(以下简称"学会"),还是1991年刚刚上大学的时候。进入云南财贸学院(现在的云南财经大学)贸易经济系的时候,就知道学院有个很厉害的老院长,在全国营销学界很有影响力。自己当年就读的也是贸易经济系的营销专业,然后就一直很期待能见见老院长、能当面向老院长请教(其实就是想能否得到亲传秘籍,然后快速进步——哈哈,年轻时总会幻想快速进步)。大学三年多,虽然没等到老院长的授课,但是营销专业课的几位主要授课老师都是老院长的学生,从他们的教学中我感受到了老院长对营销的理解和治学的严谨。大四的时候,终于第一次见到了老院长,老院长跟我谈到了营销,也谈到了学会,让我第一次对传说中的遥不可及的学会开始了解……期待见到的学者儒雅、博学但又那么亲和……毕业留校后有了更多的机会和老院长交流,特别是在聂元昆老师安排下完整地听了老院长的营销课程,让自己构建了对营销管理学的系统框架,也开始慢慢了解老院长所服务的学会——中国高等院校市场学研究会,大家应该都知道老院长是谁了吧?吴健安先生,中国营销学界的前辈,中国高等院校市场学研究会的主要发起者之一。

这么多年过去了,感谢老院长、聂元昆老师、王旭老师……能让我在大学时候就开始认识中国高等院校市场学研究会。

走近学会:2006—2018年

2006年来到华东理工大学商学院工作以后,在郭毅老师的支持下,断断续续地参加了几次会议,记得一次在南昌,一次在哈尔滨,还有一次在南开。

与学会再次走近,是2011年景奉杰老师来华东理工大学以后。

由于教学、科研工作繁忙,加上各种主客观原因,大家的工作生活都比较向内,与外界的交流并不多。记得景老师与我们第一次见面,就被安排在浙江大学的一个会议上。然后慢慢地我们开始重回组织,开始参加学会的活动……原来营销的天地不只是学校办公室和文献里的一点点……

融入学会：2019年以后

2019年，学会换届，我有幸担任学会第十一届常务理事，并受学会领导的委托担任学会副秘书长一职，兼任教学委员会秘书长。主要在符国群老师、彭泗清老师的指导下，配合景老师、连漪老师，为学会老师提供教学相关的服务，其中教学年会是主要活动之一。2019年到2022年，四次教学年会的组织服务经历，是我在追随学会成长最快的几年。其中三次由于疫情原因都是以线上为主，线下小范围内进行。这种打破以往常规的会议形式虽然带来了很多挑战与不确定性，但这一过程中学会领导的战略指导与果断决策、各承办方院校负责老师的敬业精神与热情投入、秘书处的老师们的细心工作与专业执着，让学会这几年的教学年会能仍然一如既往地进行，而且能结合教学的发展需要，有了许多创新，为学会会员单位的老师们提供了教与学展示、学习与成长的平台。

2019年中国高等院校市场学研究会第四届教学年会由汕头大学承办。

会议主题：新时代·新营销·新商科·新金课。

感谢钟育赣老师、蒋青云老师、景奉杰老师和汕头大学的郭功星老师为会议的举行做了大量的工作，让教学年会顺利进行。另外，因为2019年刚刚进入教学委员会，教学年会的工作参与还不多，记得只参加了当年的教学论文评审，有点小惭愧。

教学年会分为师资培训和大会论坛两个环节。

2019年11月16日，在汕头大学图书馆演讲厅首先进行了师资培训。

2019年11月17日，中国高等院校市场学研究会2019年教学年会暨营销学科发展高峰论坛在汕头大学科学报告厅举行。时任学会会长符国群老师和汕头大学执行校长王泉致辞。两天的会议除了大会主题演讲外，还有中国营销学科负责人联席会议和多个平行论坛。

会议结束之际，大家互相道别时，还彼此叮嘱：2020年武汉中南财经政法大学再论营销教与学！

彼时我们都没想到：我们有我们的计划——2020年教学年会时，中南财经政法大学再论营销教与学，但是世界另有安排——2020年的一场"突如其来"的意外打乱了计划节奏。

2020年为中国高等院校市场学研究会教学年会第五届，由中南财经政法大学工商管理学院承办。

会议主题：后疫情下市场营销教学：产教融合与实践转型。

这是我第一次全程参与的教学年会，从筹备到会议进行。

2020年，在景老师的提议下，符老师、彭老师、汪老师等学会领导的支持下，学会启动了优秀教学成果评比。记得5月份开始，景老师和连老师就组织我们研究国家级及省部级的各类教学成果评比的情况，准备相关的文件包括评比范围、内容要求、比赛程序、评分标准……其中最重要的是，学会领导一再强调在教学成果征集和评比过程中，如何以赛促教，鼓励老师通过教学成果的申报对自己的教学改革与创新做个总结，也通过与其他老师的交流、分享，共同推动中国高校营销的教学质量。记得教学成果申报7月底启动，9月份截止，共收到40多份来自全国高校的申报材料。经过秘书处形式审查，共有40份进入初评。最终有14支团队进入现场决赛。

问题来了：教学年会现场能否进行？

时间回到2020年的冬天，不只是武汉，国内好多地方对出行都有所限制。随着会议时间的接近，对于会议以什么样的形式展开，要不要线下继续进行……年会组委会一直在讨论。最后经以符国群老师为主的学会领导商议决定，采取线上与线下直播同步进行的方式。

2020年12月11日，师资培训班进行了两个专场——"数据与市场研究"和"案例教学研究专场"。

2020年12月12日，"**中国高等院校市场学研究会2020教学年会暨营销学科发展论坛**"在中南财经政法大学工商管理学院文泉楼北506会议室如期进行。时任学会会长的符国群老师和中南财经政法大学副校长邹进文、工商管理学院院长钱学锋老师分别为大会致辞。会议除了围绕商科教育发展、提升所进行的主题演讲外，还设置了数据与市场研究专场以及优秀教学成果决赛展示。

还记得当年会议开幕式时费显政老师对线下和线上营销同仁们问候的那句话："室外的温度是4.8摄氏度，室外的温度是15.8摄氏度，而36.8摄氏度是呼吸的温度、心跳的温度，代表了所有学术同仁热爱营销学科的温度。"是啊，想想那个"艰难"冬天的教学年会的线下线上，学会的老师们仍然不减对营销教与学的热爱，仍然在追逐我们对中国营销教学发展的理想。第一届优秀教学成果决赛现场：14支团队，有12支团队现场展示，2支团队因为客观原因线上展示。现场的紧张、激烈和热情，至今仍然记忆犹新：营销教学老师华山论剑。最终第一届特等奖花落中山大学王海忠老师团队。

正如符国群老师在开幕式中所说的2020年的教学年会创建了很多第一：

第一次举办优秀成果评选；

第一次线上线下同时直播；

第一次和清华大学出版社合作。

时隔3年，那个冬天的年会筹备的多次线上会议以及现场教学研讨的画面仍能清晰地回放：感谢中南财经政法大学费显政老师、杜鹏老师团队的努力与付出，让我们在那个冬天仍能有对教学的热情、仍保留了学会对老师的关心的温度。

2021年中国高等院校市场学研究会第六届教学年会。

会议主题：大数据时代的营销人才培养：融合、创新与发展。

承办单位：中央财经大学商学院。

2021年的教学年会，是否能在线下全面展开，仍然有太多的不确定性。随着时间的进展，各个单位，特别是高校对外来人员的来访仍有所限制，特别是关于会议规模的规定都较严。为了能让教学年会顺利进行，在学会领导的指导下，在承办单位中央财经大学王毅老师的协调下，会议地址选择在北京香山饭店——没错，就是贝聿铭设计的北京香山饭店。

2021年10月22日，按惯例首先举办了师资培训班。

2021年10月23日，"中国高等院校市场学研究会2021教学年会暨营销学科发展论坛"在北京香山饭店正式进行。时任学会会长符国群老师和中央财经大学副校长史建平老师、商学院院长林嵩老师分别为大会致辞。大会包括主旨演讲以及"营销学科发展论坛暨学科负责人联席会议""优秀教学成果、期刊主编面对面、优秀教学论文""教学技术与课程创新"等多个环节。仍然想提一下优秀教学成果的情况：记得临要开会时，宁夏大学的冯蛟老师团队由于突发情况（疫情）而未能到现场，但其团队线上专业的展示以及内容得到了现场评委的高度评价，在强强比赛中拿到了本届优秀教学成果的特等奖。

相比2020年，2021年的教学年会能到线下参会的老师有些增加了。

感谢中央财经大学王毅老师、顾格格老师、姚凯老师团队的师生们，能让我们相聚在贝聿铭设计的北京香山饭店，面对面地交流，和学会的老师们一起期待香山红叶开时，畅谈营销教学与人才培养。

2022年，中国高等院校市场学研究会第七届教学年会。

会议主题：数字化营销人才培养：新教改、新形态、新模式。

承办单位：海南大学管理学院。

也许最没想到的是2022年末的这个年会会有这么大的不确定性——在12月时会因外部环境的变化，让很多人的出行计划临时改变。

这次会议仍然采取了线下会议+线上直播的形式同步进行。

2022年12月9日，师资培训以线上和线下的形式展开。本次师资培训有一点点改动：基于教学发展中的学员的参与式，将单纯式的讲授改为师资培训-教学能力工作坊，强调模块的双向促进互动。

2022年12月10日，"中国高等院校市场学研究会2022教学年会暨营销学科发展论坛"在海南大学举行。时任学会会长的符国群老师和海南大学副校长叶光亮老师分别为大会致辞。大会包括主旨演讲以及"数字经济时代的营销学科发展论坛暨学科负责人联席会议""优秀教学成果""市场营销系列新形态教材分享会""教学论文分享与期刊主编面对面""自贸区港建设与创新"等多个平行论坛。原来以为,因为冬天的海南是大家的向往,疫情也没那么紧张……然后组委会在征求大家的意见后,设置了很多论坛,没想到的是,世界仍然另有安排,阻止了很多老师的脚步。论坛的现场人数不达预期。不过,线下参会的老师和分享嘉宾仍然在略显空荡的会议室,线上线下联动,仍如在一起一样,专注而热情地分享与交流。

在疫情快要结束的时候,相聚于海南,感谢海南大学管理学院童泽林老师、王萍老师团队的投入与付出,让我们这群营销老师在这样一个冬天感受到海岛的温暖,保持着对营销教学的热情。

2019—2022年,在学会这个平台上,还在学会领导的指导下,和教学委员会的老师们与见数姚凯老师团队共同举办了CMAU市场研究与商业策划赛事(姚凯老师会主要提到),参与了清华大学出版社的新形态市场营销系列教材的教设,也参与了学术年会和学会其他专委会举办的会议和活动,还有2021年春节,组织大家拍摄的拜年祝福视频……

2023年末,再回望,从初识学会的向往到参与活动、服务教学的经历,学会带给我的不只是几句话或者一些事就能表达的成长。

在学会平台上,知道并慢慢领悟了营销的科学与艺术,让自己开始坚定而热情地在营销教与学的领域研究发现自己和学生的价值。

在学会平台上,打开了营销科学与实践的一扇窗,让自己结识了越来越多的营销人,开阔了营销学术研究与教学的视野,一步一步踏实地探索真正的市场营销。

更重要的是,在学会平台上,始终有这样一群良师益友,引领、指导和陪伴我们追逐中国营销教学梦想。

感谢在我学生时代和教学生涯开始时引领我结缘中国高等院校市场学研究会的吴健安老师、聂元昆老师、王旭老师。

感谢在我进入学会后在工作和学习上一直给予指导和帮助的学会领导:符国群老师、彭泗清老师、汪涛老师、孙国辉老师、费显政老师等。

感谢这几年在教学年会工作中给予自己支持的所有老师:郭功星、杜鹏、王毅、童泽林……

特别感谢教学委员会和各种活动中支持、指导我工作的景奉杰老师和连漪老师,还有郑敏老师、姚凯老师和张希贤老师——四年中为了筹备各种活动,曾经一起熬夜开会讨论的团队!

还有很多要感谢的好友,就是在学会这个平台上,让我们这群普通的营销老师能一起为我们不普通的营销教学梦想一起努力、前行!

(费鸿萍 中国高等院校市场学研究会第十一届理事会副秘书长、华东理工大学商学院副教授)

第三篇 再铸辉煌

一、众人拾柴火焰高

——我做会长这八年

北京大学　符国群

1. 为何主动竞聘会长

2015 年我有幸成为中国高等院校市场学研究会（以下简称"学会"）第五任会长，到 2023 年 7 月卸任，整整做了 8 年会长。在学会历史上，我也许是第一个毛遂自荐并通过竞选担任会长一职的。之所以主动竞聘会长，除了自己对学会有很深感情和希望学会办得更好外，也与学界同仁的支持、个人的经历及自己对社会组织的认识有很大关系。

我于 1983 年从湘潭大学数学系毕业，同年考入武汉大学经济管理系读硕士。在硕士学习期间，大概是 1984 年，我选修了甘碧群先生讲授的市场学通论，得以与甘先生相识，后来有幸成为她指导的第一个博士生。甘先生长期担任学会副会长兼学术委员会主任，在她的影响下，我开始参加学会活动，并与学会结下不解之缘。1993 年初，我被公派到英国拉夫堡大学访学，首次参加在该校举办的 EMAC（欧洲营销学会）学术会议，得以感受国际学术会议与国内学术会议的不同。1995 年正式在英国 Aston 大学商学院注册成博士生，师承约翰·桑德斯（John Saunders）教授在职攻读第二个博士学位。桑德斯教授曾任 EMAC 会长，他对来自亚洲的学生非常友好，不仅给我提供学业指导，而且和我分享了很多关于英国与欧洲学术共同体建设的情况。也许是受两位先生潜移默化的影响，我对参与学会和学术共同体建设，一直持有比较积极的态度。

2000 年从武汉大学调入北京大学后，我参与学术共同体事务显著增加了。一是花了不少精力组织北京大学、复旦大学、香港大学三校组织的 Marketing Scholar Forum，该项活动最初由北京大学光华管理学院营销系涂平、香港大学谢贵枝、复旦大学蒋青云发起，一共做了七期，我担任光华管理学院营销系主任后，参与了五期。这个论坛主要是请境外知名学者来华介绍营销领域前沿研究与方法，对推动国内营销学术研究与国际接轨起到了积极作用。二是作为《营销科学学报》创始人之一，参与该刊物的组稿、审稿和定稿，同时负责组织每年的学术年会。《营销科学学报》由清华大学和北京大学联合创立，于 2005 年以辑刊形式正式出版，首任主编是清华大学赵平教授，我当时任副主编，2007 年改任理事长，2010—2016 年任主编。《营销科学学报》主办的年度学术年会,完全按国际通行的标准和程序组织论文交流,很快吸引了国内一流高校的营销学者与营销专业博士生参与。这段经历,对后来学会如何更好地办好学术年会产生了重要影响。三是 2007 年我被推选为学会副会长,进入学会领导班子,负责学术委员会的工作,得以更近距离地了解学会的决策与运作过程,对学会文化、优良传统及面临的挑战均有更深入的理解。

以上这些经历,构成了我主动做会长的某些触动因素,但真正驱使我愿意投入更多时间、精力参与学会建设的动力,源自对民间或社会组织的考察及在此过程中形成的思想认识。在参加北京市政协及一些部委组织的调研活动中,我特别关注商会、行业协会等社会组织的运作。比如,在与福建莆田北京商会会长黄文盛董事长的接触过程中了解到,莆田在北京有 3 000 多家企业,这些企业组成的莆田北京商会专职人员有 20 多人,该商会为会员企业提供诸如法务、公关甚至子女教育等方面的服务,有力促进了莆田企业在北京的深耕。同样,在考察浙江产业集群的过程中,了解到具有浙江特色的行业协会与政府密切合作,在避免同业恶性竞争、联合"出海"等方面发挥了独特作用。2014 年和同事访问瑞士,给我留下最深刻印象的是该国数量庞大、极具活力的民间组织。瑞士是一个面积只有 4 万多平方公里、人口不足 800 万的小国,而其国际竞争力长期稳居世界前列,这或许与其社会力量的强大不无关系。当得知该国民间组织有 7 万多个,几乎每 100 人就有一个社会组织时,我被深深震撼。在与政府、企业及各类民间组织的接触过程中,我深深地意识到,一个社会的健康发展和长治久安,除了要有有效的市场和有为的政府,还要有充满活力的民间力量。正是基于这样的认识和信念,我觉得参与学会工作和营销学术共同体建设,是一项很神圣的事业,值得投入激情、时间和精力。

2. 建章立制、规范运行

上任伊始,主要面临三方面挑战。首先,学会经费严重不足,我接手会长时学会账面经费大概有 2 万元,连雇用一个秘书都负担不起。为此,学会采取了三方面措施:一是获得我所在的单位北京大学光华管理学院支持,后者除提供办公场所外,每年为学会提供 10 万元活动经费;二是规定承办学术年会的高校,须从会务费中提取 20% 给学会;三是发展团体会员,规定常务理事单位和副会长单位每年须给学会一定的经费支持。通过上述三个方面的举措,学会基本的运行费用得到保证。其次,面临其他类似学术平台的竞争,学会影响力亟待提高。我上任之初,除了《营销科学学报》一年一度的学术年会如日中天,境外包括香港一些学术机构举办的营销会议也在内地不遗余力扩展地盘,学会影响力有被边缘化的迹象。最后,学会在办会、内部运行与管理、对外关系等方面没有形成书面制度和规范,甚至章程的一些规定都没有得到有效执行,无法有效吸引最有学术潜质的一批中青年学者加入。

上述三项挑战，前面两项相对容易应对，最大的挑战是如何通过制度建设规范学会运行和增强学会吸引力。学会早期形成了开放、包容、和谐的文化，在会员规模比较小的阶段，这种类似于"家庭"的温情，确实会增强学会的吸引力和凝聚力。当潜在会员人数扩大到数以千计，显然制度建设就被提上了日程。在听取各位副会长的意见后，我和学会秘书长彭泗清教授在第一任期起草了大量制度性文件，并在经过班子成员讨论和理事会通过后予以实施。

2016年讨论通过的制度性文件有《个人会员管理办法》《团体会员管理办法》《调整会员收费标准和学术年会收费标准的决定》《市场营销博士生联合会章程》等；2017年讨论通过的有《关于个人会员、理事、常务理事履职规定》《学会中心设立程序与管理规则》等；2018年通过的有《学会章程（修订）》《会员管理条例》《学术年会办会规则》《教学年会办会规则》《学术年会与教学年会单位会员参展收费标准》等；2019年通过的有《关于理事、常务理事、副会长（秘书长）、会长候选人条件与提名规则》《学会杰出贡献奖奖励办法》《关于建立执行委员会和聘请专职CEO的决议》《学会设立顾问委员会的决定》《学会设立荣誉理事的决定》等。这些文件或规定，为学会运行提供了基本的制度框架。

为了支撑学会运行，学会还成立了一系列的内部机构。除了重新界定学术委员会、教学委员会、企业工作委员会职能，充实这些委员会的力量外，还增设了宣传与联络委员会、博士生工作委员会，后期还成立了组织与发展工作委员会、期刊与出版工作委员会，每个副会长和学会核心骨干成员均参与其中一个委员会的工作，以充分发挥班子成员和常务理事的主动性、积极性和创造性。在此过程中，一批认同学会理念、热衷学会工作、有意愿和能力为学会做贡献的中青年学者在学会这个平台上崭露头角，为学会的可持续发展注入了血液和力量。

有了机构、有了制度，加上一批中青年学者的加入，学会开始改变一度比较"散漫"的面貌，呈现勃勃生机。以学会组织的学术年会为例，在以王涛为首的学术委员会的组织下，在其他各专门委员会的支持下，学会学术年会从2016年起，一改之前规模长期徘徊在200人的状况，参会人数逐年大幅增长，学术影响力日益扩大。2016年在南开大学召开的年会参会人数有380余人，2017年在浙江财经大学召开的年会参会人数超过600人，2021年在西安交通大学召开的年会参会人数逾千人。可以说，学会一年一度的学术年会，已经成为我国市场营销学界影响最大的学术盛宴。

3. 广建平台，汇聚众智

在大批中青年学者进入理事会、常务理事会和领导班子后，如何发挥大家的积极性，共同建设好学会这个营销学者的家园，成为学会需要面对的重大课题。我们采取"两条腿走路"的办法,一方面将一部分骨干会员充实到各内设工作委员会,另一方面则通过设立二级分支机构,让有志于学会建设、有重要学术影响且愿意奉献的学者在这些新的平台上展现风采和智慧。

学会最初的重点放在一年一度的学术年会和教学年会这两个平台上。在强化学会学术年会影响力方面,一个重要方向是吸引和鼓励博士生参会,从2016年开始,学会决定组建博士生工作委员会,在学术年会召开前一天组织博士生论坛。南开大学李东进教授为此作出了不懈努力,在他的带领下,博士生工作委员会充分调动各高校博士生的积极性,不断创新,有力地促进了博士生之间的分享和交流,对推动我国博士生培养水平的提高作出了重要贡献。

之前,学会也不定期地组织过教学研讨会,很多教师对参与教学分享和交流表现出浓厚兴趣。2016年,在时任学会副会长兼教学委员会主任钟育赣教授的推动下,在桂林理工大学管理学院院长连漪教授的鼎力支持下,学会首届教学年会在桂林成功举办,之后学会决定在每年的11月或12月定期召开教学年会。华东理工大学景奉杰教授2019年接手教学委员会主任后,在很多方面进行探索和创新,如在教学年会期间召开学科负责人会议、进行优秀教学成果评选、促进产教融合等。近些年,伴随对教学工作的重视,越来越多的高校踊跃申办教学年会,教学年会影响力不断扩大,目前已经成为我国营销学者分享教学经验和优秀教学研究成果,探讨学科建设和人才培养的最重要的平台。

学界与企业界的交流一直是学会工作的短板,之前主要是邀请部分在业界有影响力的企业领导到学术年会或教学年会分享企业最新营销实践。2019年,清华大学胡左浩教授担任企业工作委员会主任后,在搭建学界和商界的交流平台方面,作出了新的努力和尝试。由于疫情原因,首届具有定期性质的企业营销高峰论坛多次延期,最终于2022年在线举办,2023年则在中山大学举办。虽然目前该年会的影响力还比较小,但我相信作为学会的第三个重要平台,未来一定会大放异彩。

伴随学术类会议的增多及会议规模的扩大,很多学者面临到底选择参加哪些会议、能否通过参会真正与同行进行深度交流的困惑。部分为应对这一局面,部分为了让更多优秀学者参与学术共同体建设,学会在过去8年相继成立了12个专业委员会(最初叫研究中心),分别是:案例教学与研究专业委员会、品牌研究专业委员会、绿色消费与绿色营销专业委员会、移动数智营销专业委员会、大数据营销专业委员会、服务营销专业委员会、零售专业委员会、数据与市场研究专业委员会、农产品营销专业委员会、家庭消费研究专业委员会、新媒体营销专业委员会、产教融合专业委员会。此外,由河南财经政法大学牛全保教授等人于2017年发起成立的"中原营销国际学术论坛"也是以学会名义举办的,由于民政部禁止全国性学会发展地方性分支机构,该论坛目前采取类似于二级机构的模式由学会予以管理。

学会设立二级机构实际上有两重目的,一是为那些不能直接进入学会领导班子的优秀学者搭建参与学会工作的平台,同时深化专业方向内"小同行"的交流;二是为学会的学术和教学年会提供"平行论坛"支持,使学会的学术年会、教学年会更加丰富多彩。鉴于各方面的积极性,目前很多专业委员会除了在学术年会或教学年会组织相关活动外,也在定期或不定期地独立组织专业性学术会议,有些会议如由浙江财经大学王建民教授担任主任的绿色消费与绿色营销专业委员会,定期在全国各高校举行年会,年会规模有五六百人之众。各专业委员会踊跃开展活动,无疑促进了学科内各专业方向的深度交流,值得学会大力给予支持和鼓励。另外,在经过一段时间的"自然"发展后,也需要在兼顾前述两重目的的基础上,加强协调和管理,防止其他一些社会组织曾经出现过的缺乏对二级机构实施有效监督所带来的困扰。

4. 不断探索、完善治理

第一个任期基本上解决了领导班子成员"超期服役"的问题,从2019年换届开始,新的班子成员绝大部分只做了一届或者是首次当选。部分由于历史原因,部分考虑到各地域、各类型高校的平衡以及发挥更多高校的积极性,学会理事会、常务理事及副会长人数均比较多,这固然能体现出学会的多样性、包容性和在更大范围扩大学会的影响,但同时也带来一个问题,即沟通成本的增加和决策效率的下降。为此,在广泛听取意见的基础上,2019年学会决定成立执行委员会(简称"执委会"),同时聘请专任CEO。执委会可以看作在学会副会长人数较多、没有专职秘书长的情况下,为提高决策与执行效率而设置的机构。根据最初的设想,该机构具有三大功能,一是重大决策的先期准备与审核功能,二是协调与监督功能,三是新业务发展与促进功能。执委会CEO则协助会长、秘书长草拟有关文件、日程,部分协调学会各下设机构的活动并为后者开展工作提供支持,另一项重要职能是发起、推动学会开展新的业务活动。执委会制度的建立,旨在提升学会决策与执行效率,同时减轻会长和秘书长的工作负担。当然,作为一种探索,它本身也需要在实践中不断完善。比如,如果未来能够大幅度缩小常务理事会和领导班子规模,能够聘用专职的秘书长,则该制度也可能需要做出相应调整。

根据原来学会章程,会长、副会长任期是两届,每届4年,但在经过会员代表大会三分之二人数同意后,会长、副会长任期是可以延长的。实际上,早期的罗国民及纪宝成均做过三届会长。在学会发展的早期,需要会长动用行政性资源来建设学会,或许任期长一点是合适的。在学会已经走上较为规范化的轨道,且各高校对参与学会建设的热情日益高涨的情况下,让更多优秀的学者有机会进入学会领导班子和担任会长,似乎更为可取。基于这一认识,经与其他班子成员商议,2023年学会换届时修改了学会章程,规定会长只做一届不得连任,副会长任期为两届。为了维持学会重大政策的延续性,避免决策权过于集中,2023年的换届文件同时规定前任会长担任学会顾问委员会主任,可以参与下一届班子成员的决策。此外,为了保持秘书处的稳定性,学会决定学会秘书处常设北京,挂靠单位仍为北京大学,这一方面便于与教育部、民政部的沟通与对接;另一方面确保未来学会的文档、数据库及其他各类资产不因学会会长的更替而出现"变故",同时保证未来秘书处工作人员能够走上职业化道路,提升其为会员服务的水平。

为了减轻会长日常负担,会长单位也将指定执行秘书长和聘用必要的工作人员。在新的治理架构下,现任会长、前任会长、常务副会长、秘书长、执行秘书长、功能党支部书记及 CEO 共同组成执委会。在该机构基础上形成的动议和经其初审的重大决议,提交给会长办公会或常务理事会讨论通过,再由执委会组织或监督实施。在这种治理架构下,如何更好发挥各位副会长的作用面临考验。在我的任期内,各位副会长除了参加重大决策制定和表决外,通常是负责某一个内设机构工作,或分管某个专业委员会。当然,由于各副会长在所在单位承担的职责存在差别,以及各自所分管的会内工作事务性质不同,不能强求所有副会长采用相同的参与和奉献模式。

5. 感悟与前瞻

学会是一个民间性组织,它的活力来自其活动能对广大会员产生吸引力。丰富多彩的学会活动,不能只依靠少数几个人参与。民间组织的神奇之处,恰恰是其"自组织性"和"适应性"。在合适的治理架构和制度规范下,在"开放、民主、包容、奉献"的文化氛围中,一批批志同道合的学界同仁不断地加入,这才是学会充满活力的"源头活水"。

回首 8 年会长任期,确实有很多感悟。感悟最深的有三个方面:一是学会需要坚定不移地坚守"学术性"和"公益性",学会因"学术、学者、学科和学界"而生,只有在促进学术繁荣、学科发展和高质量人才培养上才彰显其价值,只有坚持"公益性"才体现其服务于学术共同体的初心与使命。说实话,个人对西方一些学术组织收取高额会务费,以"会议"养"学会"的运作模式不敢苟同,也希望未来我国学界对此予以警惕。二是学会的优良传统需要代代相传,不断发扬光大,但同时也需要与时俱进、不断创新。过去 40 年,学会初步形成了包容、开放、民主、奉献的文化,这是学会继续前行的基础和起点,在任何时候,都需要坚守这些核心理念与价值。伴随时代的变化,学者和学界的需求也在变化,为此学会也需要通过创设新的项目、通过制度创新来予以回应。近些年,学会组织知名学者出版系列教材,与外部机构合作开展市场策划大赛,以及在治理架构上作出调整,均体现了学会与时俱进的发展思路。三是只有群策群力,依靠班子成员和核心会员的集体智慧和力量,才能有效推动学会工作不断迈上新的台阶。我一直深信,聚沙成塔,集腋成裘,个人力量有限,集体力量无穷。凝聚众人力量无疑需要远景和激情,但最核心的则是超越个人和单位的利益,"把生命高举在尘俗之上,又融化于社会之中"。

过去8年担任会长,于我个人也是一段重要经历,虽有付出,但更多的是收获。收获了前辈的关怀,收获了同仁的支持与友谊,收获了推动学会不断发展的喜悦。当然也有遗憾,最大的遗憾是在会长任期未能创立属于学会的独立中文刊物。学会深度参与了《营销科学学报》的建设,该学报的商标由于学会的抗争和注册没有落到个体商人的手中;学会也主导了 Journal of Contemporary Marketing Science 的创建,该刊在主编范秀成教授的推动下已经成为对外展现中国营销学者成果的重要窗口。一大批学者为创立属于学会自己的刊物作出过努力和尝试,包括前任副会长中国人民大学吕一林教授、现任副会长中南大学龚艳萍教授、现任副会长浙江工商大学王永贵教授,都为此作出过不懈努力。最接近成功的一次尝试是由中国人民大学李先国教授推动,几乎到了与合作方中国人民大学报刊复印资料中心拟定合同的阶段,最后由于外部原因功亏一篑。未来,中国营销学术共同体需要更多类似《营销科学学报》这样的刊物,学会和学界还需继续为此奋斗。

要感谢的人实在太多,为防遗漏,在此不一一列举。最想感谢的是我们的前辈,他们高瞻远瞩,在40年前就搭建起中国高等院校市场学研究会这样一个交流和分享的平台,作为后来者的我们才有机会为其"添砖加瓦"。正所谓"前人栽树,后人乘凉"。由于一代一代前辈营销学人的奉献与付出,我们的学科和学会才发展到今天。长江后浪推前浪,一代新人换旧人。我深信,在新的学会领导班子的带领下,在全体学界同仁的支持下,学会一定会迎来更加辉煌灿烂的明天。

(符国群 中国高等院校市场学研究会第10届、第11届会长,《营销科学学报》前主编,北京大学光华管理学院教授)

二、学术共同体健康发展的四大法宝

北京大学　彭泗清

人们常说,人是社会的人,一个人离群索居很难生存。借用这句话,我们也可以说,学者是学术共同体的学者,如果没有优秀的学术共同体,一个学者就很难成长。

在我个人的学术生涯中,有三个学术共同体特别重要。接触最早的是中国社会心理学会(1982年成立)。1990年我还在读硕士研究生时,时任中国社会心理学会秘书长的李庆善教授让我担任学会的学生助理,为学会做一些小杂事,无形中得到很多学术的熏陶,后来又先后担任学会的副秘书长和副会长,做了不少大一点的杂事。另外两个学术共同体都在营销领域,一是2005年创刊的《营销科学学报》的编委会和理事会,一是1984年成立的中国高等院校市场学研究会。我2000年到北京大学光华管理学院市场营销学系工作之后,教学科研的重点聚焦在营销领域,20多年来参加这两个学术共同体的活动很多,也承担了学报和学会的不少组织工作。2015年,符国群教授当选为中国高等院校市场学研究会会长,他提名我担任秘书长,协助他的工作。2015年夏天至2023年夏天,转眼就是8年。8年来,随着营销学的快速发展,学会也不断成长壮大,在很多方面有创新和拓展。8年的志愿服务工作,也让我切身体会到建设学术共同体的艰辛和乐趣。在中国高等院校市场学研究会即将迎来四十华诞之际,我想结合自己的体会和观察,梳理一下自己对学术共同体健康发展的思考。头绪很多,为了化繁为简,我将自己的心得归纳为"学术共同体健康发展的四大法宝",即求真务实的学术精神、甘于奉献的志愿团队、凝心聚力的制度建设、海纳百川的开放文化。这个题目很大,"四大法宝"一词也难免有夸张之嫌,其实只是自己的一点心得,请各位老师批评指正。

1. 求真务实的学术精神

对于学术共同体来说,学术当然是立足之本。如果不学无术,谈什么学会?又谈什么学术共同体?可惜的是,中国的学术传统曾经在十年浩劫中遭受致命冲击,改革开放后才开始恢复重建。在重建的过程中,一些学术组织禁不住名利的诱惑误入歧途,在现实生活中存在一些挂羊头卖狗肉的伪学术组织,同时,一些"学者"也总想快速"知识变现",将学术当作生意来做,换取各种好处。另外,一些学术组织为了增加吸引力,将同行联谊、组团游玩放在重要位置,学术交流成为可有可无的事情。在这样的背景下,甘于寂寞、坚守学术追求并非易事。

注重学术可以说是中国高等院校市场学研究会的传统。符国群老师担任会长后,决心将这个传统发扬光大。为此,学会进行了一系列开拓性的工作。其一是在组织机构上强化"学术委员会"的工作,由学术委员会负责组织每年的学术年会,尽力提高年会的学术水平。其二是针对不同的学科细分领域和专题设立十多个专业委员会,各个专业委员会可以自行组织专门的学术交流。学术年会和专业委员会成为营销学者进行学术交流的重要平台。其三是将学术精神贯彻落实到教学之中,通过教学年会和师资培训等活动提高广大教师的教学水平。其四是坚持将理论与实际相结合,举办企业年会,加强与企业的交流,从企业的实践分享中获得学术发展的源头活水。

除了从组织架构、活动安排上推动学术交流,学会还特别注重严谨的学风、坚守严格的学术标准。以学术年会的论文评审和论文评奖为例,学术委员会都坚持双盲原则,确保评审的公正性和学术性。

2. 甘于奉献的志愿团队

学会是非营利性学术团体,没有财政拨款,没有商业收入,也没有行政级别,因此,参与学会的组织工作是一种志愿服务,既不是当官,也不可能发财。在商业氛围浓厚的商学院,很多老师"创收"的机会很多,要花时间投入没有报酬的学会工作,机会成本很高,特别需要甘于奉献的志愿者精神。

值得庆幸的是,中国高等院校市场学研究会汇聚了一大批这样的志愿者,形成了自己的志愿团队。可以说,每次学会年会,也是志愿者的大聚会,从白发苍苍的学会顾问,到忙忙碌碌的学会班子成员,从认真负责的主持人、点评人,到热诚服务的学生志愿者,大家都有一个共同的身份——志愿者! 这样的共同身份让大家更加平等,也更加友好。在我的印象中,每次学术年会,周南老师都要和志愿者一起合影,如果会议承办方送给周老师一件志愿者 T 恤衫,他会乐呵呵穿上,开心得像一个孩子。

3. 凝心聚力的制度建设

非营利性的学术团体,自由松散,没有什么行政约束,也没有什么物质激励。在这样的情况下,要确保学术共同体的良性运行、健康发展,一定需要有效的制度建设。符国群老师担任会长的 8 年中,制度建设可能是他说得最多的词汇之一。在不少地方,有钱的人任性,有权的人更任性,有学术地位的人也任性。这种任性对组织的杀伤力很大。因此,学会领导必须从自己做起,先严格要求自己。自上任开始,符老师就明确要遵守学会班子的任期制,并且说到做到。另外,遇到事关学会发展的重要事项,都坚持民主讨论协商的制度,不搞"一言堂"。8 年中,学会经过民主协商,修改完善了学会章程,制定了一系列规章制度。因为制度的出台经过了充分的沟通协商,得到了大家的认可,所以制度就可以起到凝心聚力的作用,而不会成为形式主义的摆设。

4. 海纳百川的开放文化

作为全国性的学术团体,中国高等院校市场学研究会的会员来自五湖四海,学校层级差别很大,学科背景五花八门,学术水平参差不齐,对学会的期待也各不相同。用营销学市场细分的思路来看,似乎应该分成不同的群体,各摆一摊,各得其所。但是,从中国营销学科建设和发展的使命来看,从全面提升营销教学和科研水平的需要来看,让不同背景、不同水平的学者汇聚在一起,相互交流,取长补短,恰恰是非常必要的。为此,学会需要倡导兼容并包、海纳百川的开放心态,创造相互尊重、平等交流的学术氛围,真正做到费孝通先生所主张的"各美其美,美人之美,美美与共,天下大同"。

事实上,无论是教学还是科研,以所谓985—211—双一流等行政性的分类来建立"鄙视链"是站不住脚的。高手在民间,大千世界处处藏龙卧虎。在学术年会和教学年会中,我经常听到来自普普通通的地方院校的老师们的高论,其见识水平其实超过了一些自命不凡的985高校的学者。

市场学是源于真实生活的学问,市场的活力来源于自由开放,有赖于良好的市场生态,同理,市场学的发展也必须立足于自由、开放、包容的学术生态,市场学学术共同体的生命也离不开海纳百川的开放文化。在这些方面,中国高等院校市场学研究会已经形成了良好的传统,相信在未来的岁月中将会继续发扬光大。

(彭泗清 中国高等院校市场学研究会常务副会长、北京大学光华管理学院教授)

三、学会四十年有感

中南财经政法大学　费显政

自从 2005 年入职中南财经政法大学,成为一名营销人,我就有幸成为中国高等院校市场学研究会(以下简称学会)的一员,从此与学会结下不解之缘。2011 年 7 月 23 日,在中央财经大学第一次参加学术年会。从 2014 年年会开始,则是连续不间断参加学会活动,即使是在疫情阴影笼罩下的 2020—2022 三次年会,受到各种客观条件限制,线下参会规模大幅度缩小,我也是学会学术年会从不缺席的"铁杆现场参会粉丝"和教学年会的忠实拥趸。这十多年来,作为学会各项工作的见证者和参与者,除了满满的收获,也感触良多,以下选取印象最深的两点说一说。

1. 学会:持续创新与成长的最佳学术组织

在 2015 年以前,学会的学术年会规模一般在 200 人左右,是一个既包括科研交流,也涵盖教学讨论,还体现同行相叙的温馨平台。之后,学会就按下了快速发展的启动键,在学会的坚强领导下,通过一系列大刀阔斧的改革创新和大家的努力付出,学会以肉眼可见的速度迅速发展壮大,**成为国内最有包容性、创新性、开放性、最体现共创性、赋能性的最佳学术组织之一**。

(1) 在 2021 年西安交通大学学术年会上,学术年会的注册和参会人数就已经达到了千人的规模。更重要的是,作为定位为服务不同类型高校的全国一级学会,无论是成员代表的多样性(从一流的研究型大学,到教学科研并重型高校,以及扎根实践的高职高专类学校,学会都以海纳百川的胸怀接纳),还是教师和学生的全方位参与(博士生论坛的设立、CMAU 全国大学生市场调查与商业策划大赛的举办),以及产学研的高度融通交流,都表明学会是国内最有包容性的学术共同体之一。

(2) 学会不断地持续创新,先后推出博士生论坛、教师培训班、研究方法工作坊等学术年会新模块;教学年会、企业年会等新战场;十多个专业委员会、八大工作委员会等新组织形式;CMAU 全国大学生市场调查与商业策划大赛等新赛道。每年都能看到学会的新变化、新举措,与此同时,学会的制度化、规范化也在同步实施,因此说学会是最具创新性的学术组织之一毫不为过。

(3) 近年来,随着学会影响力的扩大和平台的提升,学术年会的主题报告日益成为大家关注的焦点。除了高端性以外,与一般的营销学科会议不同的是,学会的学术年会还把学科交叉作为重要关注点。比如 2020 年邀请社会学知名学者周晓红教授对转型时代社会心态的分享,2021 年邀请汪寿阳教授从管理科学视角对营销风险的分享,2022年邀请沈阳教授对元宇宙最新进展的分享,2023年邀请马费成教授对信息管理在人文科学领域应用的分享等。这些分享极大开阔了听众的视野,让我们能跳出只聚焦于单一学科,甚至自己研究的小领域局限,看到更多的学术问题和研究对象。

此外,在学会的不同活动中,时常会听到其他学科大咖对营销学科有意的调侃、无心的"贬损",或者是处于营销前沿和一线的企业家对营销学术研究实用性的公开质疑,但这些当头棒喝从来没有影响学会的对外开放。这也体现出我们这个学术共同体有强健的体质和成熟的心态,能从这种批评声中更多地体会有价值的启发,**展现了学会强烈的开放性特质**。

(4) 作为一个市场营销学科的学术共同体,学会也把价值共创这一营销理念贯彻到学会工作的方方面面。《中国高校**市场营销学博士生**就业情况**白皮书**》的发布背后有博士生工作委员会团队和全国每个博士点教师与学生的倾情投入;市策大赛出道即巅峰,连续成功举办的背后,既有初创团队的精心谋划,也离不开遍及全国高校的指导老师和跨专业同学的积极参与;十多个专业委员会在各自细分领域内如火如荼地组织研讨交流活动,则体现了学会的凝聚力、向心力以及积极共创所激发的工作热情。所以,**说学会是国内最体现共创性的学术共同体组织**,实至名归。

(5) 一旦成为学会的一员,就能很快体会到学会在我们成长的过程中持续地赋能的作用。博士生的工作坊和白皮书能帮助博士生在求学阶段就培养十八般武艺,并了解未来的职业发展通道;如果形成了自己特定的研究兴趣,十几个专业委员会里,你总可以找到小同行和知己,了解该领域的前沿和动态;成为青椒之后,教学年会的师资培训和教学论坛可以帮助青椒尽快实现从学生到教师的转变;如果想对实践有充分了解,学术年会、教学年会的企业模块总能抓住最新的潮流和变化,企业年会专场更是了解明星企业成功做法的好平台;科研教学之余,市策大赛也提供了指导学生参加竞赛的培训机会和施展舞台。学会一直与国内的营销学者一起,相互加持,共同成长!**这些都充分说明了学会对成员的赋能性**。

2. 中南财经政法大学与学会:四十年的缘分与守候

我所在的中南财经政法大学(1985年、2000年前分别为湖北财经学院、中南财经大学)是我国改革开放以后最早从事市场营销理论研究和教学(1982年开设"市场学"课程,1983年商业经济硕士点开设市场营销方向,1988年开始招收市场营销专门化本科生)的院校之一。在国内市场营销方向首批博士生导师(1990年)彭星闾教授和全国管理学界第一位全国教学名师(2003年)万后芬教授的带领下,以及教研室老中青三代人40多年不断努力下,我们在课程建设、教材建设、人才培养及教学研究等方面形成了自己的学科发展特色,先后入选湖北省品牌专业(2006年)、国家级特色专业(2010年)、国家级专业综合改革项目(2015年)、国家一流专业建设(2019年,第一批)、湖北省优秀基层教学组织(2021年)。2020年市场营销专业作为学院样板专业,通过 BGA(商业院毕业生协会)国际认证,使我院成为国内第一所单独通过 BGA(金牌)认证的 AMBA(工商管理硕士协会)院校。建设的课程先后入选国家级精品课程(2004 年全国首批)、国家精品视频公开课(2012 年)、国家精品资源共享课(2013 年)、国家一流课程(截至 2022 年共 3 门)。此外,我们在新媒体营销上持续建设,2019 年成立了新媒体营销研究中心,2021 年在学会的支持下,联合全国十多所高校发起成立了新媒体营销专业委员会,2022 年与苏宁科技集团联合共建虚拟实验室,打造虚拟直播间。

我校与学会有着深厚的渊源。彭星闾教授是学会的创始人之一。1984 年 1 月 6 日,在湖南财经学院的操办以及彭先生和其他国内市场启蒙阶段的先行者的积极协助下,中国高等院校市场学研究会的前身"全国财经院校、综合大学市场学教学研究会"成立大会顺利召开。这次学术讨论的重要成果是明确了"市场学"的学科性质是一门建立在经济科学、行为科学和现代管理理论基础之上的应用科学,将在改革开放后的社会主义经济中发挥日益重要的作用。2004 年 7 月 24 日,在"中国高等院校市场学研究会 2004 年暨 20 周年庆典"上,彭先生和其他 11 位教授获得"中国高等院校市场学研究会 20 年特殊贡献奖"。

万后芬教授也是从学会成立之初就开始积极参与的骨干老师,先后担任了学会 4 届副会长,主管教学研究工作,一直承担年会前的青年教师培训工作,并与甘碧群教授共同主持承办了 1996 年年会。当年年会克服重重困难,在异地宜昌举办,周到细致的会务安排给参会人员留下了美好的回忆。其并于 2008 年在武汉再次承办了学会的"教学方法与手段创新"研讨会。退休后,万老师依然关心学会工作,带领年轻人参会,直到 75 岁高龄,万老师还积极带队参加了 2019 年的学术年会。

从 1999 年至今,我校一直是副会长单位,万后芬教授、汤定娜教授、费显政教授先后出任学会副会长,鼎力支持学会的发展。2019 年,我校再次荣幸地获得了学会 2020 年教学年会的承办资格。正当我们摩拳擦掌、认真筹备的时候,突如其来的疫情给会议承办蒙上了阴影。整个上半年,国内线下学术交流都处于冻结状态,到了下半年,由于疫情的多点散发和疫情防控的需要,很多学术会议也都面临暂停,甚至临时取消的风险。这种形势下还能不能办?如果能办,如何在疫情环境下承办?这都成为新的课题。在学会领导的大力支持下,我们坚定了"一定要办,还要办好"的信念,采取线上线下结合的方法,系主任杜鹏教授带领团队小伙伴们做好了细致周到的安排。

会议时间确定为 12 月中旬,从节气上讲,大雪已过,凛冬将至,武汉也早就进入冬季寒冷模式。按照通常情况,室外早已是天寒地冻,室内也因为没有集中供暖,常常是与大自然同频共冷(还是叠加魔法的湿冷),并不是一个承办会议的好时机。然而,天公作美,会议举办期间,武汉是难得的风和日丽的好天气,和暖的阳光既让学校平添了几分亮丽,也暖在所有办会和参会人员的心头。会长符国群教授和副会长兼教学委员会主任景奉杰教授带头,超过半数的学会领导亲临现场;万后芬教授参加了师资培训班开班仪式并致辞;湖北省市场学会会长常亚平教授也友情出场做了主题分享;线下参会人员在我们的不断压缩之后(对线下参会人数进行限定也是学校疫情防控的规定),依然超过了200人。大家的参会热情洋溢在主题报告的热烈掌声里、教学成果分享的高亢激情里、参观知音号的开心笑容里,真正让参会者体会到"来了武汉,就是知音"。线上累计直播观看人次突破20 000,正可谓是"默默围观也是情,点赞分享皆是缘"。另外,本次教学年会还做了三点创新:第一,首次举办优秀成果评选,这是兄弟院校交流教学经验和教学成果的好平台,后来也成为教学年会的标配;第二,首次线上线下同时直播,兼顾了会议的影响力和安全性两大要求;第三,首次和清华大学出版社合作,启动了学会在统编教材领域的新工作。

在学会迎来40年周庆之际,衷心地祝福咱们的学会越来越好!

(费显政　中国高等院校市场学研究会副会长、中南财经政法大学工商管理学院教授、副院长)

四、我与学会

中央财经大学　李　季

　　从1984年到2024年,中国高等院校市场学研究会伴随着中国改革开放和市场经济的快速发展,走过了40年的历程,见证了营销学科在中国的发展壮大,也见证了一代代营销学者的不断成长。我也是其中一员。从2009年第一次参加在广西桂林电子科技大学召开的学会年会开始,我与学会的交集越来越多,学会对我的影响也日益加深。参加一年一度的学术年会和教学年会,已经成为一种习惯,成为我与国内同行交流学习的重要平台,也成为自己充电加油的必备途径。在学会四十华诞即将到来之际,很荣幸能够参与纪念文集的撰稿,用文字记录下"我与学会"14年的点滴往事。

　　最初的几年,学会的活动我参与并不多,但每一次与学会的交集都伴随着个人职业生涯的发展。2009年,我刚入职中央财经大学商学院两年,在系里前辈们的带领下,参加了在桂林举办的年会。2011年,学院承办了学会的年会,系里很多老师忙前忙后投入很多。可惜我当时正在美国哥伦比亚大学访学,没有参与,只是投稿一篇《多产品协同促销模式下的促销时间决策模型》,幸运的是论文得到当年年会的优秀论文一等奖,而我也在那一年晋升为副教授。后来,2016年我带的第一个博士生张帅同学投稿《时空供求因素对OTO(线上到线下)企业交易成功率的影响——基于打车软件的实证研究》到天津年会,会上学者们对论文提出很多建设性的意见,帮助我们更进一步完善论文直到顺利发表。张同学毕业时被评为学校的优秀博士毕业生,并顺利在北京找到教职。

　　2015年,对中央财经大学营销系来说是具有里程碑意义的一年。这一年,我们在学院"大数据驱动的市场营销创新研究"重点学科方向的基础上,经过充分的调研和论证,决定在本科专业中设立大数据营销方向,同年开始招生。2017年学院开始实施工商管理大类招生,学生入学后在第三个学期进行专业分流。市场营销专业(大数据营销方向)在分流中表现出明显的优势,报名的学生在学院所有专业中人数最多。

　　2018年6月,在总结三年专业建设成果的基础上,我们召开了大数据营销专业建设论证会,学会的符国群会长、孙国辉副会长、北京航空航天大学的黄劲松老师作为论证专家出席会议。专家们进一步肯定了大数据营销专业建设的成绩,并从人才培养目标、培养方案和实习实践等方面为我们的专业建设提出宝贵意见。

　　此后,中央财经大学的市场营销专业从2018年开始全面转型为大数据营销方向,建立起更加完善的人才培养体系。我们以学生的知识能力体系为指引,确立了大数据营销复合人才培养目标;以大数据营销核心课程体系为基础,构建了复合人才培养方案;以学习保障体系为手段,保证了复合人才培养目标的达成;最后以拓展强化体系为抓手,为学生提供全方位、个性化的课外培养菜单,全面提升市场营销人才的培养质量。市场营销专业(大数据营销方向)的毕业生市场竞争力非常强,优秀的数据分析和解读能力以及商业思维和国际视野使得他们被很多新兴的互联网公司、金融证券机构青睐。也有很多同学进入国内外知名学府继续深造。对毕业班的调研报告显示,学生们对市场营销专业的满意度、对在校收获的评价以及对本专业的再报考意愿在商学院的四个本科专业中均排在第一位。

多年的专业建设和教学改革受到国内同行的高度评价。2018 年 11 月,我应南昌大学董晓松老师的邀请在教学年会上分享了大数据营销专业建设和课程建设经验。2019 年,南昌大学营销系的各位老师又回访中央财经大学,就大数据营销教学改革进行了交流。除南昌大学外,那几年我们还接待了国内很多同行的来访,包括北方工业大学、河南科技大学、河南工业大学、武汉理工大学、山东大学(威海)、山东财经大学等。

也是从这一年起,我开始渐渐参与学会的更多工作。在学会领导的支持和鼓励下,我着手组建大数据营销研究中心(后来统一更名为专委会),并担任学会的常务理事。2019 年 7 月 27 日,在中南大学举办的学术年会中,"大数据营销研究中心"宣布成立,并举行了平行论坛。会上符国群会长介绍了中心成立的背景和意义,并对中心的工作提出了期望,希望研究中心为全国致力于大数据营销研究的专家学者搭建一个相互交流的平台,同时架起学界与业界沟通的桥梁,使学术研究更好地服务社会。中心的另外两位副主任是北京航空航天大学的黄劲松老师和长江商学院的李洋老师。我至今仍然清楚地记得当我从符老师手中接过研究中心的牌子和聘书时,内心的激动与忐忑。一方面感激学会对大数据营销学术创新和教学改革的重视与支持,另一方面担心自己能力有限无法将中心建设好。当天参加平行论坛的演讲嘉宾包括北京大学的厉行老师和赵占波老师、香港中文大学(深圳)的张强老师、华东师范大学的马雪静老师,还有中心副主任李洋老师。

根据学会的统一要求,我积极参与每年学术年会和教学年会平行论坛的组织。2019 年 11 月,在汕头大学举办的教学年会上,大数据营销专委会组织了大数据营销教学论坛,上海财经大学的孙琦老师,中国科学院大学的张莎老师,四川大学的吴邦刚老师,中央财经大学的孙鲁平老师、姚凯老师,上海大正市场研究有限公司的崔大鹏老师和我作为演讲嘉宾进行了主题报告,并与参会老师进行了热烈的讨论。那一年的教学年会,中央财经大学的参会阵容强大,除了我们几个参加平行论坛的老师之外,学校副校长、学会副会长孙国辉老师还应邀在年会开幕式中做主题报告,营销系资深教授张云起老师在闭幕式中做主题报告。

中央财经大学参会代表与符国群会长合影

符国群会长为"大数据营销研究中心"成立授牌

从汕头回来,我就到了学校教务处,开始参与学校本科教学管理工作。新工作还没完全熟悉,突如其来的新冠疫情打乱了所有的教学安排。只记得一过春节,教务处就马不停蹄地研究新学期教学工作方案,决定将全部教学活动搬到线上。然后找平台、发通知、做培训、组织答疑,虽然忙碌,但所有工作都有序进行,终于在新学期按时在线上开学。2020年的春季学期,全国高校的学生们都无法返校,居家线上上课。李洋老师提议,做一期"营销大数据建模与计算学习坊",给居家工作学习的青年教师和博士生们提供一次交流学习的机会。我立刻跟学会汇报,学习坊的计划得到负责博士生工作委员会的副会长李东进老师的大力支持,当即就让博士生联合会的秘书长吴月燕同学跟我联系,发布通知。线上学习坊在3月顺利开班。在为期一个月的学习中,李洋老师为来自全国各高校市场营销专业的青年教师、博士生共53人线上授课10次,内容包括贝叶斯方法的基本原理、计算方法以及该方法在不同场景中的应用。学习坊丰富了青年学者们疫情期间的学习生活,受到大家的一致好评。

2020年的学术年会在江南大学举办。那时新冠疫情稍有缓解,大家的出行还有诸多不便,再加上防疫规定,年会以线上线下相结合的方式举办。那一年,大数据营销专委会同样组织了平行论坛。我在江南大学提供的会议室中主持论坛,而其他嘉宾包括复旦大学的肖莉老师、清华大学的梁屹天老师、中国人民大学的周季蕾老师、北京百分点科技集团股份有限公司(以下简称"百分点")的杜晓梦博士和听众全都在线上参会。这种方式后来成为疫情期间学会办会的"标配",甚至在疫情之后,也被很多会议沿用。我想这都得益于大家对于各种线上直播工具的熟练应用,而线上平台也正好给了那些无法到现场的老师一种便利的参会方式。

接下来的2021年4月,我参加了学会与清华大学出版社联合举办的市场营销本科新形态教材研讨会,承担系列教材中《大数据营销》的编写工作。7月参加西安交通大学举办的学术年会,专委会在哈尔滨工业大学邹鹏老师的支持下与《管理科学》杂志合作主办"万物互联时代的大数据营销创新研究"专栏稿件研讨会,我与北京大学沈俏蔚老师、清华大学孙亚程老师作为主评嘉宾参加了研讨会。

同年10月,学会的教学年会由中央财经大学商学院承办,全国营销专业教师在北京最美的季节齐聚香山,共同探讨大数据时代的营销人才培养问题。实际上,承办教学会议的想法最初是在无锡学术年会的常务理事会议上产生的。我记得会上正好讨论到武汉教学年会的承办和组织问题,考虑到中央财经大学大数据营销专业建设积累的成果,我觉得学校有条件承办教学年会。于是,会议散场的时候,我找到孙国辉老师汇报了想法。后来,从孙老师那里得知,学会也有意让我们承办2021年的教学年会,当时心里非常高兴。感谢学会的信任,使中央财经大学营销专业有了一次在全国同行面前展示自己的机会。在教学年会上,大数据营销专委会负责组织师资培训和教学平台与教学技术平行论坛。师资培训的主讲教师包括北京大学教育学院的郭文革老师、华侨大学的杨洪涛老师、北京航空航天大学的黄劲松老师和我。教学平台与教学技术平行论坛的主讲嘉宾包括百分点杜晓梦博士,狗熊会常莹老师和Credamo姚凯老师。我们长期合作的百分点和校友企业Classin公司都在财务上给予会议大力支持。

2022年,专委会完成了换届工作。新一届专委会仍然由我担任主任,副主任由原来的两位增加到五位,新增的副主任分别是哈尔滨工业大学邹鹏老师、清华大学孙亚程老师和中国电信集团有限公司数据发展中心张鑫副主任。中央财经大学孙鲁平老师担任秘书长，北京航空航天大学李晨溪老师担任副秘书长。换届之后的专委会力量更加强大，在各位主任的共同努力下，专委会的工作也上了一个新台阶。2023年5月，在西安欧亚学院举行首届大数据营销教学研讨会，12月在北京科技大学举办第一届大数据营销学术论坛以及《管理科学》杂志营销专栏稿件研讨会。未来，我们将把教学研讨会和学术论坛作为两项重要工作继续推进，共同促进全国大数据营销学科发展和人才培养。

李季教授作主题演讲

大数据营销专业委员会部分成员合影

2023年7月,学会换届,第12届理事会正式成立。我又接受了新的任务,担任学会副秘书长,负责联络教学委员会,并兼任组织与发展工作委员会委员,负责华北大区的组织与发展工作。换届刚结束,在彭泗清副会长和李先国副会长的带领下,我积极参与2023年教学年会的筹备工作以及华北大区北京、天津、河北、内蒙古和山西五省份营销学科负责人的联络工作。作为学会四十华诞的献礼工程,学会决定发布《中国营销学科发展报告》,而全国各高校市场营销学科及市场营销师资情况的调研数据是撰写报告的基础。华北大区积极行动,在各省份联络负责人天津大学任星耀老师、河北经贸大学杨志勇老师、内蒙古财经大学韩庆龄老师以及山西财经大学齐永智老师的共同努力下,我们快速高效地完成了联络工作,建立华北大区联络群,希望下一步顺利完成调研数据的收集。

40年峥嵘岁月,40年硕果累累,学会陪伴和激励着一代代营销学者奋楫扬帆、赓续前行,为中国市场营销学科的发展作出巨大的贡献。衷心祝愿学会在新一届理事会的带领下越来越好,再创辉煌!

(李 季 中国高等院校市场学研究会副秘书长、CMAU大数据营销专业委员会主任、中央财经大学商学院教授)

五、我与"中原营销国际学术论坛"

河南财经政法大学　牛全保

2023年10月23日,随着最后一名嘉宾李东进教授的离郑,"第七届中原营销国际学术论坛"圆满谢幕。这时我突然想起符国群老会长前段给我下达的任务,希望我围绕"中原营销国际学术论坛"创立始末及背后的故事月底前写篇短文。前段时间因忙于办会,还没来得及落笔,现在就赶紧动手吧!遂想起了七年前的情形……

2015年,学校提出学科建设要上新台阶,工商管理学科要走到前列。我作为工商管理学院院长、学科带头人在想如何有所作为。2016年在南开大学参加中国高等院校市场学研究会年会。之前我多次参加中国高等院校市场学研究会组织的年会,也曾任学会理事,后来就时断时续。这次年会不同以往,很有学术味道,同时又接地气。会议除主题报告、分论坛论文宣讲外,增设了博士生论坛,为年轻学子和未来的营销学者提供交流平台;请企业家做大会演讲(记得当时青木科技的副总周荣海讲得特别精彩),让学者近距离了解企业营销创新实践。承办会议的是南开大学商学院的李东进教授团队。会中、会后我与李东进教授有了进一步接触,也提出请李东进教授作为我们的兼职教授,指导学科建设。李东进教授很快答应了我们的请求,2017年正式成为我们的兼职教授。学科建设如何做,抓手在哪?和李东进教授多次讨论,我们是否可通过学术会议,搭建学术平台,营造学术氛围,建立学术联系,打造区域特色。最后,取得了共识,发起一个有区域特色、高规格学术论坛。

1. "中原营销国际学术论坛"命名

如何命名呢?不能冠以省名,否则就不是高规格的,"中部"似乎有点太大,不好操作。"中原经济区"为国家重大区域战略,2012年获批,以郑州大都市区为核心、以中原城市群为支撑、涵盖河南全省延及周边地区的经济区域,地处中国中心地带,全国主体功能区明确的重点开发区域,地理位置重要、交通发达、市场潜力巨大、文化底蕴深厚,在全国改革发展大局中具有重要战略地位,大家认为会议可以冠以"中原"字样。"营销"是会议研究的主要领域,名字里得有"营销"字样。中原区域在全国高等商科教育中为学术洼地,当时没有一家博士授予单位,会议一定既要为商科教育"补短板"服务,突出学术性,又要立足服务于区域,要强调顶天立地,所以会议的"学术"属性得以认可。改革开放以来,中原区域相对封闭,与国外的学术交流也较少,我们是否以开放的胸怀,引进国外最新营销研究成果,加以借鉴。

这是弱项，得强化。因此会议可以冠以"国际"字样，邀请海外学者，来"强弱项"。会议叫作"论坛"较为合适，可连续举办，加以届数，形成品牌影响。这样"中原营销国际学术论坛"名称就形成了。

2. "中原营销国际学术论坛"模式

名字确定下来后，"中原营销国际学术论坛"如何办？模式如何设计？我提出我们营销学人要用**市场营销理念和框架办论坛**。**把参会代表当顾客，将参会代表的"需求"作为我们的出发点和落脚点（市场观念）**，将参会代表的满意或不满意作为论坛效果评判标准。我们的参会代表主要设定为"**中原区域本科高校营销学者（目标市场）**"；论坛要突出"**中原特色、国际视野、学术引领**"（**定位**），即"聚焦中原营销创新实践，以国际视野贡献学术新知，在更高层面服务中原企业营销实践和区域发展"。

首先对标当时的学术会议，一些基本的元素要有，如主题学术报告，邀请国内外著名营销学者对营销最新发展做学术报告；参会代表不是简单听学术报告，要有会议论文交流，把论文写在中原大地上，以文会友，专家指导，提升学术水平；会议交流的论文，最好是来自中原区域企业营销创新实践，而不是一般泛泛的题材；会议要邀请有区域特色、有影响力的企业家到会做创新实践交流，并组织学术大家及代表到企业实地参观，现场交流。另外，一年办一次比较好，不能过于频繁，否则效果不太好把握。

李东进教授建议会议成立一个程序委员会，作为决策机构，把中原地区高校营销学科负责人联络起来。我和李东进教授共同担任程序委员会负责人，李耀教授（河南大学）任秘书长，孙彪博士（河南财经政法大学）、金彩玉博士（郑州大学）任副秘书长。时任学院副院长马勇教授、营销系主任寇晓宇老师、副主任董伶俐老师，以及张亚佩、王洽等老师联络中原地区高校营销负责人，征求意见，组建起了程序委员会（涉及 20 多所学校 26 名学科负责人和带头人）。

事不宜迟，说干就干。2017 年 4 月，征得学校主要领导同意和中国高等院校市场学研究会支持（以支持单位名义出现），决定第一届论坛于 2017 年 6 月 10 日至 11 日由河南财经政法大学主办，河南财经政法大学工商管理学院承办、中国高等院校市场学研究会支持和南开大学消费行为研究团队协办，并发布会议通知。首次论坛的主题定为"中原崛起，营销学视角"，邀请营销学界的知名学者与会，共同探讨中原崛起背景下的市场营销前沿和未来发展趋势。李东进老师负责联系海外嘉宾，我们俩共同联系国内嘉宾。这种分工持续运行了七届没动过。论坛邀请海外专家：陈海澎（美国得克萨斯农工大学教授）、彭秀东教授（荷兰籍专家、企业家，正选科技有限公司董事长）、李义娜（美国得克萨斯农工大学）；邀请的国内专家为南开大学李东进教授（李东进教授亲自上阵）和天津财经大学张初兵教授。南开大学和河南财经政法大学负责发动本校老师和同学，组织提交学术论文 10 多篇。

来自28所国内外高校和企业界代表共150余位专家学者参加了首次论坛。论坛开幕式由河南财经政法大学时任副校长王全良主持,时任校长杨宏志代表主办方致辞,李东进副会长代表支持方中国高等院校市场学研究会和协办方南开大学消费者行为研究团队致辞,规格是很高的,不亚于以往校内举办的任何学术会议。同时,围绕营销学术前沿问题,论坛还组织了两个分论坛,有8位专家和学者分享了自己的最新研究成果。最后,我对论坛做了总结性发言,论坛圆满闭幕。

第一届论坛结束后,参会代表普遍反映良好,开阔了视野,联络了专家,更新了知识,收获很大,这增强我们继续举办的信心。同时,我们也进行了总结。认为很有必要去实地参观河南的优秀创新企业,真正接触实践。而一般老师,尤其是青年教师,从校门到校门,在学术起步期是很难接触到优秀企业的,更接触不到优秀的企业家,学术"立地"是很难的,是痛点。办论坛的目的就是解决痛点。第二届论坛我们增加了参观河南优秀企业的环节,放在第二天,给予足够多的时间近距离接触企业。第二届论坛第二天即2018年6月10日,我们带领嘉宾和参会人员前往河南梦祥纯银制品有限公司(行业冠军,我们的实习基地)和豫商康百万庄园调研,两家扎根于中原的新老豫商经营实践为与会专家研究中原营销提供了厚重的案例,对中原大地的新老商业成功实践表示震撼!大家为企业营销也提了不少好的建议,企业方也很感谢。一小插曲,由于康百万庄园太大、太震撼,参观时间有不少延迟,深圳大学管理学院副院长周志民教授差点误了飞机。同时针对青年教师学术发表困扰,我们邀请SSCI期刊 *Asia Pacific Journal of Marketing and Logistics* 给予支持,美国纽黑文大学教授王承璐主编亲自解疑释惑。

第三届论坛为2019年,为庆祝中华人民共和国成立70周年,决定召开时间延至10月,具体为10月19日至10月20日。在符国群会长及各位副会长的支持下,本届论坛被正式纳入中国高等院校市场学研究会办会系列,由中国高等院校市场学研究会主办,河南财经政法大学工商管理学院、河南财经政法大学中原营销研究中心承办,南开大学消费者行为研究团队、新道科技股份有限公司和CSSCI(中文社会科学引文索引)期刊《经济经纬》共同协办,30多所国内外高校和企业界代表共150余位专家学者参加了本论坛。第二天首先参观考察了河南海恩食品有限公司,公司董事长、道口烧鸡非物质文化遗产传承人张中海先生亲自介绍道口烧鸡的制作过程和工艺,大家在"锅边"品尝了新鲜出锅的中原贡品"道口烧鸡";接着返郑考察了郑州大信家居有限公司,参观了中国厨房文化博物馆,董事长庞学元亲自讲解,对大信定制家居世界原创技术震撼不已,董事长的家国情怀令人感动。至此,论坛模式基本定型。

3. "中原营销国际学术论坛"成效

七年坚持,中原营销国际学术论坛有了一定的影响。据统计,七年来参会的正式代表超1 000人次,不少老师连续七年参会,线上受众超40 000人次,累计参与的高校超200所;海外做主题报告的嘉宾14人次,国内做主题报告的33人次;累计征集与中原营销相关的论文167篇,宣讲89篇;累计深度考察中原优秀企业7家,2022年疫情最严重时期,连工作人员都进不了会场,论坛照常进行,全部改为线上,我们还创造性地设计了云参观宇通公司,以弥补线下参观无法进行的缺憾,坚守了我们的论坛举办模式。2023年我们还拓展了考察范围,不仅考察了重新开业的郑州亚细亚,还对其周边德化商业街及二七商圈进行了实地考察,并对当地政府提了不少有益的建议。

2018年5月8日,周南教授应邀到学校讲学。我们向他介绍了上年创办的中原营销国际学术论坛情况及准备下月要进行的第二届中原营销国际学术论坛设想。他很兴奋,鼓励我们形成中原营销学术流派,回去后即派深圳大学周志民副院长参会支持我们的论坛。以后每次在CMAU学术年会或JMS年会上见面,他在很远就大声喊我:"'牛人'来了。"我哪是什么"牛人",只不过姓牛,周老师的鼓励我心里当然明白。

2022年10月22日,时任中国高等院校市场学研究会会长符国群教授,代表中国高等院校市场学研究会在第六届论坛开幕式上致辞,高度评价河南财经政法大学创建中原营销国际学术论坛这一平台,并成功举办多届。他希望论坛继续立足河南,讲好中原发展故事;聚焦学术,兼顾人才培养;面向重大需求,倡导有组织的科研;依托核心高校,高举团结合作大旗。愿中原营销国际学术论坛这个平台建得越来越好,越来越具有凝聚力和影响力!

2023年10月21日,"第七届中原营销国际学术论坛"开幕,现任中国高等院校市场学研究会会长汪涛教授在开幕词中再次对论坛的创办和连续成功举办给予肯定。他说,这个论坛不仅为学界交流提供了一个重要的平台,也为促进区域营销发展作出了重要贡献,为探讨区域经济与市场的发展趋势提供了宝贵的思路和观点。中原地区历史文化悠久,如何将区域文化与营销实践结合,挖掘和利用文化优势,建构契合区域市场的营销模式,值得我们认真思考和研究。

2023年上半年,在学会和学校支持下我们开始筹备在学会下设"区域营销专委会"工作,想在中原区域营销探讨基础上,探讨更多区域包括城市营销问题,扩展研究视野。专委会组织架构已形成,并参与承办了第七届论坛工作。未来期望在学会支持下,尽快批准成立区域营销专委会,把举办中原营销国际学术论坛纳入专委会重要工作,以使论坛可持续和高质量发展。我坚信,论坛的持续举办,定能为区域营销的理论和实践提供更多的参考和启示。

(牛全保 中国高等院校市场学研究会常务理事,"中原营销国际学术论坛"的主要发起者和组织者,河南财经政法大学工商管理学院名誉院长)

六、2017 年 CMAU 学术年会暨博士生论坛的台前和幕后

浙江财经大学　王建明

1. 2017 年 CMAU 学术年会暨博士生论坛的总体概述

2017 年 7 月 21 日至 23 日,中国高等院校市场学研究会学术年会暨博士生论坛在浙江财经大学工商管理学院举行,年会主题为"消费升级背景下的市场营销"。本次年会由中国高等院校市场学研究会主办,浙江财经大学工商管理学院承办。年会共吸引来自国内外高校的 600 多名专家学者参加,共收到来自 24 个省份 103 所高校的 215 篇投稿。本届年会的参会人数、投稿论文均创历史新高,形式内容丰富多彩、多元化。其中,"中国高校营销学科负责人联席会"、"中国高校市场营销学博士生日"、《中国高校市场营销学博士生就业情况白皮书》、"县域电商专场"等活动均为本次年会首创。年会开幕式由时任中国高等院校市场学研究会副会长、学术委员会主任、武汉大学汪涛教授主持。浙江财经大学校长钟晓敏教授致欢

大会开幕式掠影

迎词,中国高等院校市场学研究会会长、北京大学符国群教授致开幕词。约翰·霍普金斯大学倪剑副教授、香港城市大学杨海滨教授、中国科学院心理研究所李纾教授分别以"金融服务业的大营销时代""营销战略的前沿研究探讨——公司战略的视角""以小拨大：行为决策助推社会发展"为主题发表学术演讲。本届年会也受到社会各界的广泛关注,吸引了浙江在线、《钱江晚报》《杭州日报》《青年时报》等省内外众多媒体的关注和报道。

2. 2017年CMAU学术年会暨博士生论坛的台前点滴

会议那几天恰逢杭州夏季最热的时候,最高气温达40摄氏度。高温酷暑天气对会议产生了巨大挑战。记得22日上午主题演讲时,由于室外温度太高,主会场的一个空调突然临时罢工,致使会场内温度逐渐攀升,我们一度非常紧张,幸好在工作人员努力下空调很快恢复了正常,主题演讲也一直顺利进行。记得有位来自深圳的参会老师,他和我说道："我从深圳来,这次方领教了杭州的'热',比深圳还要厉害。我出去走一圈,身上的汗就没有停过,一直不停地冒汗。"还有参会者戏称,烈日下两栋楼分会场之间的距离简直是生与死的距离(当时分会场分别位于行政楼和学术中心,两栋楼之间相距50米左右)。为了应对会议期间杭州的高温酷暑天气和可能的突发情况,会务组提供了浙江省中医院下沙院区的医疗急救电话,还备了12种暑期常用应急药物提供给有需要的参会人员,包括藿香正气水、人丹、清凉油、风油精、板蓝根颗粒、小檗碱、云南白药、川贝枇杷膏、晕车贴、复方草珊瑚含片、联苯苄唑溶液、创可贴等。这些应急药物确实发挥了作用,会议期间不少参会者向会务组索要各种应急药物。

会议期间安排了参会人员参观我校自建的诺贝尔经济学奖文献馆、孙冶方经济科学奖文献馆(简称"两馆")。诺贝尔经济学奖文献馆是全球第一家也是唯一一家获得基金会官方授权的诺贝尔经济学奖专题文献馆,孙冶方经济科学奖文献馆则是孙冶方经济科学基金会官方认可的唯一一座孙冶方经济科学奖专题文献馆。很多参会代表现场参观了我校的"两馆"后都感觉受益匪浅。中国高等院校市场学研究会顾问、中南财经政法大学彭星闾教授在参观"两馆"后欣然留下墨宝,如图2所示。

在会议组织和会务服务上,本次会议有不少亮点。如提供了定制化饮用水(上面印有学会Logo)、定制化小礼品(带学会Logo的防紫外线天堂阳伞、笔记本)、定制化实名胸牌、统一的礼仪服、纪念贴纸、提醒小贴士等。会务组还给参会代表提供了免费的打印复印服务,22日的欢迎晚宴上安排了古筝小节目和小抽奖以活跃气氛,这些都得到了与会者的好评。

3. 2017年CMAU学术年会暨博士生论坛的幕后点滴

为了办好本次年会,我们在前期宣传上投入了大量的精力。除了利用学会现有的会员通讯录外,我们进一步地毯式收集了全国(不含港澳台)31个省、区、市绝大部分本科高校的营销系主任及相关老师的联系方式,尤其是做到了对华东附

学会顾问、中南财经政法大学九十高龄的彭星闾教授参会并留下墨宝

近省市（包括上海、浙江、江苏、福建、安徽、江西、山东、湖南、湖北、河南、河北、广东等）基本覆盖。2016年12月5日（相当于提前7个多月），我们就发出了第一轮会议通知邀请函，此后通过邮件、微信、信件等各种方式每隔几周更新一轮会议通知。我们还利用公众号、贴吧、网页、网站、微信朋友圈、微信群、QQ群、H5、电话、邮件、业内朋友等各种途径进行会议推广和宣传拓展。通过高密、高频、立体的宣传拓展，极大地扩大CMAU学会和本次年会的影响力。一个直接的标志就是本次年会的注册代表超过600人，会议规模大大超过往届历次年会。

学院在过去几年虽然办过若干个学术会议，但参会规模都相对较小（参会人员在100人以内或200人左右不等）。本次会议规模超过600人，如此规模的会议为我院历史上第一次。为了办好本次会议，学院领导非常重视，成立了筹备领导小组，会议总协调为工商管理学院院长董进才、党委书记黄卫华，现场总指挥为工商管理学院副院长王建明。学院里也开了多次筹备会确定相关重要事宜。学院行政人员、专业教师和研究生志愿者也非常投入。特别是很多研究生志愿者，他们本身并没有承办高端学术会议的经验，甚至连参加学术会议也比较少。本次会议一共招募了50多位研究生志愿者，并对志愿者需求进度计划进行了梳理安排。我们对研究生志愿者进行了细致的工作布置和任务安排，进行了多轮的培训和彩排。

培训时，我们对志愿者提出了如下要求：① 只要有会场、有参会代表的地方都必须有志愿者。② 会议期间，我校师生要展现良好的精神风貌：先定一个G20小青荷的小目标。③ 参会代表问到谁，谁就负责帮助解决，不要推诿。参会代表的一切困难或疑惑要热情解决，至少要热情回答。④ 各组组长是关键少数，是第一责任人。组长要召集本组成员开会沟通，发挥主动性，多思考可能出现的问题，想好应对方案。⑤组长一定要积极主动熟悉自身任务、工作流程,思考好本组成员是否足够,如不够自行联系冯老师/王同学增加人员。⑥各小组成员(特别是正副组长)要熟悉自己的任务、工作流程、常用语句,其他小组的任务和工作流程,注意衔接好不同任务和工作流程。等等。

研究生志愿者一共分为八个小组,我们对各组组长明确了任务,要求各小组组长分派好任务,特定场所、特定事情有特定人负责。特别要求如下几点:①每个人要明确好自己任务的内容和范围,不清楚及时和相关老师联系。②每个人要明确好自己任务的时间节点、起止时间。③每个人要明确自己任务前后与其他人的联系、沟通和协调。④部分未到会者(老师或学生),研究生由冯老师统一培训讲解明确一下任务;老师由王老师负责明确一下任务。⑤如果某些老师/学生任务不平衡,联系王老师(或各组组长)协调平衡一下。⑥会议中特定组志愿者不够时,其组长首先联系冯老师/王同学,其次联系万同学、赵同学调剂余缺。⑦特定组志愿者被临时抽调去其他组帮忙时,一定要另外找人接替(首先联系王同学,其次联系万同学、赵同学调剂余缺),同时交接好本职工作,避免出现多处乱套情形。⑧志愿者统一着装,佩戴胸牌,左胸同时贴上有学会 logo 和学院 logo 字样的圆形标志。

为了规范志愿者语言和行为,我们对志愿者用语也进行了培训和规范。例如,注册缴费小组常用语句如下:"老师您好!您是参加高校市场学年会的吧?之前有发过回执的吧?……这是会议参会者名单,您是哪个学校的?……我帮您找一下。……(查看注册、缴费、嘉宾信息等,信息核对、签名确认、完成注册缴费,发送资料袋、胸牌、发票等),这是您的资料袋、胸牌、发票等,餐券夹在胸牌中,您留意一下收好。咱年会主会场在学术中心二楼第一报告厅,分会场在学术中心和对面的行政楼,就餐都在学术中心二楼学术餐厅,您注意一下这张小纸条上的注意事项。还有没有什么需要帮忙的?……谢谢您的参会。"再如,礼仪小组常用语句如下:"老师您好!您是参加高校市场学年会的吧?这里是市场营销教学与案例研讨分会场,本会场的议程安排您看一下这里的海报。……哦,服务营销与互联网营销分会场?服务营销与互联网营销分会场在对面的行政楼五楼××会议室,您出门直走到行政楼,坐电梯到五楼,那边门口有志愿者您可以很快找到××分会场。谢谢您。"其他组用语由志愿者自己发挥主观能动性。

总体上本次会议非常成功(诚然会议中也存在一些细节问题),学院师生从本次办会中也获得了巨大的能力锻炼和本领提升。会议筹备和承办工作也得到了学会领导和各位参会代表的高度认可(图 3 为符国群会长和王建明的合影)。中国高等院校市场学研究会副会长、华东理工大学商学院景奉杰教授对本次年会赋诗一首,立此存照:

伏暑炎炎胜火焰,

校园处处天堂伞。

西湖美景江南忆,

营销年会聚群仙。
参会超过六百人，
论文达到二百篇。
激情澎湃联席会，
博士论坛不夜天。
前辈学者创江山，
后继学人再向前。
波涛汹涌钱江潮，
学会发展有明天。

符国群会长和王建明的合影

[王建明　中国高等院校市场学研究会常务理事兼绿色消费与绿色营销专委会主任、浙江财经大学工商管理学院(MBA学院)教授]

七、使命必达,全力以赴

——我与中国高等院校市场学研究会的两三事

江南大学 滕乐法

中国高等院校市场学研究会即将迎来四十华诞!在这特殊的历史时刻,我不禁回想起与中国高等院校市场学研究会的缘分。

我是 2016 年由国群会长引荐入会,后来担任副会长一职。2020 年,在我任职江南大学商学院院长期间,我们江南大学商学院有幸承办了"2020 年中国高等院校市场学研究会学术年会暨博士生论坛",这也成为我对学会印象最深刻的事件之一。

江南大学地处美丽的太湖之滨无锡,气候最宜人的季节便是秋高气爽的金秋十月,于是在与其他学会领导商量后,将"2020 年中国高等院校市场学研究会学术年会暨博士生论坛"定在了 2020 年 10 月 6 日至 8 日。本次会议的主题是"人工智能时代的市场营销",探讨人工智能时代下市场营销学科所面临的新形势和发展趋势,交流营销领域的最新成果,以解决营销实践中所面临的问题。

"2020 年中国高等院校市场学研究会学术年会暨博士生论坛"部分参会人员合影

确定了会议的承办任务后,我感觉到身上的担子很重。受 2019 年底至 2020 年初暴发的新冠感染疫情的影响,国内外学术会议举办受到巨大的冲击。国内外会议举办数量急剧下降,在会议总量下降的同时,平均参会人数自 2019 年后也呈现直线下滑的情况。一方面各地受阵发式疫情的影响,流动性时常被突然遏制或阻断,造成出行计划的不确定,甚至熔断,实际参会人数减少。另一方面,规模型会议受到各地政府部门的严格管控,审批严格,造成大中规模会议大量减少。

本次会议从 2019 年底开始发放通知,但会议通知内容不断更新,直至 2020 年 10 月按照要求在控制线下人数的情况下,小范围召开。在参会人员安排上,需要无锡健康码,以及 48 小时内核酸检测证明等,在无锡落地出火车站或机场也需要做核酸检测等等,增加了对参会人员的信息统筹,以及对入锡政策的及时通知,同时部分地区也因疫情情况无法参会等,存在着诸多的实时性变化,也增加了会议筹备期的难度。

我自 2014 年由江南大学全球招聘担任商学院院长以来,便着力打造围绕品牌方向的研究团队,团队始终秉持"让优秀成为一种习惯"的理念。从获得会议承办资格到会议圆满闭幕,团队上下思想一致,行动一致,取得了突破性创举。如今回想起来,也颇觉自豪:首先,会议得到江南大学校领导的高度重视,江南大学校长、中国工程院院士陈卫教授出席开幕式。其次,受疫情特殊性影响,本次年会采用线上和线下相结合的方式举办,这也是 CMAU 历史上首次线上直播,最终实现线下参会人数 82 人,线上注册 440 人,来自 179 个高校,仅在 10 月 7 日当天线上会议的累计观看人次达到 11 098 人次,规模达到了线下会议无法比拟的水平,为今后的年会举办探索出了新的路径。最后,江南大学品牌团队的老师和同学们在会议前、中、后期进行了大量周到细致的工作,为线下参会人员提供宾至如归的"全流程"会议服务,得到了与会专家的交口称赞。

开幕式参会嘉宾合影

记得当时要开线上会议直播,团队的老师和同学都很紧张,因为大家都没有做过,完全一窍不通啊!可谓面临前所未有的困难局面,具体表现在以下几个方面。

　　(1) 作为首个大型线上会议直播单位,从会议直播的技术应用,到整体流程管理,我们没有直播经验可供参考,需要团队的老师和同学从直播的基本原理开始学习与探索。

　　(2) 大会设有若干专家交流平行论坛和各主题论文平行论坛,所有平行论坛的直播活动都需要从技术平台的搭建、设备到人员的配置进行单独管理,这就需要协调配合每个平行论坛的硬件、网络以及直播人员。因此,这给整体会议组织安排与任务分配带来很大困难。需要通过周密的规划与高效的执行,才能妥善解决这一难点。

　　(3) 直播过程中一旦出现纰漏,如直播效果不佳、画质差、声音断断续续,将直接影响观众的参会体验和会议进程,大大降低会议信息传播和互动的效果,这对从事此任务的人员提出了更高标准的素养与操作要求。

　　为此,团队成立专门的直播领导小组和大会主会场,以及各个平行论坛分会场直播小组,解决存在的困难。

　　(1) 直播领导小组的人员投入了大量时间,系统地研究学习各主流直播平台和软件的技术原理以及实际操作细节。利用江南大学刚刚建成投入使用的多媒体会议室硬件设施,进行了多次全面的技术测试和实地应用。通过实践探索与不断尝试,终于找出了最能满足需求并发挥当前条件作用的技术方案。

　　(2) 直播领导小组对每一位负责平行论坛直播任务的工作人员进行了系统的操作培训,以确保后续在实际操作中,都能熟练和高效地掌握直播所需软件的各种功能操作细节。

　　(3) 直播领导小组反复进行现场模拟和技术测试,对各种可能出现的异常情况预设了应急处置方案,并在培训中对各小组工作人员进行详细的解说指导,有效提升了队伍的整体预案素质和应变能力。

　　会议当天,直播组的王焕璋老师带着同学们,一丝不苟地盯着线下和线上,善始善终坚守在直播一线,为了会议的顺利进行,甚至中午连吃盒饭都来不及吃,就去检测设备。总之,精心和科学的准备为与会专家学者们呈现了特别顺畅的线上线下直播。会议结束后,我们团队的直播小组还为CMAU其他的会议直播以及后续的办会单位提供了技术援助和指导。

　　除了直播上的创举,我们在这一次会议承办中,给大家留下深刻印象的还有**宾至如归的"全流程"会议服务。我们并不是专业的会务公司,但秉承着将心比心的服务理念**,团队的会议服务却让参会人员体验到五星级的贴心和周到。

　　(1) 会前我们进行了多次的会务培训与礼仪指导。志愿者接待的核心是管理参会嘉宾的行程,包括了解嘉宾们到达/出发时间、所乘交通工具及行程安排,并提供突发状况下的指导。例如，处理参会嘉宾的火车、航班延误或交通堵塞等情况，以确保嘉宾安全顺利抵达。我们设立志愿者小组和各组负责人，协调小组内的志愿者工作，并保持与志愿者紧密沟通，及时了解志愿者的接待进程和问题。团队教授商务礼仪的吴媛媛老师专门对负责接待的同学进行了会议礼仪培训，并从淘宝网上租了12套制服作为工作服，以至于有参会的老师悄悄问服务的研究生志愿者是不是来自酒店的专门礼仪人员。

（2）高品质的一对一接送服务。考虑到会议举办时间在10月，我们为每位嘉宾准备了热茶水和水杯。志愿者穿着统一的服装，携带热水壶、水杯，在嘉宾抵达时提供温馨的服务，使参会人员在抵达无锡的时候就感受到会务组的温暖和宾至如归。秉持着"谁接谁送"的原则，会议结束后主动联系嘉宾送嘉宾至返程车站或机场，让嘉宾始终感觉到家人般的温暖。同时为参会人员准备了礼品：价值2 299元的江苏今世缘酒业股份有限公司国缘V9。在此也特别感谢今世缘集团对本次会议的鼎力支持。

总体而言，我们充分意识到参会人员的接待在会议筹备中的重要性，并贯穿于整个会议。良好的志愿者培训和会前物资准备将有助于会议流程的无缝衔接、高效运作，营造积极的会议氛围，增强会议的专业性，给与会者留下良好的印象，从而提升中国高等院校市场学研究会会议举办方和承办方的口碑与影响力。

本次会议不仅扩大了年会的宣传范围，而且在确保安全的前提下，呈现了一场精彩的学术盛宴！此次会议在无锡市电视台、澎湃新闻、中国教育在线、中国教育发布、《江南晚报》、好看视频、中国工商教育、中国高等院校市场学研究会公众号等媒体上发布和转载。

最后，由衷感谢中国高等院校市场学研究会在过去40年中为中国营销学者打造了一个共同的家园，为促进我国营销学科的发展和培养营销人才作出了无可估量的贡献。感谢中国高等院校市场学研究会在过去40年中举办的学术盛宴，为营销学者和营销学子提供了宝贵的学术交流平台。未来，我们将继续携手中国高等院校市场学研究会，共同努力，坚定向前，为营销学科的进步和发展贡献力量！

（滕乐法　中国高等院校市场学研究会副会长，江南大学商学院前院长、教授）

八、一次难以忘却的办会经历
——记 2022 年 CMAU 学术年会
吉林大学　金晓彤　盛光华　崔宏静

部分参会嘉宾合影

　　中国高等院校市场学研究会学术年会暨博士生论坛（CMAU）是营销学界学者的盛会。作为学会的老会员，也是忠实粉丝，多年来我们一直积极参与每一年的学术会议，亲历着历届年会的精彩呈现，体会到各兄弟院校在会议承办中做出的各种努力，更见证了学会日新月异的成长变化和营销界百花齐放的发展趋势。

　　2022年，作为学会的副会长单位，吉林大学获得了承办CMAU年会的资格，这是吉大的荣幸，更是我们个人的荣幸。作为会议的承办方，我们非常希望能够呈现给所有会员一次高级水准、优质体验的会议，因此很早就开始进行会议的筹备。如果没有新冠肺炎，我们会非常顺利地完成办会目标。但在现实中，我们无法避免这次新冠大流行。回望2022，全国各地疫情此起彼伏，"过山车"式的一波三折的形势变化给我们的会议筹备工作带来了极大的不确定性。我们首先面临的是办会目标上的两难之选——是以稳定为目标，办一场纯线上的会议，还是以体验为目标,办一场有风险的线下会议？会务组为此进行了多番讨论。最终,我们还是选择接受风险,尽最大努力提高与会者的体验感,除非事态发展到极端情况,完全失去线下开会的可能,否则会务组将全力确保线下会议如期举办。为此,我们准备了2个预案和4种形式,即"校内线下""校内线上""校外线下""校外线上",到了临近开会的最后一个星期,最终我们确定了本次年会的形式:所有环节均采用线上线下同时举办,同一时间所有环节全程线上线下转播。这在中国高等院校市场学研究会举办的学术年会历史上还是"第一次",为中国高等院校市场学研究会学术会议举办的模式实现了"零的突破"。我们吉林大学商学与管理学院作为承办方,团队的全体同事们为此夜以继日地探讨、完善、调整会前、会中的各项工作,直到会议圆满结束,大家才松了口气。当听到了来自参会者、高等院校市场学研究会、学校、学院等不同方面的好评之时,不由得产生了一丝成就感,借此机会和大家分享一下我们的感受。

1. 艰难的会议准备:宜未雨绸缪

正常情况下,组织会议是一种常规工作,但面对变化无常的疫情,不确定的事情纷繁复杂。当时的形势下,防疫是凌驾于一切工作之上的最重要工作,在会议的准备中,仿佛我们的会议本身倒不是重要的事情。在所有的环节中,我们都要首先考虑防疫的问题,而防疫的很多规定都是我们不能左右但却必须执行的,相当于我们被束缚了手脚的情况下来做会议的筹备工作。

在当时的情况下,完全的线下会议,基本是不可能了,因为全国的疫情形势不同,出行和隔离的限制都制约着一些人不可能到现场参会,为了会议的效果更好,我们也不期望举办一个完全的线上会议。尽管线上的会议同样可以让参会者体验到一场精神盛宴,但总是觉得"缺少点什么"。这样一来,不确定的东西就多了,难以控制的问题更大了。哪些人能到现场？哪些人不能到现场？哪些人计划能到现场,到时又来不了了？哪些人计划不能到现场,到时又可以来了？等等,诸多不确定性完全是无法把握的情况,是随时都需要进行调整的。我们要把相当大的精力放在跟踪把握这些随时变化的信息上面,为此,我们安排了专人随时监测全国不同地区疫情的变化情况,并随时在会务组工作群通报。对于有计划来现场的参会者,因属地疫情管控又不能来的人员,已经交会费又不参会的老师和学生,我们允许他们在规定时间内申请退费,这是一个非常烦琐的工作,直到2022年底,会议结束几个月之后才全部完成。在此也要向涉及此事的各位老师和同学们道声深深的歉意,也对老师和同学们给予我们的理解与支持表示深深的谢意！这些只是问题的一个方面；另一个方面,长春的疫情形势又如何呢？能否允许线下开会？允许多大规模的会议？这些问题同样是让我们心中七上八下的一个问题。对于我们而言,我们必须根据线下参会的人数预定会场、安排餐食和住宿,如果能够幸运地如期举行了,参会者能否顺利地离开长春？会不会因为长春的疫情再发而将参会者滞留长春？或者由于参会者的居住地再次暴发疫情而使得参会者无法返回他们的家乡等等，这一系列的问题一直困扰着我们的会议筹备工作。

2. 疫情下的会中盛宴：来归驺驭人欢迎

苦心人天不负，我们非常幸运！到了2022年7月，长春疫情暂时总体上趋于缓和，会议可以按照我们预定的四套方案的"整合版"，即校外—线上—线下同程转播的方式如期举行。这场学术会议和博士生论坛可谓专家云集、成果颇丰。

这一年的CMAU学术年会的主题是"万物互联时代的营销创新"，国内外营销学界的知名学者及业内精英积极参会。这次会议也得到了吉林大学和吉林大学商学与管理学院的大力支持，吉林大学党委常委、副校长、商学与管理学院院长蔡立东教授现场致辞；国家自然科学基金委员会管理科学部二处任之光处长在云端参加我们的会议；中国高等院校市场学研究会会长、北京大学的符国群教授；中国高等院校市场学研究会秘书长、北京大学的彭泗清教授；还有武汉大学的汪涛教授；南开大学的李东进教授；华东理工大学的景奉杰教授；中国人民大学的李先国教授；中南财经政法大学的费显政教授等5位中国高等院校市场学研究会副会长来到吉林大学线下参加会议；还有来自不同学校的近百位学界同仁和学生不畏疫情风险亲临长春，积极参与了本届年会。线上线下共有100余位知名专家参与了各论坛的主持和点评工作，共计交流了376篇论文。来自全国40余所高校的500余位师生及业界代表，通过线上线下相结合的方式参加了这次会议，为广大师生提供了一个良好的学术交流平台。

这次CMAU学术年会为期5天，先后进行了营销案例工作坊和机器学习工作坊、博士生论坛和学术年会，开设了2个编辑面对面论坛，共设置了5个专业委员会论坛、1个专题小组论坛、68个平行论坛。同时，我们还设立了"万物互联与营销创新研究""学术期刊主编面对面""企业家对话市场营销""博士生招聘会"等内容丰富、形式多样的专题，为与会者提供多方位交流的机会和平台，共同探讨交流万物互联时代营销创新的新形势、新挑战，分享万物互联时代营销创新的解决方案，帮助年轻的营销学者成长，激发业内学术研究兴趣，提升科学研究能力。

疫情防控仍是本次会议组织过程中的重要内容。为了更好地满足会议期间疫情防控要求，我们为现场参会的人员准备了详细的各地疫情防控指南和交通提示，还为大家提供了落地长春的免费核酸检测。此外，在会议期间，参会者也可以现场领取核酸检测试剂盒进行自测，或者接受免费的一天一次的核酸检测，从而确保大家能安全顺利地参与本次2022年CMAU学术年会。

我们致力于让每一位与会者都能感受到我们的热情，精心为大家准备了参与会议的各种"贴士"，包括气候、交通、住宿、餐饮、疫情防控、议程安排等多方面，细致入微。会议期间我们提供了具有地方特色的餐饮、精致美味的茶点,安排的会议议程井然有序、学术交流的内容和形式丰富多彩。

3. 圆满会议后的回味:承典塑新力行致远

回望 2022,壬寅季夏,群贤集会,鸿儒渊薮春城谈笑,妙语连珠直上云霄。在会务组全员努力下,在多方力量的鼎力支持下,我们通过丰富多彩的会议议程为学科和行业发展贡献新思路,为青年才俊提供宝贵的展示机会和交流平台,并成功召开了学会领导圆桌会议、常务理事会议和理事会议,在创新发展中完美地实现了会议目标,与会人员收获颇丰,线上线下的参会者都对本次 CMAU 学术年会给予了满意的评价。如果说想要对此次 CMAU 会议做一个可圈可点的总结,那么,我们有不得不说的三个特点。

第一,创新性地开创了 CMAU 办会历史上线上线下全程同程转播的新模式,实现了真正意义上的线上线下办会模式创新的"零的突破"。实现了让参会者满意,让学会领导满意,让学校满意,让学院满意的总体目标。

第二,为了生动、全面地总结中国高等院校市场学研究会(CMAU)学术年会暨博士生论坛的发展历程,我们作为承办方,克服了疫情的阻滞、经费的阻滞、资料素材的阻滞,在非常短的时间内,拍摄了 CMAU 的诞生、发展、壮大的宣传片,展示了多年来 CMAU 不断创新、蒸蒸日上的发展历程,为营销学人留下了珍贵的"营销发展"的历史资料。

第三,为后续承办 CMAU 学术会议的承办方积累了有效地应对各种不确定性挑战的经验。疫情无情,带来的困难前所未有,但此次办会的经历却磨炼了我们团队的意志,也开发了我们的智慧,在克服疫情困难的过程中,我们产生了前所未有的新思维,增加了新才干。这些将成为我们在今后的学科发展和学会发展过程中的宝贵财富。

涓涓细流成就大海奔涌,点点星光汇成浩瀚星河。CMAU 汇聚了众多优秀市场营销领域的专家学者和实践者,共同探索市场营销的未解奥秘,揭示市场营销的前沿理论,探究市场营销的发展规律,推动市场营销的中国实践,一篇篇论文、一件件案例、一项项课题昭示市场营销的同仁们为世界命运共同体,为中国社会经济的高质量发展贡献的营销智慧。回顾过去,我们感到无比的荣幸和自豪,我们的学会已经取得了令人瞩目的成就,我们关注市场的变化,探索其内在规律,并通过研究成果的应用,帮助企业和政府作出更为明智的决策。展望未来,我们对学会充满了信心和期待。我们将继续保持创新和进取的精神,不断探索新的市场营销学研究理念和方法。我们将继续为全球的经济发展和社会进步作出贡献。

年会开幕式留影

（金晓彤　中国高等院校市场学研究会副会长、吉林大学商学与管理学院教授
　盛光华　中国高等院校市场学研究会常务理事、吉林大学商学与管理学院教授
　崔宏静　中国高等院校市场学研究会理事、吉林大学商学与管理学院副教授）

九、以学术力量为国家品牌战略作出应有贡献

华东师范大学　何佳讯

2018年5月6日,北京大学,在第二届中国品牌日即将到来之际,时任中国高等院校市场学研究会会长符国群教授邀请学会的一批品牌理论研究专家,举办"中国高等院校市场学研究会品牌研究中心成立大会暨首届品牌发展论坛"。在符国群会长的领导下,大家集思广益,群策群力,积极回应国务院于2017年批复设立"中国品牌日"所传达的重大信号。我有幸被委任为学会品牌研究中心(后改为品牌专业委员会)主任,在过去五年多时间里,以此为重要的学术平台和桥梁,联合各方面的学术力量和社会资源,为中国经济转型和高质量发展作出应有的贡献。

1. 献智国家战略品牌

在"中国品牌日"设立之前,国务院办公厅于2016年6月发布《国务院办公厅关于发挥品牌引领作用推动供需结构升级的意见》,这份文件对品牌战略从传统意义上微观的企业经营管理活动,上升到宏观的国家战略制度层面起到了关键性作用。我的工作单位华东师范大学十分支持我的学术研究,于当年批准成立国家品牌战略研究中心,并开始每年资助举办"中国品牌科学与应用论坛暨全球品牌战略国际研讨会"。这股学术力量与学会的品牌研究中心携手并进,在学会于2018年正式建立专委会制度之后,学会品牌专业委员会与华东师范大学国家品牌战略研究中心共同举办"中国品牌科学与应用论坛暨全球品牌战略国际研讨会",积极献智国家品牌战略,取得了良好的社会影响力。

2016年,第一届论坛以"移动互联时代的品牌与商业战略"为主题,与会专家分享了品牌科学的最新研究成果与企业品牌战略经验,探讨国家供求结构调整下的品牌战略变革,共议移动互联时代的品牌科学发展机遇与挑战。论坛取得三大成果:第一,首次建立了品牌科学科研与应用的整合性视角与多元化社群;第二,建立了国内第一个高端品牌理论与实践交流平台;第三,探索实践商学院为校友和在校生提供知识交流的常态化路径。

2017年,第二届论坛以"国家品牌战略新纪元"为主题,聚焦国家品牌战略,探究国家品牌与商业品牌的相互关联,探讨中国企业如何由"大"变得"伟大",探寻文化自信带给中国品牌全球化的新机遇。论坛取得三大成果:第一,进一步强化了论坛的定位与价值,即搭建学界、业界与政府部门有关品牌研究、实践与政策的高端交流平台;第二,推进了品牌科学研究的多学科视角;第三,凝练了当下品牌科

学研究的重要主题方向。

2018年，第三届论坛以"国家品牌战略与品牌全球化"为主题。我在论坛闭幕式上总结提出重要成果：中国品牌全球化进入新时代，**中国作为"国家品牌"开始对商业品牌产生积极影响，主要表现为文化自信的内在驱动、文化资产的核心价值，以及线上市场的创新作用。**这在一定程度上改变了长期以来学界普遍认可的发展中国家原产国消极影响的观念，预示着新时代中国品牌实践及其理论研究对世界范围内品牌理论的新贡献。

2019年，第四届论坛以"全球环境下的品牌战略：中国的力量"为主题，聚焦全球环境变化之下的品牌战略，探讨面向中国经济新动能的品牌发展战略，探究中国力量所蕴含的中国智慧，探索世界品牌理论发展的新趋势和新方向。论坛所提出的"中国品牌的中国力量"为学界开展品牌科学研究指引了新的学术方向，也为业界开展品牌实践指明了新的战略方向。

2020年，第五届论坛以"世界大变局下的品牌战略升级"为主题，聚焦国际格局演变及逆全球化背景下的品牌战略，探讨中国品牌升级方向，探究中国力量所蕴含的中国智慧，探索世界品牌理论发展的新趋势和新方向。论坛发布了第一届大夏"国家冠军品牌强度排行榜"。针对年度主题，从品牌的逻辑看，坚持品牌精神和品牌主义，是应对不确定性和大变局的核心法宝。

2021年，第六届论坛以"国家创新与科技品牌战略"为主题，探究如何呼应国家创新战略趋势以及中国企业如何通过科技创新实现品牌升级和长期发展，并指出科技要素成为品牌战略主流趋势。论坛发布了第二届大夏"国家冠军品牌强度指数"，其表明科技创新力量成为影响品牌的国家级地位的重要因素。科技自立自强成为国家发展的核心战略支撑，这要求中国企业更加关注高质量品牌建设，把科技创新作为品牌发展的战略抓手。

2022年，第七届论坛以"高质量发展与新品牌战略"为主题。论坛发布了第三届大夏"国家冠军品牌强度指数"，其再次证明国家软实力的市场价值持续提升。论坛成果集中体现在年度主题上。在国家新发展格局下，中国品牌的建设需要有更高的站位与更宏大的学术视角，全球品牌战略的理论研究在很大程度上促进我们深入理解品牌与品牌化的未来发展。新品牌战略的价值要为服务国家战略和为人类命运共同体建设作出新的贡献。

2. 建立"教研用"协同共同体

2018年学会建立专委会制度后，品牌专业委员会每年在学会学术年会期间组织举办专门论坛。与学会学术年会的平行论坛不同，品牌专业委员会的专门论坛定位于建立"教研用"协同的学术共同体，每年在论坛上邀请专委会的成员和同行，围绕品牌管理教学、学术研究、实践应用、产教融合、案例写作与教学等多维领域进行主题分享，展开深度讨论，起到了很好的效果。

2022年7月16日，由吉林大学商学与管理学院承办的"2022年中国高等院校市场学研究会学术年会"在云端举行,当年的品牌专业委员会论坛包括案例研究、教学法、研究与综合三个模块,来自全国高校的十余位品牌专家发表主旨演讲。我指出,基于中国商科优秀生的普遍问题,围绕商科专业的核心竞争力问题、品牌课程教学存在的问题以及品牌实践重大变化的问题,品牌管理课程教学、教材编写和学术研究应当从传统的"品牌管理"范式迈向新时代的"战略品牌管理"范式,即企业级品牌战略。

2023年7月15日,武汉大学经济与管理学院承办"2023年中国高等院校市场学研究会学术年会"。品牌专业委员会论坛以"高质量发展与品牌战略"为主题,多位教授学者分享并探讨了品牌相关的主题研究。在当下经济新常态中,需要推进国家品牌战略,在经济转型中追求高质量发展。我指出,在科技创新的背景下,要改变传统品牌管理组织,实现高度的跨部门、跨职能协同运作,同时要改变传统品牌战略制度,实现从经理人主导迈向企业家主导。

作为上述专门论坛的延伸,品牌专业委员会还主办了两届《战略品牌管理》课程师资在线培训。该项活动由中国高等院校市场学研究会主办、华东师范大学国家品牌战略研究中心协办,面向全国高校经管类教师开设。2021年12月3日举办第一届师资培训,内容包括品牌与品牌化理论体系综述、欧美中的理论体系比较、教学目标和教学体系讲解、核心章节(含本科生和研究生)的示范课、案例教学讨论等。2022年12月30日举办第二届师资培训,内容包括《战略品牌管理》课程教学迭代、重要章节的讲解(包括品牌价值评估、商标法)、新品牌实践及教学[包括DTC(直接面向消费者)策略、企业咨询项目设计、研究生课程建设等,另有在线交流讨论环节。

3. 中国品牌日的特别记录

近些年来,应中国高等院校市场学研究会的邀请,我在每年的中国品牌日期间,撰写特别文章,用文字记录每年的"进步"。近三年文章的标题分别是:《中国品牌日五周年,什么是我们真正的进步?》《中国品牌日六周年,我们探寻真实的进步》《中国品牌日七周年,科技创新进步造就下一代品牌》。

近两年来,我还组织举办"中国品牌日特别论坛"。每年的论坛都是由中国高等院校市场学研究会、华东师范大学主办、新华社《中国名牌》杂志社和科特勒咨询集团联合主办,中国高等院校市场学研究会品牌专业委员会、华东师范大学亚欧商学院、华东师范大学国家品牌战略研究中心承办。2022年5月9日,"第六届中国品牌日特别论坛"主题聚焦"企业家精神实现品牌驱动增长",来自学界和业界的多位专家发表主旨演讲,社会各界与会者共5 000多人次参加。2023年5月9日,"第七届中国品牌日特别论坛"主题聚焦"科技品牌战略推动高质量发展",社会各界与会者有12万多人次。

以国务院办公厅于2016年6月发布《国务院办公厅关于发挥品牌引领作用推动供需结构升级的意见》为标志,过去七年来,品牌供给侧和需求侧发生了诸多新变化。品牌供给侧的升级体现在高端品牌和科技品牌的市场竞争优势,品牌需求侧的升级体现在 AI(人工智能)科技时代下消费价值的变化。我提出,品牌战略与管理应当立足品牌双元本性论视角,即战略驱动和顾客导向兼容,建立并实施战略品牌管理的新范式——企业与顾客协同战略。这个新范式以中国领先企业的品牌实践成就为基础,发挥品牌领导力精神,并基于数字化和 AI 驱动的跨部门、跨职能高度协同运作的现实需求,改变了西方传统上以营销职能定义品牌管理的狭隘思维,倡导改变传统的品牌制度,从经理人主导迈向企业家精神主导,实现真正的战略品牌管理。

(何佳讯　中国高等院校市场学研究会副会长、华东师范大学教授、亚欧商学院院长)

十、万事开头难：首届企业年会筹办记录

清华大学　胡左浩

2019年7月，在长沙举办的学术年会期间学会换届，我担任学会副会长兼企业委员会主任。会长符国群教授说学会已经有学术年会和教学年会，建议企业委员会筹办企业年会，打造产学交流的高端平台。学会办企业年会是一个新事物，如何办？如何办好？如何持续办好？这些是我们企业委员会需要回答好的问题。

会议结束回京后，我开始收集有关各种年会或高峰论坛的资料。2020年初新冠感染疫情暴发，由于疫情的原因，2020年基本没有启动企业年会的前期策划工作。12月初我们当时认为2021年疫情根本性好转的可能性很大，就正式启动年会的筹办工作。12月5日，我提出了《中国高等院校市场学研究会第一届企业年会策划草案》供大家讨论。在企业委员会的微信群中，副主任王海忠教授、滕乐法教授、聂元昆教授、秘书长周志民教授、副秘书长王毅教授和吴水龙教授等企业委员会各位委员围绕年会名称、年会定位、首届年会主题、会议组织形式、会议规模、邀请嘉宾的标准以及年会持续性等议题进行了反复讨论沟通。学会会长符国群教授、副会长景奉杰教授和彭泗清教授也在群中参与讨论并给予建议。2021年1月28日形成初步方案并报学会执委会审议批复，3月报承担单位清华大学经济管理学院批复。确定的会议时间为2021年9月18日，参会人数控制在100人，会议采取嘉宾主题演讲及专题圆桌论坛两种形式。

年会举办方式以及时间确定之后，我就开始邀请企业嘉宾的工作。因为是第一次举办企业年会，我们希望能邀请到国内知名企业高管出席。我联系过的企业包括北京字节跳动科技有限公司（以下简称"字节跳动"）、北京小米科技有限责任公司、安踏集团、海尔集团公司、中兴通讯股份有限公司（以下简称"中兴通讯"）、三一重工股份有限公司、联想集团有限公司、华为技术有限公司和埃森哲等。这个工作花时间多，沟通工作量大。找企业高管容易，但找头部企业的高管不太容易。因为头部企业的高管平时工作非常忙碌，行程经常发生变化。同时，企业委员会各位委员也积极推荐合适的企业嘉宾。

2021年6月，我们学会与巨量引擎签订战略合作协议。企业年会也相应增加一个企业参访环节，确定9月17日下午参观字节跳动的展厅并就数字化营销进行交流。2021年6月27日和7月30日企业委员会分别召开两次视频会议讨论和确定2021年首届企业年会的相关事宜并确定2022年的第二届企业年会由中山大学主办。我们成立了年会会务组预订校内酒店和餐厅，编制会务手册、发送邀请函等，会务工作有序推进。

8月，由于大学的疫情防控要求，校外人员无法入校，外地演讲嘉宾以及参会人员来回都需要较长时间隔离，同时考虑到线上举办难以实现面对面的交流。因此，8月9日组委会决定预定于9月17—18日召开的首届企业年会延期到2022年5月21—22日举办并及时告知嘉宾和参会者。

2022年3月9日，组委会重新发布正式会议通知。通知指出中国高等院校市场学研究会2022年首届企业年会定位于"思想性、前瞻性和实践性"，企业年会的主题是"营销创新与价值创造"，企业年会的宗旨是推动中国营销的理论与实践与时俱进。

由于疫情防控期间，会议只能在校外举办，故与西郊宾馆签订预订协议书。受限于现场参会的规模，组委会决定会议采取线上和线下相结合的方式举办。同时，年会再增加半天会期，到中兴通讯北京展厅参观并交流5G（第五代移动通信技术）对商业社会的影响。这样会期调整为两个整天。4月27日，再次成立年会会务组，成员包括学会专职秘书郑敏、市场营销系秘书田珍珍以及博士后杜雨轩，博士生洪瑞阳、赵冬蔚和郝梓桐等。

5月5日，因为北京市疫情管控政策以及清华大学的相关规定，组委会决定本次企业年会改为线上举办，会期只有5月21日一天。线下参观字节跳动和中兴通讯的活动取消。会务组迅速准备线上会议操作手册以及清华大学特色背景模板，进行腾讯会议与小鹅通对接预演以及测试。5月20日，进行线上会议的最后一次测试，同时针对可能出现的问题制定预防措施。

好事多磨，5月21日首届企业年会顺利召开。会议共有10位企业嘉宾进行了主题演讲，11位学者嘉宾和企业嘉宾分别参与两场圆桌论坛。共有346人线上注册参会；小鹅通、头条财经、网易财经进行了现场直播，其中小鹅通有超过万人观看；新华网和新浪财经进行录播，其中新华网累计有41.7万人观看。还有央广新闻、清华大学经济管理学院公众号、学会公众号等媒体进行了报道。

（胡左浩　中国高等院校市场学研究会副会长、学会企业工作委员会主任、清华大学经济管理学院教授）

十一、同道相益，同心共济
——记承办绿色消费会议的难忘经历
北京林业大学　陈　凯

中国高等院校市场学研究会（简称"学会"）成立于1984年。学会成立的40年，也是中国经济发展波澜壮阔的40年。在这40年间，市场营销基本理论和方法逐渐被企业家、经营者们所了解与掌握，从而转变成巨大的物质力量。毫无疑问，学会以及专业教师是传播、推广市场营销理论的主渠道，为理论的普及发挥了重要作用。40年来，学会不断开拓创新，持续开展学术交流、师资培训等活动，更是促进了中国市场营销学科的蓬勃发展。

自2006年从教以来，我参加了多届由学会举办的会议，包括教学会议和学术会议，领略了诸多著名学者、行业专家的风采，结识了许多志同道合的同行，真切感受到会议学习对于提升教学能力、开拓学术视野以及加强交流沟通的积极作用。譬如，在最近的2023年中国高等院校市场学研究会学术年会上，中国人民大学郭国庆教授提出建构中国自主的市场营销知识体系，令人心动。

非常有幸地，在多种力量的共同引导下，我所从教的北京林业大学经济管理学院，于2018年承办了绿色消费与绿色营销专委会年会，并在会上成立了"绿色消费与绿色营销专委会"，这是多年前参加学会会议时完全没有想到的。

1. 会议缘起与筹备

2018年以前，"绿色消费行为研究专题研讨会"已经连续举办了三届，且参会人员规模一直稳步上升。首届研讨会于2015年在浙江财经大学举办，第二届研讨会于2016年在郑州航空工业管理学院举办，第三届研讨会于2017年在华中农业大学举办。凭着记忆搜索邮箱，发现第一届研讨会邀请函发自浙江财经大学王建明老师的邮箱，邮件内容特别强调"**本次会议完全是小同行自发的学术讨论，一起探讨绿色消费行为领域前沿和社会热点问题**"。我想，大概从那时起，专题研讨会命运的齿轮就开始转动了。

2018年初，王建明老师鼓励我考虑承办第四届专题研讨会，并提出争取学会领导们的支持，在此次会议上成立绿色消费与绿色营销研究中心。而且王建明老师告诉我，办会之后的成就感体验蛮好，是可以多年回味的。我所从教的北京林业大学，是教育部直属院校，因为鲜明的行业特色，也被誉为中国最高绿色学府，所以由学院承办绿色消费专题研讨会也非常恰当。作为营销教研室主任，当我跟学院领导报告承办绿色消费专题研讨会的意向时，得到了大力支持。不仅如此，浙江财经大学工商管理学院作为协办方,也为专题研讨会各项工作的开展提供了重要的支持和帮助。更为关键的是,时任学会会长、北京大学符国群教授,接到邀请函后同意出席研讨会,这对于专题研讨会是极大的鼓励和支持。

2. 会议概况与开幕式

2018年12月8日是一个晴朗而寒冷的日子,"2018年(第四届)绿色消费与绿色营销专题研讨会"在北京林业大学学研中心报告厅举行。这次会议将"绿色消费行为研究专题研讨会"升级为"绿色消费与绿色营销专题研讨会",是为了更好地满足绿色消费和绿色营销领域的理论发展与实践进展需求,为了更好地衔接消费、营销、管理和生产这一企业经营主线。

研讨会报名注册130余人,实际报到110余人,分别来自40多所高校,包括北京大学、对外经济贸易大学、吉林大学、湖南大学、南京大学、武汉大学、四川大学、山东大学、天津大学、北京理工大学、中国政法大学、中央财经大学、中南财经政法大学和澳大利亚Curtin University等,还包括华中农业大学、福建农林大学和西南林业大学等农林行业高校。加上北京林业大学参会师生,共计200多人参会。北京林业大学党委王涛副书记,时任中国高等院校市场学研究会会长、北京大学光华管理学院符国群教授,时任北京林业大学经济管理学院党委书记温亚利教授出席了此次会议,参会嘉宾在学研大厦前合影留念。

参会嘉宾合影

开幕式中,符国群会长进行致辞,正式宣布"经学会常务理事会研究确定,成立绿色消费与绿色营销研究中心,以凝聚全国从事绿色消费与绿色营销研究的学者及业界专家,提升科学研究与教学管理水平,推动学科建设和人才培养"。同时,其对于绿色消费与绿色营销的未来研究提出了建议和期望,指出需要更多的营销学者以及跨学科的学者密切沟通、通力合作,共同推动研究不断深入。

随后,举行了"绿色消费与绿色营销研究中心"成立仪式。符国群会长、王建明教授与我一同为研究中心揭牌,并由符国群会长为研究中心组织机构成员颁发聘任证书。现场的 10 余位专家学者领取了聘任证书,成为研究中心的创始成员,大家笑逐颜开。绿色消费与绿色营销研究中心是隶属于学会的二级组织,在学会理事会领导下开展相关活动。

颁发聘任证书合影

3. 学术交流与会议总结

专题研讨会采用"一主二场"的模式进行,即设立 1 个主会场进行主题报告,并分别围绕"绿色营销"和"绿色消费"举行 2 场学术论文研讨。

主会场四个主题报告,由浙江财经大学王建明教授和湖南大学贺爱忠教授分别主持。第一位演讲嘉宾,对外经济贸易大学孙瑾教授,进行了"随不可比所欲还是随可比逐流:消费者对比决策行为研究"的主题演讲。我们学院一位国际贸易领域的教授,对演讲题目充满了兴趣,一直在揣摩,并专门参会听讲。第二位演讲嘉宾,吉林大学盛光华教授,演讲题目为"中国居民消费行为绿色化转型的内生驱动机制研究"。第三位演讲嘉宾,贵州财经大学佘升翔教授就"绿色消费行为溢出效应"进行了主题报告。第四位演讲嘉宾,北京林业大学李华晶教授进行了题为"绿色创业:市场机会开发新路径"的演讲。

分会场一的交流主题是"绿色营销"。南京大学邓利平教授、北京林业大学曹芳萍教授分别做上下半段的主持人，点评人包括大连大学关辉教授、济南大学廖显春教授和江苏大学孙华平副教授。湖南大学博士生王星欣、天津城建大学何继新教授、澳大利亚 Curtin University 博士生哈特（Hart）、吉林大学博士生龚思羽、北京林业大学彭茜老师、北京理工大学研究生刘爽、吉林大学博士生岳蓓蓓、华中农业大学研究生严奉枭进行了学术论文报告。

分会场二的交流主题是"绿色消费"。江西财经大学肖文海教授、湖北工业大学邵继红教授分别做上下半段的主持人，点评人包括湖南大学贺爱忠教授、中国矿业大学张明教授、中国科学院心理所孙彦副研究员和西安工程大学张正林副教授。浙江财经大学靳明教授、浙江财经大学研究生彭伟、北京理工大学研究生马亚萌、北京林业大学薛永基副教授、江西农业大学汪兴东副教授、中国矿业大学研究生史梦茜、吉林大学博士生林政男、江西农业大学研究生张轶之进行了学术论文报告。

分会场讨论结束后研讨会进入企业家论坛环节，中林森标（北京）林业科技有限公司副总经理戴明亮、北京能祺热能技术有限公司副总经理马理明做了相关报告。会议当晚还进行了"圆桌论坛"，来自 10 余所高校的学者代表们围绕"科研合作""学科发展""实践接轨"等议题进行了自由讨论，互相启发，交流热烈，直到 21：00 才意犹未尽地结束研讨。

会议总结在傍晚，绿色消费与绿色营销研究中心主任王建明教授指出，此次会议嘉宾代表们积极交流、探讨，互动启发，很好地完成了学术研讨会的使命，会议参会人数和会议质量都超过以往。最重要的是，此次会议成立了中国高等院校市场学研究会绿色消费与绿色营销研究中心，标志着专题研讨会从自发状态升级为有组织的有序状态，这都仰赖于学会领导和专家同行们的大力支持。

4. 结语

当满满一天充实而紧凑的研讨会议程结束后，参会嘉宾陆续返回住处或者返程，承办会议紧张不安的心终于踏实了。当晚月朗星稀，在返家的路上戴着耳机听歌曲《夜空中最亮的星》，一边走一边听，轻松又愉悦，逐渐产生了会议圆满结束后的一点成就感，想来确如建明教授所说，这成就感值得回味多年。

（陈　凯　中国高等院校市场学研究会常务理事、北京林业大学经济管理学院教授）

第四篇　不忘初心

一、智于变、慧于行

——举办中国高等院校市场学研究会2016年教学年会的回顾与感想

桂林理工大学　连　漪

引言

2024年是中国高等院校市场学研究会成立40周年,是中国高等院校所有从事营销学科教学和学术研究老师最值得庆祝的一件事。回眸学会40年的发展,中国的营销学者伴随中国的改革开放,在学会这个平台上贡献了自己的智慧,在研究商业经济和管理学的基础上更加关注市场营销学,到推动营销学科的建设,始终重视营销人才的培养,积极投身到中国市场经济的理论与实践研究中去,走出象牙塔,走进市场、走进企业,研究如何满足需求到激发欲望,发现问题,研究市场,从实践中来又回到实践中去,从学习、引进西方的现代营销理论和经验,到消化吸收,最后有机地运用到中国本土营销实践。再从中国企业的营销实践中提炼、挖掘出适合中国国情的营销理论与方法,丰富和创新中国市场营销的理论与实践,促进中国经济增长与发展,贡献了中国营销学者应有的力量。尤其是对营销专业人才的培养,早在学会成立之始的1984年,就聚焦于营销教学研究与探讨,当时学会名定为"全国高等财经院校、综合大学市场学教学研究会"。1985年民政部注册登记国家一级学会,更名为"中国高等财经院校、综合大学市场学教学研究会",而后在1987年哈尔滨会议将"中国高等财经院校、综合大学市场学教学研究会"通过修订学会章程,更名为"中国高等院校市场学研究会"至今。学会成立40年来一直重视营销教育研究交流,已有资料表明,2006年11月26日由中国高等院校市场学研究会、中国人民大学、华东理工大学、上海财经大学、西南交通大学联合主办,由华东理工大学承办"首届新兴市场的营销教育与国际研究论坛"。在这次论坛上举办了"科特勒《营销管理》教学研讨会",介绍第12版的新体系、新理论。研讨了科特勒《营销管理》教程的教学方法、教学问题、教学经验;2008年中央财经大学举办了"市场营销教学研讨会",2009年中南财经政法大学和高等教育出版社举办了"市场营销教学研讨会"。2013年5月18、19日,由华东理工大学承办"管理学和营销学的人类学应用国际研讨会"。而正式将教学年会独立出来,每年连续举办则是从中国高等院校市场学研究会第10届理事会选出新一届学会领导班子开始,由符国群会长倡导与推进开始的。

一、智于变、慧于行——举办中国高等院校市场学研究会2016年教学年会的回顾与感想

1. 开启教学年会的新篇章

2016年10月15日是个值得纪念的日子,由中国高等院校市场学研究会主办,桂林理工大学管理学院和高等教育出版社共同承办的中国高等院校市场学研究会教学年会这一天在桂林理工大学隆重举行。这次年会的主题是"数字时代的营销教学创新——在线开放课程建设与学科发展",来自全国各地百余所高校的170多名代表,与多位营销领域的专家学者齐聚桂林,进行深入的研讨和交流。这次年会开启了营销教学研究的新篇章,自此中国高等院校市场学研究会将教学年会独立出来,每年与学术年会分开举办一次,为国内开设了市场营销专业的高等院校的老师提供一个更广泛、更深入和更多维的高水平教学研究交流平台,搭建了营销学科与管理类相关学科交流学习、业界互动的桥梁,极大地推动中国高校市场营销专业的建设与发展。截至2023年12月,已连续举办8届,每一届教学年会的主题鲜明(如表2所示),与时代脉动,密切关注国家对高等教育发展的政策引领和对人才培养的指导与要求,邀请专家学者解读教育部的文件精神并努力践行,成为洞察营销学科教育研究动态与引领指导的窗口,驱动市场营销专业建设和营销专业人才培养的赋能平台。如今中国高等院校市场学研究会年度教学年会已成为各省、区、市有关院校积极争取"申办"的高水平教学年会。

表2 2016—2023年中国高等院校市场学研究会教学年会主题

时间	教学年会主题	举办高校	地点
2016年10月	数字时代的营销教学创新——在线开放课程建设与学科发展	桂林理工大学	桂林
2017年12月	数字时代的营销教学创新——案例教学、课程设计与教材升级	华中农业大学	武汉
2018年11月	"互联网+"时代的营销教学与创新	南昌大学	南昌
2019年11月	新时代·新营销·新商科·新金课	汕头大学	汕头
2020年12月	后疫情下市场营销教学:产教融合与实践转型	中南财经政法大学	武汉
2021年10月	大数据时代的营销人才培养:融合、创新与发展	中央财经大学	北京
2022年12月	数字化营销人才培养:新教改、新形态、新模式	海南大学	海口
2023年12月	高质量发展背景下营销人才培养与学科建设	深圳大学	深圳

2. 值得记忆的教学年会

2016年10月在桂林举办这届教学年会是值得记忆的。在这届教学年会开幕会上,符国群会长在致辞中,明确提出在继续举办好学会学术年会的基础上,今后学会将花大力气做好教学年会工作,通过中国高等院校市场学研究会这个平台,聚集国内的营销学者,甚至包括国外的华人学者,积极推进营销专业的教学研究工作,促进中国本土营销人才的培养,让国内更多从事营销专业教学的老师能够在一起交流学习,共同研讨,共同促进中国营销专业的建设与人才的培养,使学会更有活力,高质量实现学会的宗旨。秉承这一理念,学会在接下来八年中一年一次地举

办了教学年会。时至今日,教学年会已成为中国高等院校市场学研究会有影响力的年会。特别感谢中国高等院校市场学研究会将连续举办教学年会后承办第一届的机会给了桂林理工大学。

  这次教学年会的承办对桂林理工大学来说是一次难得的机会,也具有一定的挑战。由于教学年会确定的时间较短,预留时间不到 3 个月,面临三大挑战,一是年会主题内容的规划,如何找到营销教育与教学的痛点和痒点,使参会老师有收获,为今后年会续办开启一个良好的开端;二是专家学者的邀请,他们也都有教学、科研任务,更为关键的是他们的教学研究成果是否符合这次年会的主题等;三是如何吸引更多老师报名参会,老师们都有教学科研任务,是否有空参加等。在符国群会长、彭泗清秘书长,钟育赣副会长等几位学会领导的鼎力支持和领导下,同时也得到高等教育出版社经管分社童宁高级策划编辑的支持,充分发挥中国高等院校市场学研究会资源网络的优势和号召力,在全国开设市场营销专业的高校中寻找专家学者,借助学会平台,充分发挥学会会员单位的力量,快速寻找在营销教学创新、课程建设和专业建设方面贡献力量的营销专家学者,邀请他们来分享研究的成果。尽最大努力邀请到既要符合教学年会的主题,又要能与专家学者在时间上匹配,还要符合学会举办教学年会的宗旨,满足以教学为主的应用型人才培养院校需求。在找寻中还是遇到不少困难,会议举办的日期渐渐逼近,快到"山重水尽疑无路"了,当时还是有点着急。学会将这次机会给桂林理工大学,是不能让学会失望的,同时新一届领导班子推出的教学年会,也要旗开得胜,不能让参会者失望。经多方寻访与沟通,最终柳暗花明,得到时任对外经济贸易大学国际商学院院长王永贵教授、南开大学商学院吴晓云教授、中央财经大学商学院学术委员会主任张云起教授、教育部高等教育出版社经济管理分社社长刘清田、中山大学王海忠教授、广东外语外贸大学钟育赣教授、上海交通大学奢侈品品牌研究中心主任李杰和桂林理工大学连漪教授等老师的积极响应和大力支持,按照教学年会主题要求设计好年会分享交流的内容,同时钟育赣副会长凭借多年在学会工作中积累的人脉网络,发动学会会员提交与年会交流主题吻合的专题,申报营销课程、专业建设及人才培养等方面的论文参评,最终圆满实现这次教学年会预定的目标。

3. 教学年会应该带来什么?

  承办这次教学年会,首先考虑到的就是如何规划好教学年会主题内容与专题报告,让参会的老师有收获,让专家学者的研究成果能够充分交流,这次教学年会在主题报告与专题报告环节,对内容与时间进行精心设计。在学会领导的指导下,反复征求学会的专家学者的意见和邀请专家学者,最后按照一堂课程的教学要求进行预设,确保有充分的时间让主讲者能够全面讲清楚内容,参会的老师能够听到一个完整的主题与专题内容。第一阶段的主题报告,分别由时任对外经济贸易大学国际商学院院长王永贵做的题为《营销学科的发展:过去、现在和未来》的报告,南开大学商学院吴晓云教授做的题为《市场营销学科建设体会与经验分享——改革、创新、服务企业、培养公允公能的营销精英》的报告;第二阶段,由中央财经大学商学院学术委员会主任张云起教授以《市场营销在线开放课程建设经验分享与教学体会》为题、教育部高等教育出版社经济管理分社社长刘清田以《课程进化史与"十三五"课程建设趋势》为题做了主题演讲。

在专题报告环节,聚焦如何上好一门市场营销学案例课程,广大的普通高等院校的市场营销专业如何培养应用人才,路在何方?如何在一门课程的教学改革与创新等方面开展交流与分享?分别由中山大学王海忠教授示范讲解"市场营销案例教学创新"、广东外语外贸大学钟育赣教授做了题为《市场营销专业人才培养与教学创新——应用型高校为例》的报告、桂林理工大学连漪教授分享"产学互动的市场营销学案例教学与能力培养——以桂林理工大学营销专业人才培养为例"、上海交通大学奢侈品品牌研究中心李杰主任分享了"《品牌审美与管理》课程教学改革与创新"专题。

这次教学年会还设立了四个分论坛,围绕"开放课程建设与新兴教学方式研究""学生核心能力与人才培养模式研究""互联网、新课程与立体化教材开发研究""案例教学与其他教学问题研究"等开展了充分的交流分享活动。点评专家普遍认为,这次教学年会交流的内容丰富,提出了营销学科建设中值得研究的前沿问题,发言的专家学者关于市场营销学科建设与实践的见解,对于产学研相结合的人才培养模式,是未来应用型人才培养的重要方向,为各高校市场营销教学和研究提供了新的思路与借鉴。

此外,这次教学年会还开展了优秀教学论文的评选,虽然本次投稿只有26篇,但评审过程是严格遵守规则的,钟育赣副会长非常认真地组织了学会12位教学委员会的专家进行了匿名评审,所有被评审论文删除有关作者信息、编号,分别发给各位评委。将评审意见收回以后,将各位专家的评审表隐去专家信息、编号,请会务组老师算出结果,为了慎重起见,用了简单平均法(5位专家打分)和去极值法(去除最高分、最低分各1个),最后提交学会教学委员会进行终审,对不属于教学研究的论文进行了排除,最后按得分高低,评出二等奖2个,三等奖4个,一等奖空缺。最后颁发证书与奖金,其中1名三等奖获得者没有参会,按照规则取消获奖资格也不能递补,形成了一个的规矩。

如今的教学年会内容在不断地丰富与完善,在中国营销学者的共同努力下,与时俱进,在变动中完善,极大地推动了营销学科的教学研究。如2023年由深圳大学举办的教学年会已设计出六大板块内容:①营销师资培训;②主题分享、学科发展论坛和平行分论坛;③优秀教学论文评奖与交流;④优秀教学成果评奖与展示;⑤教学案例开发与教学方法交流;⑥优秀企业营销实务研讨等。

后记

据不完全统计,目前我国共有700余所高校开设市场营销专业,除了少数高校开展学术研究人才培养外,绝大多数地方院校都是应用型人才的培养,服务地方经济建设,不断完善与丰富教学年会的内容,吸引更多高校营销学者参加教学年会,共同推进中国营销学科的建设与发展,唯有中国高等院校市场学研究会最合适。

中国高等院校市场学研究会教学年会密切关注中国高等教育发展政策走向和学科发展的动向,每年邀请的教育部教指委专家学者解读工商管理及营销学科的发展趋势,在国家一流课程建设和国家一流专业建设方面取得成效的专家学者分享交流,对营销学科的教育研究与探讨具有很好的指导和引领作用,更有助于地方院校如何做好市场营销专业的建设,找准定位,形成特色。

借此机会特别感谢一路走来支持、帮助桂林理工大学商学院营销专业建设的学会领导和各位专家学者,有你们的牵引,让我们前进有了方向和目标。中国的营销学科因你们而出彩,坚信中国高等院校市场学研究会在一代代学会领导和中国营销学者大爱无疆、做负责任研究的推动下,中国本土营销一定会有更加美好灿烂的明天。

(连 漪 中国高等院校市场学研究会副会长、桂林理工大学前院长)

二、我与中国高等院校市场学研究会

——2017年承办教学年会的回首感悟

华中农业大学　青平

2024年是中国高等院校市场学研究会成立40周年,学会将举行一系列的庆祝纪念活动,回顾自己参会和办会的经历,我脑海里浮现了一幕幕往事,感慨良多。

一个偶然的机会,我抱着学习的初衷,报名参加了中国高等院校市场学研究会年会,立刻被学会纯粹的治学理念和浓厚的学术氛围所深深吸引。我在长期参会的过程中学习成长,与学会结下了不解之缘。有幸结识了学会领导、学界同仁,学到了先进的市场营销理论和研究方法,让我个人的学术道路受益良多。每届的学术年会、教学年会,我都会带领团队中的青年教师和研究生前往参会学习。不论是大会特邀嘉宾的主题演讲,还是分论坛的论文报告,我都听得津津有味,并把精彩的学术PPT拍照回来进一步琢磨和研究。每届会议的参会胸牌我都珍藏起来,会议手册我也专门保存起来,时常翻一翻,温故而知新。在时任会长符国群教授、副会长景奉杰教授的关心、指导和帮助下,我逐渐萌生申报承办教学年会的想法。

承办中国高等院校市场学研究会教学年会,对于华中农业大学是一项荣誉,创造了两项第一。在全国农业高校中,华中农业大学是首个承办全国营销会议的农业特色高校;在武汉兄弟院校中,华中农业大学是首个举办全国营销教学年会的高校。我校的营销学科长期秉承"融入主流、彰显特色"的发展思路,将营销学科的通用理论方法与农业院校特色结合,闯出一条独特的学科发展和人才培养道路。长久以来,我们非常期盼能向学界同仁近距离地请教学习,同时希望能有机会展示我校师生的特色和风采。感谢学会领导和学界同仁的信任与支持,我们终于在2017年能够如愿承办教学年会。

我也深感承办教学年会的责任和压力,唯有事无巨细、事必躬亲才能不负学会重托。我反复向学会领导和有办会经验的兄弟院校请教,结合参会来宾的需求和学校节俭办会精神,全身心地投入筹备会议的组织策划之中。我向团队确立了为参会来宾全心全意服务的精神,并将自己定位于一个工作人员和服务者的身份,不断打磨筹备方案,反复演练会议流程,反复调试各项设备。为了最大限度保障来宾的住宿条件,我们包下了国际学术交流中心的房间,为此还多次引发了兄弟院系的抱怨。

2017年教学年会日程为12月8、9、10日,来自全国各地120余所高校的400余名嘉宾参会,营销领域专家学者齐聚武汉,围绕"数字时代的营销教学创新——案例教学、课程设计与教材升级"这一主题,共同探讨数字化时代背景下的营销教学变革与趋势,并展望"十三五"教学改革动向。12月8日,举办首届"案例教学师资培训班",邀请了案例研究与教学的4位名家讲授案例教学方法:中欧国际工商学院王高教授(《案例讨论中的引导与启发》)、南开大学商学院许晖教授(《走进现场:多主体视角下营销教学型案例的开发与应用》)、清华大学李飞教授(《营销定位点的选择与实现》)、复旦大学蒋青云教授(《案例教学中的"拼图"方法论》)。

  12月9日开幕式上,华中农业大学李崇光副校长介绍了华中农业大学市场营销专业的发展历程,并寄望与会嘉宾在学会的平台上加强交流合作,共同推动营销学科的发展。学会会长符国群教授介绍了学会良好的发展形势,介绍了新近成立的移动营销研究中心和筹备中的品牌研究中心,阐述了市场营销教学的重要性,强调了学会及所办年会是教学研究交流、分享与合作的平台,是为学术共同体服务的平台,是优秀学者展示自我的平台。武汉大学汪涛教授做了《以决策为导向的案例分析》的主题演讲,从案例与决策的特点入手,具体阐述了如何罗列分析事实、确定主要问题、发展备选方案、明确评估标准、确定最终决策的案例分析程序。我做了题为《建设一流,路在前方——一流经管(农经)学科建设的思考》的演讲,介绍了华中农业大学经济管理学院近年来取得的各项成就,提出了建成农林经济管理学科的"华中学派",从"四面八方""一个保障"入手,提出了建设一流经管学科的发展路径和保障措施。复旦大学蒋青云教授做了《让理想照亮现实:〈营销管理〉课程教学的设计问题》的主题演讲,从复旦大学建立管理营销体系的探索实践出发,讲述了如何创新市场营销教学方式从而更好地适应学生以及社会的需求,并分享了《营销管理》核心课程的内容设计、内容主线和教学方法。

华中农业大学经济管理学院青平教授进行主题演讲

  12月9日下午的三个分论坛上,以哈尔滨工程大学杨洪涛教授、华中科技大学戴鑫教授、江西财经大学谌飞龙教授、中南财经政法大学杜鹏教授为代表的专家展示了各具特色的市场营销专业培养模式和教学设计理念。在主题演讲和分论坛间隙,学会领导们不辞辛劳,见缝插针地组织了三场领导小组会议,分别是由复旦大学蒋青云教授负责的"案例研究中心成立会议"、广东外语外贸大学钟育赣教授负责的"教学委员会会议"和华东理工大学景奉杰教授负责的"大学生营销竞赛领导小组会议"。

案例研究中心成立会议

12月10日上午闭幕式上,北京大学彭泗清教授做了题为《共创案例教学五步法:从财经新闻到管理智慧》的演讲,将教学方法比作不同的烹饪鱼的方法,商学院的三种教学方式为理论学习(鱼松)、案例学习(要么做成罐头鱼,要么师生共同烹饪鱼)与行动学习(鲜鱼)。湖南大学朱国玮教授做了题为《移动互联网时代的课堂师生互动与交流》的演讲,介绍了如何应对新时代的课堂特点,阐述了如何应用"雨课堂"程序进行互动来提高教学效率。云南财经大学聂元昆教授做了题为《市场营销专业教学的实践性体验》的演讲,为市场营销专业教师的实践锻炼及如何提升营销专业的教学质量提供了思路与建议。华中科技大学常亚平教授做了题为《营销专业本科教育的出路研究:一个数字化转型的案例》的演讲,从营销专业面临的困境出发,结合华中科技大学营销专业本科教育的实践,从素质教育与技能教育两个层面阐述如何对营销专业进行改革。颁奖环节,会长符国群教授亲自为三篇获奖论文颁奖,分别是哈尔滨工程大学的杨洪涛教授的论文《基于顾客契合理论的〈市场营销学〉慕课翻转课堂教学设计与实践——从顾客契合到学生契合》,中南财经政法大学杜鹏教授的论文《MOOC对我国商学院的影响及对策研究》获得三等奖,湖北中医药大学程潇教授的论文《弹幕辅助课堂教学形式和效果实证研究——以某中医药大学管理专业课为例》。

通过承办教学年会,我有机会加深了与学界同仁的联系和沟通,有幸见识了学界的前沿标杆,同时也很荣幸能为学会尽一份力,为营销教学科研和人才培养提供交流的平台。值此中国高等院校市场学研究会成立40周年之际,衷心祝愿营销学界同仁能在学会的领导下、在广大会员单位的大力支持下,为我国市场学教育的进步、为提高我国市场学工作者的学术水平继续作出新的贡献。

(青 平 中国高等院校市场学研究会农产品营销专业委员会主任,华中农业大学教授、副校长)

三、流云致远　聚翮前行

上海工程技术大学　董晓松

我们这一代营销学者的成长离不开中国高等院校市场学研究会的支持与帮助！

2017年深秋，我在南昌大学工作，受时任南昌大学经济管理学院院长、现任南昌大学党委副书记、刘耀斌教授之委派，前往武汉，向符国群教授等学会领导汇报承办研究会下一年之教学年会的事宜。

研究会专门开辟一个申请答辩环节，主管领导和各申请单位齐集一堂，推动此轮申办工作。符国群会长询问我校的条件是否可以满足大会数百位教师的交流、休息、用餐等需求。此外，其他专家提出交通和会期等具体问题。我们提出占地4 300余亩（1亩≈666.7平方米）的南昌大学前湖校区和占地12万平方米的江西省委滨江宾馆两个方案，供研究会审议选定。最终，在研究会领导的支持与指导下，在学界同仁的认可下，决定将下届会议放在南昌举办。

经过一年的紧张筹措，"中国高等院校市场学研究会教学年会暨第二届市场营销专业师资培训班"如期于2018年11月10日在滨江宾馆举办（图1）。开幕式由中国高等院校市场学研究会副会长、广东外语外贸大学钟育赣教授主持，南昌大学党委副书记黄恩华，中国高等院校市场学研究会会长、北京大学光华管理学院符国群教授等致辞。

开幕式留影

符国群会长介绍了近年来中国高等院校市场学研究会发展形势，他表示市场营销教学十分重要，研究会及所办年会是教学研究交流、分享与合作的平台，是为学术共同体服务、解决学科教学面临问题的互通平台。此外，符国群教授着重谈及三点：一是广大学者建设学会的使命，社会的和谐需要有强大的社会力量，建设学会本身是很神圣的事情，我们在力所能及的范围内，参与学会未来的建设，把学会办得越来越好；二是学会的定位，服务于全国从事市场营销教学与研究的学者、学生、企业界人士和热衷于支持营销学科建设的非学术界人士，根本目的是促进学会更好服务于我国营销学者这一群体；三是学会未来工作重点，学会作为一个大型专业化平台，未来的工作重点是规范化建设和增进活动吸引力。

本次大会以"'互联网＋'时代的营销教学与创新"为主题。大会主题演讲第一阶段由华东理工大学景奉杰教授主持。教育部高等学校工商管理类专业教学指导委员会副主任委员、华中科技大学田志龙教授做了题为《教学质量国家标准与营销专业教学质量提升》的演讲。田志龙教授指出教育部未来几年加强本科教育工作的五项措施，讲解了教育部制定教学质量国家标准的原因及要求，并强调各高校要结合自身的办学定位与特色建立教学质量标准和规范。随后，江西财经大学国际学院院长杨慧教授做了题为《以生为本，精准育人——构建江财"一训两段三模块"的营销人才培养模式》的报告；上海财经大学叶巍岭副教授以《以学习者为中心探索市场营销课程的改革》为题展开了演讲；华侨大学杨洪涛教授就《如何达到营销慕课翻转课堂的"学生契合"？——全国三大慕课平台的教学实践分享》发表演讲。

主题演讲第二阶段由南昌大学经济管理学院董晓松教授主持。桂林理工大学商学院院长连漪教授做了题为《基于应用创新能力培养的地方高校市场营销本科专业建设探索与实践》的演讲；中央财经大学商学院市场营销系副主任李季副教授以大数据营销的实践做法和成果为主要内容，做了《大数据时代的营销变革与大数据营销专业建设实践》的演讲；广西财经学院工商管理学院副院长罗胜教授围绕"资源短缺背景下的商学教育创新"这一主题做了报告。

主题演讲第三阶段由复旦大学管理学院市场营销系主任蒋青云教授主持。南昌大学经济管理学院徐志副教授围绕案例教学方法做了题为《大学市场营销学科的案例教学》的演讲。湖南大学工商管理学院彭璐珞助理教授围绕"'唯教学半'——一位新手老师的教学进阶体会"的主题展开演讲。复旦大学管理学院市场营销系副系主任金立印教授从不一样的角度切入《实验课堂与课堂实验：研究如何驱动教学？》的演讲。

大会还分别以营销教学理论、营销教学实践、营销教学技术为主题，设立了三个教学分论坛,来自北京大学、复旦大学、香港中文大学、华中科技大学、中央财经大学、暨南大学等100所高校的200余名专家学者围绕年会主题进行了深入交流探讨。会前,还举办了师资培训班,对与会人员进行了培训。

闭幕式由南昌大学经济管理学院副院长郭朝晖教授主持。符国群教授、钟育赣教授、景奉杰教授和蒋青云教授为获奖论文作者颁奖(图2)。华东交通大学冷雄辉《基于价值共创理论的市场营销专业人才培养模式研究:以华东交通大学为例》,山东工商学院廖佳丽《移动网络助力大学教学的实践探索——基于〈消费者行为学〉》,湖北中医药大学程潇、黄正正的《"弹幕"辅助课堂教学对学生学习倦怠的影响研究:班级氛围的中介作用》,武昌首义学院李林、陈琴弦的《经管类本科生参与学科竞赛的实践与思考——基于2010—2018年湖北省大学生营销策划挑战赛的总结分析》,汕头大学郭功星、曾宪扬的《创业教育视角下市场营销学教学改革探索》,大连大学王燕妮、关辉的《"互联网＋"背景下〈广告学〉课堂辩论赛教学法分析》等成果获奖。

学会领导为获奖代表颁奖

颁奖仪式后,南昌大学经济管理学院院长刘耀彬教授致辞,他介绍了南昌大学经济管理学院的办学现状与学科规划,并以"时、势、情"三个字总结了本次大会,最后刘耀彬教授展望下一届教学年会,希望利用学会的影响力创造出具有学术性和教育性的教学方式。随后,中国高等院校市场学研究会副会长、广东外语外贸大学钟育赣教授致闭幕词。钟育赣教授总结了本届教学年会的进程,肯定了大会取得的成果,并借江西在中国历史上发挥的重要作用祝愿中国高等院校市场学研究会取得新的发展,迈向新的高度。在南昌大学经济管理学院院长刘耀彬教授将会旗交接给下一届年会承办单位汕头大学代表后,本次中国高等院校市场学研究会教学年会落下帷幕。

与会人员对会场印象深刻。该宾馆在20世纪五六十年代曾接待过毛泽东、周恩来、朱德、董必武、陈毅、贺龙等老一辈无产阶级革命家。改革开放以来,又先后接待了江泽民、李鹏、朱镕基、胡锦涛、温家宝、习近平、李克强等多位党和国家领导人,并圆满完成了诸多重要会议的接待服务工作。宾馆院内,樟木成林,松柏成荫,香竹飘逸,桂树流韵。一块块绿色草地铺垫装点着鸟语花香的庭院,一幢幢风格各异的馆舍楼台掩映在这片绿荫花影之中。可谓登临楼台,能览水天一色的壮美景色;信步庭院,犹如置身霞飞鸟鸣的画卷之中。

时光就像孩童手中打磨的彩色玻璃,回想时已不可替代地定格在生命的窗格中。中国高等院校市场学研究会陪伴我们营销学人走过春夏秋冬,数十年如一日地为我国的营销教研活动提供多姿的舞台,为广大营销学者提供交流的平台。一代又一代营销学人聚集在研究会中,汲取知识、开阔视野。作为营销人由衷感谢研究会,以及为研究会发展不断付出的诸位前辈师长!

(董晓松　中国高等院校市场学研究会常务理事、南昌大学经济管理学院前副院长、上海工程技术大学教授)

四、汕头大学与 CMAU 的美好邂逅

——2019 年教学年会侧记

汕头大学　郭功星

说起汕头大学与 CMAU 之间的缘分，无法绕过的一个重要事件，就是 2019 年 11 月 16—18 日，在汕头大学举办的"中国高等院校市场学研究会 2019 教学年会暨营销学科发展高峰论坛"（为叙述方便，后简称"2019 年教学年会"）。我作为汕头大学商学院的一员，也是本次大会的协调人，有幸亲身经历并深切感受这一"高光时刻"的全过程，虽然转眼间已经过去近 4 年时光，但每每想到此，心里总是泛起阵阵涟漪。

1. 缘起

2018 年 10 月 17 日，时任[1]学会副会长的景奉杰教授受邀来汕头大学做学术报告，其间和学院徐二明院长聊到了汕头大学商学院准备申报 2020 年学位点的事情，当时提到市场营销学科是否可以考虑在本次申报节点前承办一次由学会主办的全国性会议的事情，以助力学位点申请。综合考虑会议规模、办会场地与接待能力等多方面因素，当时初步确定尝试申请承办下一年度的教学年会。

于是，受学院领导委托，我便起草了一份《关于申办 2019 年中国高等院校市场学研究会教学年会的情况说明》，向会长符国群教授、副会长兼教学委员会主任钟育赣教授、副会长景奉杰教授等学会领导汇报了汕头大学商学院申请承办年会的愿望和设想，并分别就"学校及学院概况""学校及学院支持""办会条件"（包含住宿及餐饮条件、会场条件、交通条件）及"办会经验"等各方面进行了详细说明。

之后，于 2018 年 11 月 9—11 日在南昌大学经济管理学院举办"中国高等院校市场学研究会 2018 教学年会暨第二届市场营销专业师资培训班"期间，我和企业管理系主任曾宪扬老师一同向符国群会长、钟育赣副会长、景奉杰副会长、蒋青云副会长、连漪副会长、费显政副会长等学会领导[2]就承办下一年度教学年会的设想进行了现场汇报，并特别指出"申办 2019 年教学年会是 2020 年申请学位点的迫切需求"，如有荣幸获得承办权，将举全院之力办好大会。

---

[1]　本文涉及相关职务称呼，均为时任，考虑到叙述简洁性，后续将不再出现"时任"二字。

[2]　因当时自己是作为一个"小兵"参与本次申请说明会，内心颇为紧张，未能记住各位与会领导的详细信息，如今回忆起来可能存在出入或疏漏，特此致歉。

事实上，当时一同竞争2019年教学年会承办权的高校还有好几家（其中就包括中南财经政法大学这样令人尊敬的知名高校），可能是考虑到对地方高校的帮扶以及对学院申报学位点的迫切需求，学会最终决定将下届承办权交给汕头大学，这着实让我们既意外又惊喜。结果公布后，我们不仅对学会领导的信任和厚爱表达了真切感谢，也对中南财经政法大学等兄弟院校的高风亮节充满感激。当时，大会还第一次进行会旗交接仪式，我作为下届承办单位代表，上台接受会旗，真是倍感荣幸和骄傲！

本人代表学院接受会旗

当然，当初在南昌大学参会还有一个不得不提的"意外收获"，就是由我和曾宪扬老师提交的教学论文《创业教育视角下市场营销学教学改革探索》，不仅获得现场汇报的机会，还非常荣幸地获得了本届年会优秀论文三等奖。对于当时我这个从教不过三年的"青椒"而言，属实是"喜从天降"了！这份沉甸甸的奖励也是对我从教之路的莫大鼓舞和鞭策！

2. 筹办

在获得2019年教学年会的承办权后，我们便开始了紧锣密鼓的筹备工作。毫无疑问，学院是相当重视和支持的，但坦白说，这一筹备过程也是颇为艰辛的。由于当时学院的市场营销师资[①]较为缺乏，加上期间出现了教师流动等情况，在早期筹备阶段，真正参与具体工作的专任教师相对较少。当时自己作为学院的一名普通老师，便带着自己所指导的研究生一同开展前期的相关筹备工作。

现在想起来，当初所做的筹备工作还是不少的，包括和学会领导与秘书处保持

---

① 本处指获得市场营销专业博士学位并从事市场营销学科方向学术研究的师资。

沟通、邀请学会领导及演讲嘉宾、拟写会议预算、确定办会时间①、协调会议安排、协调会场及酒店、制作会议手册、拟写和发布会议通知、会议注册与缴费、论文投稿与评选、志愿者招募与培训等。当然，虽然说一些前期工作主要是自己在做，但并不是一直都在孤军奋战，随着筹备工作的加紧推进，学会领导及秘书处、学院其他专任教师与行政团队以及部分研究生和本科生同学，都给予巨大的支持和帮助，让整个筹备工作有条不紊地向前推进。

印象特别深刻的一件小事情是，在会议开始前的一段时间，考虑到会议报名人数很可能超过学校内部的学术交流楼（AH）的住宿接待能力，但学院地处郊区，周围并没有接待能力较大且通勤便捷的酒店，于是我便和几位同事沟通了应对方案，决定去离学校附近的几个规模较大的酒店实地考察。经过一番了解和沟通后，综合住宿条件、客房数量及交通便利性等因素，最终选定了离学校约4.5千米的一个城市便捷酒店作为大会备选酒店。让我颇为"自豪"的是，当初自己只身一人，带着办会的一些资料，前往酒店与前台及管理层进行"谈判"，要到了一个比较优惠的会议价，比校内酒店还便宜不少。会议期间，我们专门安排了酒店到会场的会议用车及随车志愿者等，有效保障了校外嘉宾与会期间的通勤工作。

另外，在进行会议筹备期间，考虑到汕头的地域特点及学校在市场营销学科圈内的知名度有限，我们对参会人数还是不够自信，于是"绞尽脑汁"地想办法进行会议宣传，以吸引更多的老师参会。在发布常规性的会议邀请函（网页与邮件形式）之外，我们还"大费周折"地制作了一系列宣传海报（包括海报版邀请函、教学年会之师资培训班、教学年会之学科负责人联席会议、教学年会之青年教师成长、教学年会之组织服务团队等），以更加简单、直观的方式在朋友圈及微信群进行传播，便利感兴趣的老师报名参会。特别地，我们还别出心裁地制作了一张"椰树风"海报，当时一经发布，还真是受到不少老师的关注和点赞。后面的事实证明，我们所做的筹办与宣传工作是有成效的，参会老师的人数及所覆盖高校数量都是令人满意的。

---

① 关于办会时间，还有一些小故事值得分享。当初在确定由汕头大学商学院承办2019年教学年会后，学会副会长兼教学委员会主任钟育赣教授建议把会议提前到2019年上半年来办（当初建议时间为2019年5月17—20日），以避开年底会议高峰期。但后续我们在向学校的会议报备中，学校建议我们在国庆假期后举办，时间更为宽裕，后经过学会领导商议，把开会时间延后到2019年11月15—18日。在开会时间延后后，会议的筹备工作就暂停了一段时间。此后，2019年7月26—28日在中南大学商学院举办的"2019年中国高等院校市场学研究会学术年会暨博士生论坛"中，学会领导班子进行了换届工作，教学委员会主任由景奉杰副会长担任，此后我们就一直和景奉杰教授保持沟通，在景奉杰副会长的指导下开展各项筹备工作。特别需要说明的是，景教授表示，这是学会新一届领导班子的第一次大会，希望我们能办出特色、办出风格。这给予了我们巨大鼓舞！

3. 举办[①]

在符国群会长、汪涛常务副会长、景奉杰副会长和钟育赣顾问[②]等领导的大力支持和亲切指导下，2019 年 11 月 16 日，"中国高等院校市场学研究会 2019 教学年会暨营销学科发展高峰论坛"正式在汕头大学桑浦山校区拉开序幕，首先举办师资培训班（16 日），接着是教学年会开幕式与大会报告（17 日），最后是大会报告与教学年会闭幕式（18 日）。本次会议得到教育部高等学校工商管理类专业教学指导委员会大力支持，以"新时代·新营销·新商科·新金课"为主题，来自北京大学、复旦大学、中山大学、武汉大学、加拿大曼尼托巴大学等 130 多家国内外高校的 250 多名市场营销领域的资深学者与青年教师参加会议，高朋满座，共襄盛会。

本次年会大合影（汕头大学科报厅前）

本次大会嘉宾阵容可谓豪华，有顾问 7 人（符国群会长、汪涛常务副会长、孙国辉副会长、彭泗清秘书长、钟育赣顾问、王永贵副会长、田志龙副主任委员[③]）；程序委员会主席为副会长兼教学委员会主任景奉杰教授，联合主席为汕头大学商学院院长徐二明教授，委员有来自全国各兄弟院校的知名学者 70 余位；论文评审委员会主席为蒋青云副会长，副主席为费鸿萍副秘书长和汕头大学商学院卜祥智副院长，评审会委员则由付晓蓉、李宝库、卢长宝、牛琦彬、牛全保、舒成利、滕乐法、王

---

① 为最大限度记录和还原历史场景，以备后来者参阅，本文主要参考当初发布的《会议手册》，并结合本人作为会议协调人全过程参与本次大会的经历而形成文稿。但因已过去近四年时光，本人记忆难免有所偏差，如有疏漏或不妥之处，还请正正、批评。
② 2019 年学会换届后，钟育赣教授卸任副会长，担任中国高等院校市场学研究会顾问委员会主任。
③ 除特别说明，本文中涉及姓名及称谓时，均按照在《会议手册》的出现顺序及相关内容列出，不代表任何主次轻重，亦无任何厚此薄彼，如有不妥之处，敬请海涵。

旭、杨智、张鸿、张云起等 11 位知名学者组成。到会担任演讲或主持嘉宾的学会领导还有连漪副会长、费显政副会长、孙国辉副会长、王海忠副会长等。

  本次大会在内容和形式上也与时俱进地进行了创新。在报到现场，我们设置了一个别具一格的"微博版"现场拍照框，方便参会嘉宾定格美好瞬间，留下美好记忆。

  在参照往年举办师资培训班与教学年会（含教学年会开幕式与大会报告、平行论坛、大会报告与闭幕式等）的同时，本次大会新增了营销学科发展高峰论坛，分别安排了中国营销学科负责人联席会议、大数据营销专场和青年教师成长专场两个专题分论坛，以更好满足与会嘉宾的多样化参会需求。在本次大会举办期间，还专门召开了学会领导工作扩大会议。

  本次大会各论坛均邀请领域内的权威专家进行现场指导。师资培训班由景奉杰教授致开班词，演讲嘉宾有庄贵军教授、彭泗清教授、万方教授、景奉杰教授，主持人有蒋青云教授、连漪教授、费显政教授。

师资培训班大合影（汕头大学图书馆前）

  教学年会开幕式由景奉杰教授主持，汕头大学执行校长王泉院士和符国群会长分别致辞；大会演讲嘉宾有田志龙教授、孙国辉教授、王海忠教授、何佳讯教授、陈章旺教授、张云起教授、王永贵教授，主持人有蒋青云教授、聂元昆教授、彭泗清教授、钟育赣教授；闭幕式由汪涛教授主持，首先由论文评审委员会副主席费鸿萍主持颁发优秀论文奖项,接着汕头大学商学院徐二明院长致辞,最后进行教学年会承办单位交接仪式,在景奉杰副会长主持下,会旗由徐二明院长交接给下一届承办单位——中南财经政法大学的杜鹏副教授手中。

中国营销学科负责人联席会议在"规模控制,全员参与,重点发言,深度互动"的原则下,邀请了杜鹏、牛全保、陈昀、李胜、聂元昆、谢佩洪、董晓松、费鸿萍等八位嘉宾作为重点发言人,会议主持人分别由韦福祥教授、杨慧教授担任。大数据营销专场的演讲嘉宾有李季(协调人)、孙琦、张莎、孙鲁平、吴邦刚、崔大鹏、姚凯等七位在大数据方面具有独到心得或从业经验的专家;青年教师成长专场的演讲嘉宾有徐倩(协调人)、张可、陈瑞、张蕾等四位青年才俊,围绕"青年教师如何理想成长"这一主题展开了热烈交流与讨论。

中国营销学科负责人联席会议合影

总体而言,本次大会围绕课程建设、案例教学、在线开放课程、一流专业建设、专业国家标准实施、大数据营销教学、青年教师成长等热点议题进行了深入的研讨和交流,取得了预期的成果,推动了市场营销学科的教学改革与创新,为我国新商科建设贡献智慧。特别地,本次会议基本上实现收支平衡,保障会议顺利进行,与会嘉宾表示满意。

4. 感悟

这次大会的顺利举办,不管对汕头大学商学院还是对我本人而言,都是一件非常重要的事情,不仅较大程度提升了汕头大学商学院在市场营销学科领域内的知名度和美誉度,完美契合商学院"扎本土、奔世界、创特色、争一流"的发展战略,而且对本人的学术成长与职业生涯产生了重要影响。

特别是在此次大会后的很多场合中,自己与同行们交流时,总是能够听到大家提到曾经在汕头大学办会的事情,无论是表示知悉此次会议(如"我知道你们办的这个会"),还是说曾经亲自参会(如"我当时就参加了你们的会"),抑或直接表达对会议的肯定(如"你们这个会办得很好"),或者表示曾经留下美好回忆(如"在汕头这几天是一段美好回忆")等(从个人感受来说,自己收到后两方面的反馈,着实是不少的），自己内心总是感到无比荣幸，甚至有那么点骄傲和自豪。

当现在的自己回忆过往时，不敢说这次大会是历届最成功的，但自己绝对可以问心无愧地说，对于承办本次大会，我们（本人及全体会议服务团队）绝对是百分之百用心的！比如，在每个会务酒店中，我们都安排了同事同住在酒店里，手机24小时随时待命，以备不时之需；又如，我们在与会嘉宾的名牌后都附上了会务组的详细联系方式，方便嘉宾有需要随时联系；又如，我们为每一位嘉宾都精心制作了实名的纪念牌，以留作纪念；又如，在会议手册中，我们不仅提供常规性的会务相关信息，还详细提供了交通出行与会场地图，此外还特别增加了三项内容：潮汕旅游图鉴、潮汕美食图鉴（含美食与周边便利店信息）及汕头天气提醒，最大限度为与会嘉宾提供全方面、无死角服务（会后，很多嘉宾表示感受到汕头大学"海底捞"式的360度服务）。

当然，在这次办会过程中，自己也意识到本人及本院市场营销学科发展中存在的一些问题。比如，自己在关注大局、协调各方及人际交往等方面还存在不足，学科方面则主要还是面临市场营销师资缺乏的问题。[①] 有一件小事情，我还记得很清晰，在会议期间的一个晚餐中，徐院长和与会嘉宾在一个房间中用餐，自己则在外面等候，以便在嘉宾用餐后安排回酒店休息。其间，景奉杰教授出来上洗手间，看到我在外面干等着，就建议我进来和大家一同用餐，也顺便聊聊天，但当时的自己内心还是很"怯场"的，赶忙说："不用，不用，我在这等着就好。"现在想起来，当时自己应该勇敢地进去，一方面可以锻炼自己的人际交往能力，另一方面可以现场聆听各位前辈的教诲，何乐而不为呢！

另外，本次大会我还有一个特别要提的小遗憾！就是在会议临近尾声的优秀论文奖项颁发环节，考虑到当天是周一（且只有半天会议议程），已有部分老师先行返回，自己担心颁奖环节，出现没人领奖的情况，于是便提前安排了一些志愿者在旁边等候，如果出现没人领奖时，便由志愿者上台代为领奖，会后再专程把证书寄给获奖嘉宾。但当时的自己，已经在高度紧张的会务统筹协调中坚持了好几天，特别是闭幕式前一晚临时将会场从较大容量的学校科报厅调整到容量适中的图书馆报告厅（也主要是考虑到闭幕式到场嘉宾人数会比先前减少这一情况），一直忙到深夜才回家休息。到闭幕式进行的时候，大脑已经处于有点"混沌"的状态了，加上当时看到来会场的人确实也不多，内心更加焦虑不安，唯恐大会进程不顺，无法完美收尾。于是便出现了令人"啼笑皆非"的一幕，当主持人宣布获奖名单后，颁奖嘉宾已经上台就位，等候获奖人上台领奖，自己一看到没人马上上台，就转向志愿者那边，示意他们上台代为领奖，但志愿者看到我在看他们，又以为我有其他安排，迟

[①] 幸运的是，经过本次大会后，随着汕头大学商学院在营销圈内的知名度提升，已有越来越多的青年才俊表达求职意愿，截至目前，已成功引进了多位专业师资（如2020年入职的蔡创能老师、2023年入职的李梦琳老师和雷希老师）。"孤军奋战"的情况已经一去不复返了！

疑着不敢直接上去，我见状，内心焦虑感又直线提升，为不耽误时间，于是我自己便"挺身而出"，径直上台代为领奖。结果当天不在现场的获奖嘉宾还真不少，导致我多次上台领奖，在摄影师的相机中频频露脸，如果是"不明真相"的人看到，还纳闷怎么老给自己颁奖呢？哈哈！现在想起来，真是颇为有趣！

后记1："疫情前的最后一次现场大会"

在本次大会办完不久，便出现了突如其来的新冠肺炎疫情，此后的学术会议亦纷纷"转战"线上，多以纯线上或线上线下相结合的形式进行，让汕大教学年会成为市场营销学科"疫情前的最后一次现场大会"，这也让当初在汕头参会期间人来人往、熙熙攘攘、热火朝天的场景变得愈加弥足珍贵。好在，经过数年"抗疫"，疫情阴影最终消散，世界重回美好！CAMU在变好，汕头大学在变好，一切都正在变好！特别地，汕头大学商学院于今年九月份正式进驻全新的汕头大学东海岸校区，站在新的历史起点，我们憧憬着更加美好的明天！

后记2：再续前缘

时光荏苒，岁月如梭。时间的指针快速拨到2023年7月22日，汕头大学与CMAU再续前缘！

当天，由汕头大学承办的第二届CMAU全国大学生市场研究与商业策划大赛（简称"市策大赛"）南部赛区决赛在汕头大学桑浦山校区鸣金开赛，来自河南、湖北、湖南、广东、广西和海南六省区的50支参赛队伍（含直通分区赛）成功突围进入南部赛区决赛答辩。在我校赛事组委会的精心筹备和精心安排下，赛事服务志愿者分工明确，各司其职，竞赛现场秩序井然，两个小组的竞赛工作进展有条不紊，经过一整天的激烈比拼，全部竞赛工作圆满完成。综合校赛、分赛区决赛等表现情况，共有41支队伍获得南部赛区决赛三等奖，31支队伍获得南部赛区决赛二等奖，19支队伍荣获南部赛区决赛一等奖并成功晋级全国总决赛。

本次赛区决赛工作同样得到了学会领导和领域内权威专家的大力支持与亲切指导，受邀出席开幕式并参与赛事评审工作的嘉宾包括汕头大学副校长胡忠教授、中国高等院校市场学研究会执委会CEO兼市策大赛执委会主任景奉杰教授、中国高等院校市场学研究会副会长兼市策大赛南部赛区主任王海忠教授、福州大学卢长宝教授、深圳大学周志民教授、兰州大学柳武妹教授、上海工程技术大学董晓松教授、西南交通大学蒋玉石教授、华侨大学周飞教授、华东理工大学杨艳副教授、南京大学初星宇副教授、汕头市潮庭食品股份有限公司顾问方朝武先生、汕头市晶华食品有限公司总经理梁少忠先生及营销总监黄俊杰先生等。商学院对本次赛事组织工作高度重视，在邹志波书记和梁强院长全力支持下，本人与蔡创能老师、蔡菁老师及多位志愿者同学全程参与本次赛事的筹备与组织工作，高质量完成各项任务。

写在最后

事实上,除了前述提及的2019年教学年会与2023年市策大赛之外,汕头大学与CMAU的缘分还有很多,比如本人及同事曾多次参与学会主办的会议等活动、多位学会领导分别受邀亲临汕头大学指导等。限于篇幅限制,憾难一一详述。

无论如何,我坚信,汕头大学现作为常务理事单位,与CMAU缘分还将继续,直到很远……

(郭功星　中国高等院校市场学研究会理事、汕头大学商学院副院长)

五、学会大先生和中国营销教材建设的缘与情

高等教育出版社　童　宁

　　与中国高等院校市场学研究会几位老先生的相识始于2004年,当时我负责高等教育出版社市场营销专业教材的编辑出版工作。千年之交正是中国高等教育改革大潮方兴未艾之时,当时的国家教委实施了"高等教育面向21世纪教学内容和课程体系改革计划",组织编写了一大批代表当时国内最高或较高水平的高校统编教材。也正是这批教材,架起了我和学会几位老先生相识、相知的友谊桥梁。

　　2004年,为了更深入地推动教学改革,教育部组织了一系列的师资培训。市场营销专业的培训工作在那一年委托给高等教育出版社和云南财经大学承办。之所以让这两个单位承办,是因为当时的国家统编教材《市场营销学》的出版单位是高等教育出版社,而主编所在单位是云南财经大学。培训的时间是暑期,培训地点也就选在了昆明。下飞机后我来到了培训统一入住的酒店大堂,给本书的主编吴健安先生打电话,向他报到。电话里,吴先生热情地说:"童宁同志来了!你在大堂等我,我马上过来。"只过了三五分钟,一位身着西服的老人,精神矍铄,快步走过来和我握手,这就是吴健安先生。原来吴先生一整天都在酒店等待每一位抵昆讲课的专家,当时吴老师已经74岁了,曾经担任过云南财经大学的校长,同时仍然兼任学会的副会长。这个年龄,这个身份,为这点接待的事,在酒店守候了一整天,着实令我感动,体现了一个老者的诚意和热情。这是我对吴老师的第一印象。

　　后来的几天,一共有10位营销学专家给来自全国的300多位老师进行了培训,这些营销专家从年龄上来说都是吴老师的晚辈,但是每位专家在离开昆明前的空余时间,吴老师都会亲自过问、安排,有些甚至极具个性化。比如,某位专家和云南财经大学的某位教授是老同学,吴老师则会把他们约在一起聚餐,共叙友情。即便对来参加培训的普通老师,吴老师也体现出了极其谦逊的品格。在之后近20年的相处中,吴老师的这种谦逊、周到始终如一,我想这也正是吴老师能够在营销学界具有人望的原因之一。

　　说起吴老师,不得不说由他主编、我社出版的国家统编教材《市场营销学》。该书是在当时的国家教委实施"高等教育面向21世纪教学内容和课程体系改革计划"的背景下,由教育部(1998年国家教委更名教育部)组织编写的。该书被定位为工商管理类专业的核心课程教材。吴老师虽然任该书主编,但是副主编、其他参编人员都由教育部决定人选。这些人员有的吴老师熟悉,有的不熟悉。如何把这

些人团结起来,组成一个班子,完成教育部交给的任务,为全国高校师生编写一本普遍适用的教科书,是任何主编都必须面临的一个问题。吴老师以他的谦逊、宽容、严谨、幽默,很好地化解了这个难题,把来自天南海北的作者组织了起来。大家为这本书合作共事了20年,结下了深厚的友谊。这本教材也以它的高质量,赢得了广大高校师生的认可和采用,年销量最高的时候有二十几万册,成为一个时代培养营销人才的经典之作。吴老师及其团队的敬业精神也在这本书的编写、修订过程中得到了充分的体现。每一版的修订,我们都要召开编写会,经常是封闭在一个宾馆中,大家相互审稿,互提意见。为一个定义如何措辞,一个知识点如何安排,反复研讨、推敲的情况屡见不鲜,这在其他教材的编写中是不常见的。正是吴老师和编写组一众专家的严谨和对读者的责任心造就了这本经典的教材。我想这种治学治教的态度值得后来者学习。

学会另外一位令我敬仰的先生是武汉大学的甘碧群教授。甘碧群教授青年时代曾经求学于武汉大学和中国人民大学,后来又于20世纪80年代初到法国研修,是我国最早接触市场营销学、研究市场营销学的学者之一,是我国最早的市场营销学博士生导师。她培养的弟子遍布大江南北,如今很多都已经雄踞一方,誉满天下。甘老师是"高等教育面向21世纪教学内容和课程体系改革计划"市场营销专业的总牵头人,2000年前后,在教育部的委托和甘老师的主持下,制定了我国市场营销专业的教学基本要求、核心课程、主干课程等一系列教学标准,并组织编写了与之对应的系列教材,我也正是因为这套教材和甘老师建立了联系。2005年,面向21世纪课程教材进入修订期,为了修订的事情我到武汉找甘老师。在甘老师家里谈完修订事宜刚刚十点半左右,但是甘老师一定要留我吃午饭。那时甘老师是教育部倚重的大牌专家,而我只是一个参加工作不久的青年编辑,一种强烈的感触涌上心头:越是德高望重的大专家,越是平易近人,好打交道。也正是那次午饭,甘老师把在武汉的系列教材作者黄敏学、黄静、熊银解、廖以臣等老师一一引荐给我,为我日后的工作展开创造了条件,也为我和这些老师结下几十年的友谊打下了基础,我在心里深深地感激甘老师。后来甘老师又在烟台,在张云起老师的协助下,召开了市场营销专业面向21世纪教材修订会,会上甘老师主持制定总的修订原则,向每一本书的主编一一嘱托……也正是在甘老师的带领下,这套教材生生不息,至今仍是市场营销专业最权威、最受大家欢迎的一套教材。甘老师当年主持制定的教学标准、课程教学框架体系至今仍在沿用,培养了一代又一代的营销学子。应该说甘老师为我国市场营销的专业建设和人才培养作出了历史性的贡献,我们所有营销学人应该向甘老师致敬。

万后芬老师较吴健安老师、甘碧群老师要年轻一些,我认识吴老师、甘老师的时候他们已经从领导岗位、教学岗位上退了下来,而当时万老师正值当打之年,风华正茂,刚刚获得了"首届国家教学名师奖"并在人民大会堂受到了温家宝总理的接见,正在带领中南财经政法大学市场营销专业乘风破浪,勠力前行。认识万老师之后，跟万老师约定了一本《市场营销教程》的教材。当时正值我国高等教育改革如火如荼之际，立体化教材是教材改革创新的一个方向，我就和万老师商议，把这本教材建设成为一本新形态立体化的教材。这在当时是一个重大的创新，也是一种前所未有的尝试，很多作者因为对数字化内容不太熟悉，制作过程也比较麻烦，都有畏难情绪。但是万老师却具有前瞻性的眼光，勇于改革，乐于创新，欣然接受了这个具有挑战性的项目。万老师不是一个人在战斗，她不仅是一位优秀的教育教学专家，也是一位优秀的领导者和组织者。她带领的团队分工合作，宁昌会、汤定娜、应斌、费显政等众多中青年学者分别负责主教材、辅教光盘、辅学光盘、企业营销案例集的编写、制作工作。正是团队的精诚团结，管理得有条不紊，这套代表当时中国教材建设领域最先进水平的立体化教材得以如期问世。主教材配以丰富的电子化素材，音频、视频、电子文档、小程序等一系列新元素融入教材、教学之中，给人耳目一新的感觉。也正是以这套教材为基础，中南财经政法大学市场营销专业陆续获得了湖北省教学成果奖、国家教学成果奖。这也使我感受到一个学校，一个专业有一个强有力的核心、一个和谐团结的团队是多么重要。在万老师的带领下，中南财经政法大学市场营销专业人才辈出，薪火相传，从万老师，到"60后"的宁昌会教授、汤定娜教授，到"70后"的应斌教授、费显政教授，再到"80后"的杜鹏教授……这恰是我国市场营销学界、中国高等院校市场学研究会大家庭团结和睦、接续奋斗的一个缩影。

往事历历在目，学会已经成立了40年，我参加学会也已经20年，这期间和学会的众多学者建立了深厚的友谊，这种友谊已经突破了普通的工作关系，成为终生相伴的深情。除了以上提到的三位先生，还有卜妙金、胡其辉、钟育赣、龚振、吕一林、吴晓云、景奉杰、符国群、聂元昆、郭国庆、张云起、宁昌会、汤定娜、黄静、黄敏学、应斌、费显政、叶敏等学者。其中有的是师长，有的是兄弟，我们因教材而结缘，因学会而相知，我真诚地祝愿学会成为中国营销学人共同的家园，祝愿友谊地久天长。

（童　宁　高等教育出版社编审、经济管理与法律出版事业部副主任、中国高等院校市场学研究会荣誉理事）

六、二十年磨一剑

——"新时代营销学系列新形态教材"养成记

清华大学出版社　刘志彬

1. 初识学会

从我2003年参加工作,就开始从事市场营销学科的教材建设,这得益于我深度参与了两个重要的学术平台——中国高等院校市场学研究会(以下简称学会)和《营销科学学报》(JMS)。

从2004年开始,我几乎参加了学会每一年的年会,这是我了解市场营销学科发展、认识作者和朋友的一个重要平台。每次参会都是非常开心的一件事——老先生们和蔼可亲、团结互助、热情洋溢;年轻学者们活力十足、创意无限。我见到上学时用过的《市场营销学》教材的作者吴健安先生时那种激动之情,到现在记忆犹新。从那时起,我们便与学会的领导和会员们如王永贵、孙国辉、庄贵军、李先国、王海忠、吕一林、郭国庆等先后合作了一些教材,也分别取得了非常好的市场表现。

2. 零星合作

2009年底,我突然接到吴健安先生的一封邮件,他提到他有本之前在安徽某出版社出版的《市场营销学》教材,由于对方销量逐年下降决定放弃,新版需要找一家出版社接手,由于我之前跟他多次表达过合作意向,他问我是否有兴趣接手,我毫不犹豫地回复邮件答应下来(事后我才知道,吴先生同时将邮件发给了3家出版社,而我是第一个回应的)。这对我们出版社的营销教材发展也是划时代的一件事情,我们终于有自己的拳头产品了!由于教材强大的作者团队、过硬的内容,我们后期的推广非常顺畅,这本教材迅速达到了数万册的年销量,重新焕发生机。当然,所有这些合作都是个人的、零星的,我虽然多次跟学会表达过整体合作的意向,但学会领导回复我觉得还不成熟。当然,随着学会换届以及我个人的长期跟踪,和学会的关系倒是越来越紧密了,也有越来越多的学会会员成为我们的作者。

3. 渐入佳境

2019年9月,当时正好我们在重庆组织承办教育部高等院校工商管理教学指导委员会年会及师资培训会,我看到学会副会长兼教学委员会主任景奉杰教授也在会场,我专门约景教授进行了深入交流。我们都认为在教育部对教材越来越重视以及营销学理论和实践的快速发展的背景下,现有教材多少有点不能适应教学改革的需要。我们也再次向学会提出整体合作的愿望,希望推出一套富有课程思政特色、体现学科前沿以及展现形式丰富的新形态教材。景教授也答应回去向领导们进行汇报,不过接下来很长时间我并没有等到后续合作的任何消息,我想应该是领导们还没有考虑好是否合作吧。

2020年年初,突如其来的疫情打乱了很多节奏,却反而加速了我们和学会合作的步伐。3月份开学季,很多学校不能开学改上网课,教师和学生都非常不适应,正常的学术交流也一度中断。为助力高校教师、学生及其他广大群众线上学习,继续促进市场营销教育发展,我们在4月份及时联合学会和工商管理教指委推出了系列公益直播——"市场营销战疫公益讲堂",共进行了4期16次直播,彭泗清、王永贵、胡左浩、王海忠、黄敏学、龚艳萍、费显政等知名学者进行了分享,各平台累计观看超过200万人次,在营销学师生中取得了极佳的口碑。

在直播活动完成使命顺利结束后,我再次向学会表达了整体合作的意向,经学会领导们集体商量,终于同意就此事双方深入地洽谈一次。2020年11月,第17届JMS年会在天津大学召开,其间我们向时任会长符国群、副会长景奉杰以及秘书长彭泗清汇报了合作的想法和工作细节,经学会领导商议后,基本确定可以合作。我还记得,符国群会长在会谈后提之所以选择和我们合作,是基于三点考量:一是我们对学会长期的支持特别是公益讲堂上的付出;二是对JMS出版持久的贡献;三是我社在市场化运作方面的表现。

4. 瓜熟蒂落

随后,很多具体工作的开展就变得顺畅起来。2020年12月,在中南财经政法大学召开的学会教学年会上,双方签订了战略合作协议,并落实了教材的编委会组成机制和作者团队遴选办法,随后景奉杰教授就开始落实每一本教材的主编;2021年4月,在北京西郊宾馆召开了丛书第一次编委会,审定了教材大纲以及各门课程的内涵和外延。本套教材共33本,包括营销学科的核心课程如《市场营销学》《消费者行为学》《客户关系管理》等,也包括新兴课程如《大数据营销》《新媒体营销》等,还包括行业属性很强的《金融市场营销》《医药市场营销》等,力求全面覆盖,满足市场营销教学的几乎全部需求。

2022年12月,学会海南会议期间,确定了系列图书的封面和版式,并进行了系列教材首发。2023年初,《服务营销》《市场营销学》《市场营销学(简明版)》《绿色营销》《客户关系管理》等5本教材先后面世。5月,学会和我们在哈尔滨商业大学举办了系列教材的首次线下读者见面会暨师资培训,5位作者分别进行了讲解,新教材受到与会教师的广泛好评。

目前,有七八本教材已经交稿,正在按部就班地走出版流程,还有更多作者的稿子仍在与出版社不断打磨完善中,我们对此套教材充满期待!

与学会合作这套教材,对双方都具有里程碑意义,这必将引领我国营销学科教学变革,提升我国营销学教学水平,推进市场营销教育高质量发展。

六、二十年磨一剑——"新时代营销学系列新形态教材"养成记 159

学会与清华大学出版社签订战略合作伙伴协议

新形态系列教材研讨暨主编会议

(刘志彬　清华大学出版社经管与人文社科分社社长)

七、零售管理专业委员会探索产学研结合的发展模式

首都经济贸易大学　陈立平

1. 零售管理专业委员会的发起

中国高等院校市场学研究会（简称"学会"）零售管理专业委员会是在上一届学会会长、北京大学符国群教授亲自倡议下成立的。我记得 2020 年 10 月在首都经济贸易大学消费大数据研究院举办的零售自有品牌开发战略研讨会后，符国群教授和我聊起了国内零售业的发展状况，谈到了零售业在数字化、智能化方面的普及和应用前景，提出在学会下面设立二级机构零售管理专业委员会的设想。11 月中旬，符老师建立了零售管理专业委员会筹备群，提出零售管理专业委员会要办得有特色，不仅吸引国内高校零售管理的学者，还要吸收更多的企业界人士，走产学研结合的发展道路。之后包括东北财经大学汪旭晖教授、广东财经大学肖怡教授、福建农林大学许安心教授、北京大学王锐副教授、福建冠超市林永强董事长、首都经济贸易大学王紫薇博士等为主要成员，正式成立了零售管理专业委员会筹备组。2020 年 12 月底，筹备组通过了《零售管理专业委员会章程》（简称章程）。章程提出中国高等院校市场学研究会零售管理专业委员会是隶属于学会的二级组织，旨在团结高校从事零售领域教学与研究的学者和研究机构，开展学术和教学方面的交流，同时更广泛地联系业界，使学术研究扎根中国零售业土壤，促进学科发展，为提升我国零售业经营管理水平作出贡献。

2. 零售管理专业委员会的成立

2021 年 7 月 21 日，中国高等院校市场学研究会零售管理专业委员会成立仪式在西安交通大学举行。成立仪式由中国高等院校市场学研究会副会长、华东理工大学景奉杰教授主持。景教授宣布了零售管理专业委员会的成立申请已经中国高等院校市场学研究会第十一届常务理事会讨论通过，中国高等院校市场学研究会零售管理专业委员会正式成立。中国高等院校市场学研究会会长、北京大学符国群教授代表学会致辞，祝贺零售管理专业委员会成立，肯定了零售管理专业委员会的成立意义，并对零售管理专业委员会提出了未来的发展期望。

零售管理专业委员会聘请首都经济贸易大学陈立平教授担任主任，聘请东北财经大学汪旭晖教授、广东财经大学肖怡教授、福建农林大学许安心教授、北京大学王锐副教授、福建冠超市林永强董事长担任副主任。专业委员会聘请东北财经大学汪旭晖教授担任专业委员会学术委员会主任，北京工商大学刘文纲教授、南京

七、零售管理专业委员会探索产学研结合的发展模式 161

零售管理专业委员会成立大会部分参会代表合影

审计大学徐振宇教授担任专业委员会学术委员会副主任,暨南大学杨德锋教授、中南财经政法大学黄漫宇教授、上海大学范小军教授、东北财经大学常雯副教授担任专业委员会学术委员会委员。专业委员会聘请首都经济贸易大学王紫薇博士担任专业委员会秘书长。符国群教授代表学会向专业委员会主任、副主任颁发了聘书。

零售管理专业委员会同时筹备和组织了第一届中国零售管理学术论坛。东北财经大学的汪旭晖教授以"数字时代的'新零售':一场新商业革命的学术思考"为主题、北京大学的王锐副教授以"零售的本质与企业的高质量增长"为主题、马上赢数据公司的创始人兼 CEO 王杰祺以"揭秘元气森林的'可乐指数'——像做 App 一样快速迭代"为主题进行了演讲。

3. 疫情中零售专委会的线上活动

2022 年 3 月 19—20 日,第二届中国零售管理学术论坛受疫情管控的影响在线上举办。这次论坛以"加速数字零售,共享新机遇"为主题,共同探讨零售管理的新形势和新趋势。论坛由中国高等院校市场学研究会零售管理专业委员会主办,由福建省商务厅指导,福建农林大学经济管理学院、福建省商务厅研究基地海峡商业管理研究中心、福建省批发零售行业协会商务管理与政策研究分会承办,新华都购物广场股份有限公司和福建冠业投资发展有限公司(冠超市)协办。

学会会长、北京大学符国群教授代表研究会致辞。在致辞中符国群教授强调了学会对专委会的希望和要求，希望专委会能帮助扩大中国零售研究队伍的规模和影响力，搭建好平台，在平台上涌现出一批在国内国际上有重要影响力的零售专家，同时也希望专委会能更好地融入学会平台，发挥积极作用。在随后举行的线上论坛中，首都经济贸易大学工商管理学院陈立平教授以《流通革命下的中国零售业变革趋势》为题，东北财经大学工商管理学院汪旭晖教授以《数字零售高质量发展：科学内涵与实现路径》为题，北京大学光华管理学院王锐副教授《营销渠道和零售研究现状和发展》为题，元旨品类管理创始人张智强先生以《品类管理：零售营销的起点》为题，重庆交通大学经济与管理学院姚琦教授以《社会阶层和服务类型对 AI 机器人使用意愿的影响》为题进行了演讲。第二天举行的优秀参会论文报告会中，福建农林大学许安心教授主持了会议，6 篇获奖论文先后发表了研究成果。

4. 第三届零售管理学术论坛的产学研结合模式

2023 年 9 月 16—17 日，第三届中国零售管理学术论坛在首都经济贸易大学举行。本次论坛的主题为"零售业态创新：新环境，新消费，新挑战"，来自全国 40 家零售企业经营者和十几所高校的研究者共同探讨零售业态创新的新趋势，交流零售业态创新的机会与挑战。论坛由中国高等院校市场学研究会零售管理专业委员会主办，首都经济贸易大学工商管理学院承办，中国消费大数据研究院协办。

第三届中国零售管理学术论坛在首都经济贸易大学召开

会议开幕式由首都经济贸易大学工商管理学院院长柳学信教授主持。首都经济贸易大学党委书记王文举教授代表承办方进行了开幕致辞。王文举教授在致辞中提出，新的发展背景下中国零售业正在面临新的问题和挑战，号召学者和企业家们在零售论坛的平台上多研究、多思考、多交流。中国高等院校市场学研究会会长、武汉大学汪涛教授代表研究会进行了视频致辞。汪教授介绍了学会成立零售管理专业委员会的初衷,并肯定了专业委员会在促进零售领域学界与业界的交流,以及促进产学研融合方面所作出的贡献。

会议主论坛由中国高等院校市场学研究会执委会 CEO、华东理工大学景奉杰教授主持。东北财经大学副校长汪旭晖教授以"零售的力量:开启创变未来之路"为主题,北京大学光华管理学院王锐副教授以"中国零售业态创新:历史演化和打破边界"为主题,中国高等院校市场学研究会零售管理专业委员会主任、首都经济贸易大学陈立平教授以"通货紧缩下日本超市的可持续成长战略"为主题进行了演讲。

论坛的业界演讲部分由首都经济贸易大学市场营销与旅游管理系主任张松波副教授主持。北京市连锁经营协会会长、北京超市发连锁股份有限公司前董事长李燕川以"用温度和速度穿越寒冬"为主题,多点 Dmall 合伙人任中伟以"数智化驱动实体零售创新发展"为主题,T11生鲜超市创始人和 CEO 杜勇以"新技术范式驱动零售升级"为主题进行了演讲。本次论坛第三部分进行的圆桌论坛由首都经济贸易大学工商管理学院副院长黄苏萍教授主持,学界和实业界齐聚一堂,共同探讨零售业关注的话题。陈立平、汪旭晖、王锐、李燕川、任中伟、杜勇六位演讲嘉宾共同参与了此次圆桌讨论。

本次论坛最大的创新点是在以往的青年学者论坛的基础上,增加了以零售青年企业家为主的分论坛。17日上午的青年企业家论坛由濮阳绿城超市董事长田建忠主持。论坛上众多青年企业家和专家学者进行了近距离的分享交流。生鲜传奇创始人王卫的演讲主题为"科技进步改变商业",广东财经大学教授肖怡的演讲主题为"我对当前实体零售业的几点看法",首都经济贸易大学讲师徐志轩的演讲主题为"中国县城商业发展报告",日照新世纪商业集团总经理冯梦琳的演讲题目为《新形势下县域零售的探索之路》,甘肃嘉峪关市西部天地商贸有限责任公司总经理周麟的演讲题目为《新市场环境下西部区域市场的发展策略》,河北蓝亨啤酒有限公司总经理吴晓峰的演讲题目为《市场环境变化下的蓝亨啤酒的发展战略》,美团优选商品经营中心华北大区负责人赵慧的演讲题目为《创新驱动的社区电商》。

9月17日上午,青年学者论坛由闽江学院许安心教授主持,并邀请了零售管理专业委员会学术委员会副主任、北京工商大学刘文纲教授和零售管理专业委员会学术委员会委员、暨南大学市场营销系主任杨德锋教授进行点评。本次论坛发起了零售论文征稿,主办方成立了论文评审委员会,由来自中国高等院校市场学研究会零售管理专业委员会学术委员会的5位知名零售学者组成,对所有参会论文进行了严格的评审。组委会邀请了荣获一等奖和二等奖的9篇优秀论文的作者在青年学者论坛进行演讲。

青年学者论坛参会代表合影

5. 感想和展望

1984年中国高等院校市场学研究会成立初始,就汇集了国内众多对流通和零售颇有研究的学者与专家,并在之后通过理论与实际的结合推动了中国流通零售业快速发展。进入21世纪20年代,中国零售业迎来了重要的转折时期,经济发展模式的变化,人口老龄少子化及家庭结构的变化,疫情后消费行为的改变,零售数智化的迅猛发展等都为学术界提出了新的课题。学会零售管理专业委员会唯有不忘初心,坚持理论结合实际,不断加强零售领域学界与业界的交流,促进产学研深度融合才能提炼出真知灼见和优秀的研究成果,才能将论文写在祖国大地,为中国零售业的可持续发展作出贡献。

(陈立平　中国高等院校市场学研究会零售管理专业委员会主任、首都经济贸易大学教授)

八、绿我涓滴，会它千顷澄碧

中国地质大学（武汉） 郭 锐

目光触及"我与学会"这个主题，习近平总书记的词"绿我涓滴，会它千顷澄碧"蓦然跃乎脑海之中……

习近平总书记在《念奴娇·追思焦裕禄》中借这句词表达了对焦裕禄同志的赞美以及"我将无我，不负人民"的坚定意志。于我而言，中国高等院校市场学研究会（以下简称学会）正是注入我心中的"绿色涓滴"，在学会的引领下，我所成虽不至"千顷澄碧"，但在品牌研究，尤其是绿色品牌研究领域，亦留下了"一汪清泉"。

在学会的信任和同行们的支持下，2018年起，我担任学会品牌专业委员会副主任，2021年起，我担任学会绿色消费与绿色营销专业委员会副主任，在今年的学术年会中，我又有幸当选为学会秘书处副秘书长。多重重任在肩，诚惶诚恐，更信心满怀。

——我们注重人才培养，指导的学生多次在学会会议中宣讲论文。在学会学术年会暨博士生论坛、各专委会专题研讨会等系列会议中，都有我们团队学生的身影。由于时间跨度颇长无法精确到具体数字，经粗略统计，参会人员近40人，宣讲论文也超20篇。得益于会议提供的专家指导、同行评议，指导的学生研究成果发表在 *Journal of Applied Psychology*（FT 50）、*Journal of Business Ethics*（FT 50）、*Personnel Psychology*（ABS 4*）、*Industrial Marketing Management*（ABDC A*）、*Journal of Brand Management*（全球两本专注于品牌研究的期刊之一）、《南开管理评论》（国内管理学综合影响因子第一）上，学会为我们的人才培养搭建了良好的平台，我也一直教育学生，要走出校园、走向前沿，在交流学习中成长成才。

——我们坚持服务协会，筹备举办绿色消费与绿色营销专题研讨会。为交流思想、推进绿色发展，2022年12月，第七届绿色消费与绿色营销专题研讨会在我院成功举办。来自高等院校、科研机构的600多名专家学者和师生代表齐聚云端，共襄盛会，就当前绿色消费与绿色营销的重要理论和现实问题集思广益，深入展开探讨与交流。这次会议是历届研讨会规模之最。彼时，疫情的云翳正笼罩在我们心头，但研讨会的圆满举行让我们倍感振奋。这是学界、业界共同努力的结果，更是学会精心指导、大力相助的结果。

——我们推动学科建设，参与打造国内首家市场营销虚拟教研室。2021年7月，教育部启动了虚拟教研室建设试点申报工作。2022年，由王永贵教授牵头的"市场营销专业虚拟教研室"（专业建设类）获批教育部首批虚拟教研室建设试点项目。虚拟教研室由我校与首都经济贸易大学、湖南大学以及新疆石河子大学的专

带领团队师生参加学会 2023 年学术年会

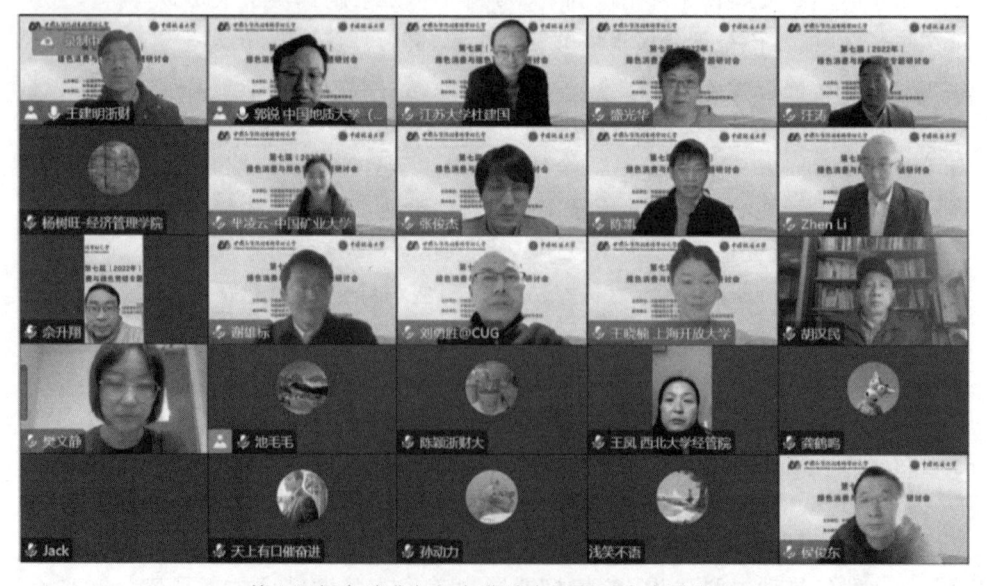

第七届绿色消费与绿色营销专题研讨会合影留念

业团队共同组建。在教研室建设过程中，我作为中国地质大学（武汉）的负责人组织我院优秀教师深度参与，为我校市场营销学科的进步和发展提供了契机与强大推动力,同时为数字经济时代下市场营销学科人才的培育凝聚了更大的力量。项目获批后,学会组织了首届教育部市场营销专业虚拟教研室论坛,来自国内高校的业界同仁共同对教研室的建设与发展进行探讨、交流与合作。这次论坛促进了市场营销虚拟教研室的建设,并推动了中国高校市场营销专业实现高质量的内涵式发展。

2020年,新冠疫情暴发不久,武汉及全国的居民都响应国家号召,进行社区封闭和居家隔离。在疫情得以迅速控制的同时,居民消费却急速下滑,给中国经济带来了较大影响。作为武汉的市民、作为从事市场营销的学者,我深感使命在身。因此,我综合以往灾后消费者焦虑和死亡焦虑的研究和调研情况,从社会和企业两个层面向学会提交了"新冠疫情下缓解消费焦虑、促进居民消费的对策建议",这个建议得到了学会的积极肯定,侧面来说,这也是学会和我们众多营销从业人员"繁荣中国市场营销学术研究、提升我国企事业单位营销管理水平"的真实写照。

我见青山多妩媚,料青山见我应如是。学会见证了我,我亦见证了学会,尤难忘记的,是有幸参与学会的多次"首个"时刻:作为首批会员及会员单位加入学会、作为会员见证学会数据与市场研究专业委员会的成立、作为嘉宾参与学会联合主办的"2022教育部市场营销专业虚拟教研室首届论坛"……我相信,未来学会还会有更多的"首个";我更期待,未来我会有更多的"见证"。

绿我涓滴,会它千顷澄碧。学会将"绿色涓滴"注入了我,我亦将她注入了我的学生。我始终相信,在学会、你、我、他们的一道努力下,中国的市场学研究必成"千顷澄碧"!

——这是万千营销人的共同心愿!
——这是未来的必然!

(郭 锐 中国高等院校市场学研究会副秘书长、中国地质大学(武汉)经济管理学院教授)

九、Credamo 见数与 CMAU 市策大赛之缘起与未来

中央财经大学　姚　凯

1. Credamo 见数红海求生

Credamo 见数是全球首款一站式智能调研平台，Credamo 是 Creator of Data and Model 的简称，品牌中文名是"见数"。Credamo 见数项目从 2017 年启动，经过两年研发 2019 年上线以来，目前 Credamo 见数为全球 3 000 多所高校和 4 000 多所企业提供产学研解决方案，科技赋能商业、教育、科研。产品包括智能调研平台、教学实训平台、眼动追踪、脑电 EEG（脑电波）和私有化调研平台等，为企业市场研究、实验室建设和实践基地等提供先进方案。

然而在上线初期由于冷启动的原因，并没有多少人知道 Credamo 见数，主要是通过种子用户口碑传播的方式来进行用户扩散。相较于传统的调研，用户通过 Credamo 见数可以完全自己实现问卷设计、回收和分析，无须公司人员参与其中，费用对发布者和被试完全透明，确保数据的真实透明，用户可以拒绝无效问卷，无须为无效样本买单。因此，虽然放弃了投放广告的方式来获得用户，但利用核心优质用户的口碑传播质量和效率使得 Credamo 见数快速让大家熟悉。有一天早上，平台发布了一篇公众号文章，到中午阅读量就已经有 2 000 多。后来才知道是符国群会长比较认同 Credamo 见数的商业模式，将文章转发到了 CMAU 的群里让很多老师知道了平台特点，后来又利用 Credamo 见数完成家庭消费调研。正是在很多朋友和忠实用户的口碑传播带动下，用户得到了快速增长。Credamo 见数索性放弃成立自己的销售团队，将全部精力投入产品研发，在上线两年后实现自负盈亏，才能有更多的资源投入公益项目中。

2. 香山饭店之约

CMAU 学会筹备比赛的想法由来已久，自 2016 年就计划举办学会自己的学生竞赛，但由于学会秘书处人手不足，需要寻找合适的合作伙伴发挥双方优势，共同打造一项有利于学生专业能力培养和学科建设的公益赛事。学会领导先后与 15 家企业进行过沟通，但由于大赛运营机制上存在分歧，企业方希望通过收取高额报名费和培训费从中获利，学会作为非营利性组织，希望保证比赛的公益性不希望收费，所以筹备工作延续了 5 年。

2021年10月22日，由中央财经大学商学院承办的CMAU教学年会在香山饭店举办，其间学会领导与Credamo见数负责人沟通了举办比赛的意愿和保持公益性的期望，Credamo见数作为以产品研发为主的平台企业，愿意投入资源协助学会把筹划多年的比赛办起来。于是双方一拍即合，2022年5月，中国高等院校市场学研究会与Credamo见数联合主办的首届CMAU全国大学生市场研究与商业策划大赛正式启动。大赛的主要目的是帮助参赛师生更好地应对现代商业领域的挑战和机遇，提升高等院校学生的市场研究与商业策划能力，以及为广大师生提供教育实践与技能锻炼的平台。

中国高等院校市场学研究会主要职责是对大赛进行指导和组织，具体包括筹建大赛组委会、协调各分赛区的赛事组织工作、组织赛事宣传，以及比赛评审组织与流程监督等工作。Credamo见数主要职责为技术支持和赛事组织运行，具体包括辅助CMAU的各项赛事组织工作、与参赛指导老师和学生沟通与协调、共同对接赞助企业协商赞助事宜、大赛的学生与师资培训工作、比赛培训资格证书制作与颁发，大赛宣传物料的设计与制作、大赛网站的搭建与运维工作、赛事日常的运营工作等。

3. 市策大赛之营销战略

CMAU市策大赛旨在锻炼和培养学生在市场研究和商业策划方面的能力，为其未来的职业发展打下坚实的基础。同时，市策大赛又需要和现有众多的比赛有所差异，打造自身特点和核心竞争力。鉴于CMAU的大部分成员单位都以商科院校为主，因此市策大赛主要面向商科院校或者相关专业的老师和学生。同时，CMAU市策大赛的一个重要目的是让不同学科背景和不同知识结构的学生具备专业能力，因此比赛没有限定参赛者专业和年级等，鼓励不同学科、不同年级的学生能够交叉合作，相互协作完成高质量的市场研究和策划报告。

传统的比赛主要是学生根据自己的分析来确定要做的命题，但由于市策大赛的主要参赛人群来自商科院校，我们希望打造具备商科特点的比赛。因此，市策大赛的差异化和定位是让师生深入了解市场调研行业的发展现状和实际需求，帮助企业解决实际问题。大赛有利于参赛学生参与企业市场调研与商业策划的实践项目，从中获得专业技术和实践能力的培养，提高其在现代商业领域中的综合素质和竞争力。

4. 市策大赛之营销策略

CMAU市策大赛作为一个新的比赛，师生参加比赛并不能像参加成熟比赛那样能够获得综测加分和绩效等激励。因此，大赛组委会在初期设计比赛时，主要从比赛质量、获得感和内容等方面去提升吸引力。大赛执委会邀请学界和业界专家为参赛师生分别进行市场研究与商业策划相关的专业培训，不仅提高学生的专业能力，同时提高老师对商业了解和教学能力。

学界、业界评委嘉宾

  CMAU 市策大赛的核心特点在于它的公益性与专业性,参赛师生无须缴纳任何报名费和培训费。通过市策大赛,打造一个以赛促学、以赛促教和以赛促改的产教融合协同育人平台。此外,大赛还为学生提供广泛的交流和合作机会,通过与同龄人、业界专家和企业代表的互动,拓展学生的视野和思路,并促进学生之间交流与合作。这有助于学生更好地融入现代商业领域,为未来的职业生涯做好充分的准备。

  由于市策大赛启动时,没有办法很方便进行线下比赛,比赛采用互联网模式来推广。比赛采用线上报名方式,比赛答辩过程中参赛团队线上完成,评委老师可以线下完成。通过线上、线下结合的方式,一方面便捷了参赛师生,另一方面降低了参赛成本,让更多的师生能够参与市策大赛获益。

  为了让市策大赛能吸引更多的师生参与,Credamo 见数为比赛特等奖团队提供了 10 万元现金奖励,进一步增加参赛团队的积极性和获得感。此外,大赛组委会邀请参赛企业提供一些礼品和就业机会等福利,让参赛师生能够在比赛过程中具有更高的积极性和趣味性。

5. 大赛效果

  由于市策大赛的比赛内容和质量较好,刚启动便受到了大家的欢迎和良好的口碑。很多老师将比赛作为教学内容的补充,这样不仅可以让学生学习理论知识,而且可以让师生更好地接触商业实践,更好地促进对理论的理解和应用。并且参赛师生团队也将参赛作品制成商业案例和学术论文,多方面提升成果质量。

2022年首届大赛中，共有来自全国（不含港澳台）31个省、自治区、直辖市的22 288人报名参赛，参赛院校超过500所。首届比赛北部赛区承办单位为首都经济贸易大学，东部赛区承办单位为复旦大学，南部赛区承办单位为中南大学，西部赛区承办单位为云南财经大学，总决赛承办单位为华东理工大学。通过专业知识认证考试的共15 847人，近50个企业为比赛提供了真实的企业命题，并有1 782支团队成功提交了参赛作品。2023年第二届大赛共有来自全国（不含港澳台）31个省、自治区、直辖市的25 688人报名参赛，通过专业知识认证的人数为19 085人，并有2 005支团队成功提交了参赛作品。第二届比赛北部赛区承办校为中央财经大学，东部赛区承办校为浙江工商大学，南部赛区承办校为汕头大学，西部赛区承办校为四川大学，总决赛承办校为东北大学。通过研究解决企业的"真问题"，锻炼培养学生市场研究与商业策划的实践能力，获得了企业、学校、参赛师生的一致好评。由于市策大赛质量和口碑较好，越来越多的学校将市策大赛申请成为校级竞赛，可以综测加分。同时，也有院校将CMAU市策大赛申请为省级大赛，进一步扩大比赛与学会影响力。

第二届市策大赛总决赛胜利闭幕

6. 未来发展

CMAU市策大赛未来将在中国高等院校市场学研究会和Credamo见数的共同努力下，不断优化赛制和比赛质量。第一，前两届过程中虽然比赛质量和口碑较好，不过比赛进入全国总决赛需要换命题给参赛团队的负担较重，MBA学生可能没有时间和精力完成两个项目。此外,不同教育目标的学生,可能需要按照不同的赛道来进行比赛。在后续比赛的过程中,赛制需要不断优化。第二,比赛过程中邀请了来自学界和业界的专家对参赛师生进行培训,未来可以对培训内容和培训质量过程进一步优化,让参赛团队能够更好地提升团队能力。第三,未来可以进一步加大产教融合力度,比赛前、比赛中和比赛后都可能加强企业参与项目,让市策大赛作品更多能真实落地。第四,也是最重要的一点,大赛组委会尽快将市策大赛申请加入竞赛目录,这样能够激励更多的师生参与比赛,让更多的师生和企业从中受益。

(姚　凯　中国高等院校市场学研究会常务理事、见数科技创始人、中央财经大学商学院副教授)

十、服务营销专业发展,打造学生实践平台

——记录第二届 CMAU 市场研究与商业策划大赛总决赛

东北大学　张　昊

1. CMAU 首届大赛与东北大学的不解之缘

打造自己的大学生营销策划赛事一直以来都是中国高等院校市场学研究会(CMAU)的愿望,早在 2019 年长沙举办的 CMAU 年会上,符国群会长和各位学会领导就已经对此事进行了讨论和倡议。这一点与东北大学市场营销专业在学生培养方面的想法不谋而合。所以,2021 年东北大学工商管理学院在调整学院认定的大学生赛事目录时,我就推动学院将学会的这个赛事列入认定赛事列表中并期盼赛事的到来,当时比赛的名称甚至还没有最终确定。

2022 年虽然经历着新冠疫情,但是在符国群会长、景奉杰副会长等学会领导的大力支持下,首届 CMAU 全国大学生市场研究与商业策划大赛(以下简称"市策大赛")仍然如期官宣启动。这是学会服务市场营销专业建设、服务人才培养的又一重要举措。东北大学作为学会的常务理事单位非常认同这种创新,同时也有义务对该赛事进行推广。虽然整个市场营销系都投入力量进行了宣传,但鉴于该赛事是第一年举办,我们并没有期待有很多学生参加。但是出乎意料的是东北大学的学生报名非常踊跃,参赛热情高涨,最终报名人数突破了 400 人。这一结果一方面在东北大学引起了不小的轰动,另一方面让学会对东北大学印象深刻,为下一年承办市策大赛总决赛打下了基础。

2. 东北大学承办第二届 CMAU 市策大赛总决赛

转眼来到了 2023 年,尽管面临资金不足、团队经验不足等方方面面的困难,但我仍然坚信如果能够承办一次这种全国性质的大赛对于学校、学院在市场营销专业中的影响力,对于东北大学市场营销专业乃至整个商科的学生实践创新力都会起到重要的提升作用。因此,我代表东北大学正式向学会提出申请,承办 CMAU 市策大赛总决赛。学会领导,特别是景奉杰老师对此十分支持,并于 2023 年 4 月亲临东北大学工商管理学院进行考察,实地看了举办总决赛开幕式和颁奖典礼的会议室,并听取了可行性报告。5 月,第二届 CMAU 市策大赛在中央财经大学正式启动,并宣布东北大学作为总决赛的承办单位。

3. 第二届 CMAU 市策大赛总决赛成功举办

大赛的准备是一项相对繁杂的工作,最开始的时候毫无头绪。但是,随着比赛日期的临近,从展板到背景、从奖状到奖杯、从参赛嘉宾到评委邀请,赛事的准备工

作也在按部就班地完成。在这个过程中,我们团队付出了巨大的努力,得到了大赛联合主办方见数科技的各位老师的大力支持。他们对于各个环节的细心指导保障了比赛顺利进行。

学会领导参加总决赛开幕式

  2023 年 8 月 26 日上午 8 点 30 分,CMAU 市策大赛总决赛开幕式在东北大学浑南校区文管 B450 召开。首先,中国高等院校市场学研究会会长汪涛教授介绍了 CMAU 市策大赛举办的背景和意义,十分有意义的是,这是汪涛教授当选 CMAU 新一届理事会会长后首次参加的大型活动。随后,东北大学工商管理学院院长蒋忠中教授介绍了东北大学及其工商管理学院的历史,并表达了对各位评审专家到来的欢迎和对各支队伍的良好祝愿。

  上午 9 点,大赛答辩环节开始,共有来自全国 40 余所高校 50 多支的代表队分两组进行了市场调研和策划报告的答辩。比赛的过程紧张而且激烈,评委的评审公正公平。下午 5 点,举行了决赛的闭幕式,最终由来自全国 9 所高校的 10 支代表队获得了特等奖,分享了 10 万元的赛事奖金,整个赛事圆满落幕。该项大赛的成功举办成为东北大学百年校庆系列活动中的一颗璀璨明珠,也用事实证明了东北大学工商管理学院市场营销团队是一支能够打胜仗的队伍。

4. CMAU 市策大赛未来发展的几点思考

  罗马不是一天建成的。CMAU 市策大赛是一个只有两届的年轻赛事,未来,CMAU 市策大赛要办成一个更有影响力、更加成功的大学生赛事,我觉得还应该

学会领导与评委合影

从以下几个方面深入。

第一，面向的对象应该更广。CMAU市策大赛是欢迎各类型高校、各专业学生参与的，但从目前的参与人员状况来看，商科的学生参与较多。未来在宣传的过程中应该扩大宣传面，让更多的大学生了解CMAU市策大赛。

第二，选题应该和企业实际联系更加紧密。CMAU的所有命题都来源于企业。但是由于企业自身需求不同，命题存在难度差异、地域差异等问题。如何规范企业命题需要进一步思考。另外，企业出题和企业结合自身实际出题是不一样的，未来企业在命题中应该给予更多的支持和提供更多的数据，从而让大学生解决真问题。

第三，进一步优化赛事时间和赛事流程。目前赛事的评价重点是学生提交的报告和答辩，缺乏交流的平台。未来可以让学生之间有面对面直接交流、辩论的机会，这种大学生之间的互动学习、直接交互会提升大家参与的兴趣，也会提升赛事的关注度，有利于打造更为成功的赛事平台。

（张　昊　中国高等院校市场学研究会常务理事、东北大学工商管理学院市场营销系主任）

第五篇　薪火相传

一、我与学会的博士生联合会

——写给第一届博士生联合会理事会成员的公开信

南开大学　李东进

中国高等院校市场学研究会（以下简称学会）于2016年3月决定成立学会下设的博士生工作指导委员会和市场营销学博士生联合会，经过多次酝酿和认真准备，于同年7月正式成立学会下属的博士生工作指导委员会和中国高等院校市场营销学博士生联合会（以下简称"博联会"）。博联会的成立不仅在我国博士生学术平台建设上迈出了一大步，而且标志着我国博士生学术共同体逐渐形成，是践行"有组织科研"精神的重要体现。在博士生工作指导委员会的支持和指导下，博联会在其理事会的带领下做了大量的工作；每年的博士生日活动，包括小时工作坊、导师有约、主题演讲、优秀博士生论文交流等内容丰富、形式多样，特别是每年定期发布的白皮书已经成为了解中国营销学科博士生培养成效的一个重要参考，也成为市场营销学博士生了解就业信息、确定职业方向的一个重要依据和坐标。

我连任第一届和第二届学会博士生工作指导委员会主任（2016—2023年），代表学会负责对博联会的具体指导工作。学会成立博联会是一项开拓性的工作，成立初期的酝酿、筹备、章程起草、理事会产生办法确定等准备工作，现在仍记忆犹新。作为一份记录，在这里公开我于2016年7月2日写给中国高等院校市场学研究会博联会第一届理事会成员的信，谨以此纪念中国高等院校市场学研究会成立40周年。

写给中国高等院校市场学研究会博联会理事会成员的信

亲爱的同学们：

　　你们好！

　　我是中国高等院校市场学研究会副会长、南开大学的李东进教授。经研究会会长符国群教授任命，由我担任中国高等院校市场学研究会博士生工作指导委员会主任一职。

　　首先，我代表中国高等院校市场学研究会祝贺你们成为中国高等院校市场学研究会博联会理事会成员。

　　中国高等院校市场学研究会创立于1984年，是经民政部批准并登记注册的全国性营销学学会组织。去年，符国群教授担任会长伊始，便积极调动各方面资源，努力把研究会打造成包容、开放、规范的学术组织，致力于提升我国营销学研究的整体水平。

  博士生是学术研究主力军,我们一直积极地探索,如何依托市场学研究会这一平台助力博士研究生的成长和发展。经过前期充分的酝酿讨论,研究会决定成立中国高等院校市场学研究会博联会。为此,我们从全国范围内确定了32所高校,并由营销专业负责老师推荐本校的博士生参加中国高等院校市场学研究会博联会理事会。

  为了筹备博联会,中国高等院校市场学研究会将下设博士生工作指导委员会,委员会成员分别来自北京大学、清华大学、中国人民大学、复旦大学、南开大学、上海交通大学、武汉大学、中山大学和西安交通大学,他们均是学术成果优秀、责任心强的年轻教师。相信你们在他们的帮扶和指导下,一定能够建设好这一市场营销学博士生交流平台。

  目前,博联会的筹备工作在紧张有序进行。现在,我将《中国高等院校市场学研究会博联会章程(草案)》(以下简称《章程》)、"中国高等院校市场学研究会博士生工作指导委员会名单""中国高等院校市场学研究会博联会理事会成员名单"发与你们,希望你们对相关信息有所了解。

  7月22日上午,我们将在南开大学商学院召开第一届博士生工作指导委员会和博联会理事会议联席会议,讨论《章程》,确定博联会理事长和副理事长候选人名单;7月22日下午,将举行中国高等院校市场学研究会博联会成立大会(通过《章程》,选举理事长和副理事长);成立大会之后,将安排博士生论坛,届时,3名境内外青年学者将做主题演讲。

  在此,我代表市场学研究会和年会组委会正式邀请你们参加7月22日的活动(7月23—24日,我们还将举行中国高等院校市场学研究会学术年会,会议的相关日程安排,请持续关注大会官网发布的信息:http://market-conf.bsnku.net)。

  关于博联会理事长和副理事长的产生办法,现有以下方案。

  (1)博士生工作指导委员会提出候选人名单。

  (2)你们通过邮件方式推荐(包括自推)理事长1名和副理事长若干名。

  你们对上述两种产生办法如有意见和建议,请于7月8日(周五)之前反馈给王锐老师(博士生工作指导委员会秘书长)。

  相信你们能够建设好这一属于你们博士生自己的学习交流平台!

  祝好。

(李东进 中国高等院校市场学研究会第10届、第11届理事会副会长,南开大学商学院教授)

二、博联会：汇聚每一滴小水珠

南京财经大学　杨海龙

1. 忐忑的博联会缘起

时光飞逝，岁月如梭。转眼间与中国高等院校市场营销学博士生联合会（以下简称博联会）结缘已经 7 年，我也从中国人民大学商学院博士毕业 4 年了。记得当时在明德楼碰到张泽林老师，说推荐我作为中国人民大学博士生代表，参加市场营销学博联会。彼时心中并无太大波澜，只觉得应该是一个并无实质性工作的虚职，不会对我的博士生生活产生任何的影响。没曾想，命运的齿轮已经开始旋转……

2016 年 5 月一个寻常的下午，正在宿舍看文献的我，突然接到了南开大学李东进老师的电话。李老师说看到了我的博联会代表理事推荐表，就打电话过来了解下情况。到现在我都记得那通令人兴奋的电话，你经常在文字中拜读到的名字就这么直接地通过清晰的语音与你建立了真实的联结，这种跨模态的感觉既兴奋又激动。此后，我又通过电子邮件与李老师和其他高校的代表理事，围绕联合会理事会成立的一些事务性工作进行了讨论和互动。

没过多久，一个令我感到意外又无比纠结的时刻到来了。那是一个细雨蒙蒙的上午，正在河南开封一家企业开会的我再次接到了李东进老师的电话。李老师依旧用平和的语气对我说，经过综合考虑，准备向博士生工作委员会和博联会理事会推荐我作为第一届博联会理事会理事长候选人。电话结束之后，我依然处在意外和纠结之中。一个人在毛毛细雨中走来走去，任凭雨雾在我的头发和脸上凝结成露珠，又打湿在身上。让我纠结的原因主要有两个：一是彼时正在负责河南开封一家企业的全面运营工作，每周都要往返于北京和开封之间，确实已经人困马乏；二是刚刚通过二年级的博士生资格考试，正要进入确立未来研究方向和论文选题的关键时期。此时，再挑起一个新成立的全国性组织理事长的工作，真的是害怕吃不消，担心多种工作相互干扰。就在纠结的雨雾霏霏中，我分别联系了庞隽老师和营销系主任韩冀东老师，寻求建议。最终，在两位老师坚定的支持和鼓励下，我下定决心，一滴水只有融入江河湖海，才能搏击风浪，贡献更多价值。

2. 从 0 到 1 融入其中

万事开头难。在我和博联会秘书长吴月燕（湖南大学博士生）、副理事长丰超（西安交通大学博士生）、张成虎（南开大学博士生）、王魁（武汉大学博士生）、靳菲（北京大学博士生）、古晨妍（复旦大学博士生）、刘笛（中山大学博士生）、宋红娟（西南交通大学博士生)和韩成(吉林大学博士生)全部到位后,我们面临的首要问题就是如何规划和开展接下来的工作。虽然围绕着章程与宗旨,我们将博联会定位为全体市场营销博士生的家,可又能为全体营销博士生做些什么呢?

带着这个问题,经过线下线上的不断商讨,我们决定从三个方面入手,首要的就是想办法加强全国营销博士生之间的联系与沟通。于是我们建立了博联会官方微信号和微信群,便于全体营销博士生直接双向交流。其次,我们希望打造一个营销博士生就业信息的集散地。依托高校市场学研究会,我们可以广泛地收集相关招聘信息并集中发布,减少信息不对称,节约博士生同学的时间与精力。最后,我们还希望尽最大可能推动跨校的学术信息共享与研究合作。

为了推动上述三个方面的工作,我们对应成立了三个工作小组,每个小组各司其职、定期开会、协同推进。虽然后面陆续有代表理事毕业或出国,但之后的硬任务,包括博士生日、营销博士生就业白皮书的撰写与发布、多平台的日常信息运维也基本在"三小组"的架构下坚持完成了。当然,也并非所有的工作都是一帆风顺的。让我尤为印象深刻的是在杭州会议上,基于一位代表理事的建议,我们在博士生日当晚设计了一个类似于沙龙的自由交流活动。可能是我们太希望看到博士生们摩肩接踵、手持咖啡杯热情交流的场景,现场撤去了大部分座椅,只保留了两张长条桌放置饮品。结果活动快开始时仍然门可罗雀,来参加的少量同学也部分因为现场没有座椅而离去,急得我在现场抓耳挠腮,恨不得拦住所有要走的人。现在想想,真是有趣,一群搞营销的人竟然没有深刻洞察博士生的特征和需求,好不容易"开笼放鸟",当然是希望外出开会的晚上能到当地有特色的街区自由地"逛吃逛吃",难得放松。看来,哪怕是学营销、做营销的人也还是要时刻提醒自己——紧盯用户需求。凡此种种,虽有磕磕绊绊,但博联会的工作却已从无到有、顺利开场、生根发芽了。

3. 心怀感恩继续前行

时至今日,哪怕已经卸任博联会理事长并博士毕业多年,每每回望过去,心中仍总是充满感恩。感恩母校中国人民大学的信任与推荐。感谢郭国庆老师、庞隽老师、张泽林老师和韩冀东主任给予的鼓励,让我有足够的信心承担这份重任。尤其是听到韩老师在电话里说,放心干吧,我们会全力支持你,让我在那个细雨霏霏、雾气遮住前路的上午,心中升起阵阵暖流。而且,事后证明,这并不是一张空头支票。后续当博联会的小伙伴因为各种问题找到我时,庞老师和韩老师真的是在调动资源,提供帮助。老师们的言传身教,深深地刻在了我的心里。

感恩博士生工作指导委员会的信任与提名。尤其是李东进老师,对博联会的工作倾注了大量的心血,很多工作都是在李老师的参与和推动下才得以顺利开展。每当我有问题的时候,也总会第一时间想到和找到李老师。无论是短信、电子邮件还是电话,李老师总是第一时间响应和回复。每次交流我都深深地感到李老师对待工作的认真和严谨。感恩高校市场学会的郑敏老师,郑老师帮助博联会处理了很多具体的细节工作。

　　感恩并肩作战的博联会小伙伴。我从他们身上学到很多，也感悟很多。直到现在，每当我感到压力山大难以为继的时候，就会想起一位博联会代表理事曾经讲过"没心没肺活着不累"。于是我就会放下手头的工作，到操场上跑一圈或者干脆睡一觉。跑完或者一觉醒来的时候，我就会用另一位代表理事的话语提醒自己，"何以解压，唯有努力"。

　　更重要的是，我从博联会小伙伴的身上感受到了青春的力量。西安交通大学的丰超博士，也是第一届博联会理事会的副理事长，热情积极、活力四射、永远充满着正能量。有他在的时候，团队总是特别欢快和温暖，工作效率也特别高。记得在 2017 年 7 月杭州会议期间，晚上 11 点钟他从外面聚会风风火火地回来，才开始熟悉和修改活动 PPT 的内容，结果第二天早上一切表现无懈可击。无限潜力着实让我赞叹不已。湖南大学的吴月燕博士，担任第一届博联会理事会的秘书长。在我眼中，月燕几乎就是勤奋和认真的代名词。本来博联会并没有设置秘书长这一岗位，但当我和月燕在第一次理事会上认识，并围绕博联会的工作深入交流后，我坚信如果月燕不能发挥更大作用，将会是博联会的一个重大损失。当晚，我就向李东进老师做了汇报，在理事会中增设了秘书长的岗位。可以说，首届博联会秘书长一职就是为月燕增设的。后续月燕的工作也彻头彻尾刷新了我对"女汉子"的认知。有段时间月燕在美国学习，但总是在北京时间的下午跟我联系，以至于每次结束通话我总是会说："月燕注意身体啊！"此外，还有不开口则已，一开口就是经典的南开大学张成虎和武汉大学王魁，把你逗乐的同时又在不经意间引发你思考，还有时刻都散发着灵动思维的北京大学靳菲，还有深谙星座逸事的中南财经政法大学奚楠楠，还有高大帅气的四川大学祖旭，以及外表酷似我一位至亲的浙江大学王宇然……

　　如今，博联会第一届理事会的小伙伴们都已经走上工作岗位，成为各自领域的青年新生力量。衷心地祝愿他们继续勇往直前、继续青春飞扬。我也带着这份珍贵的人生体验和诸多感恩走上了新的工作岗位。凡是过往，皆为序章，美好每天都正在发生。

　　（杨海龙　南京财经大学营销与物流管理学院副教授，中国高等院校市场学研究会博联会第一届理事会理事长）

三、博联会：回望来时路，行向更远处

南京航空航天大学　丰　超

大家好，我是丰超，曾任中国高等院校市场营销学博士生联合会(以下简称"博联会")第二届理事会理事长，现在是南京航空航天大学经济与管理学院的一名教师，非常荣幸受李东进教授邀请，作为博联会核心成员，参与中国高等院校市场学研究会(CMAU)成立40周年的纪念文集征稿。

先来看几个时间节点，2016年3月，我在西安交通大学转入博士攻读阶段；2016年7月，我加入博联会第一届理事会任副理事长；2018年7月，我接任第二届理事会理事长；2020年7月，我卸任理事长一职；2021年3月，我从西安交通大学博士毕业。由此可见，在博联会任职的4年时间，刚好贯穿了我的整个读博生涯，于我之重要性，不言而喻！

将时间拉回到博联会成立的起点，即2016年7月于南开大学商学院召开的中国高等院校市场学研究会学术年会暨博士生论坛。还记得会前的某一天，我的导师、西安交通大学的庄贵军教授找到我，对我说："丰超，你注册一下南开的CMAU会议，去参加一下，刚好有一个博士生联合会要成立，我推荐你为交大的代表。"我说："好的，老师！"就这样，我便开启了与博联会的缘分。现在想来，属实要特别感谢庄老师的认可、信任和推荐，毕竟当时的我才博士一年级，比我年级高的师兄师姐大有人在。庄老师后来也提过，前一年(2015年)交给我负责筹办的中国市场营销国际学术年会(CMIC)顺利召开，说明我工作认真、做事积极，有一定的管理和组织能力，适合去参与博联会的工作。我想，这似乎印证了当下网络上流行的一句很治愈的话："你只管努力，好好工作，时间总会在未来某个时点给予你回报！"2016年CMAU会议上，至今我依然清晰记得两个场景：第一个场景，是在大会前一天的博士生论坛上，博士生工作指导委员会主任、南开大学李东进教授首次介绍博联会的筹建工作，尤其是介绍了博联会的章程，内容完备，虚实有序，逻辑清晰，重点突出，可见其背后工作做得多么细致和严谨，深感佩服和敬意！正是在李老师这种一丝不苟、认真负责精神的指引下，博联会扬帆起航！第二个场景，是博联会的第一届理事长，即中国人民大学杨海龙博士的任职发言场景，无论是其发言风格之稳重、发言逻辑之清晰、发言内容之高度，都深深震撼了当时的我，甚至毫不夸张地说，突破了当时的我很多个人已有认知。我当时很难理解为何他可以表达得那么淡定自若、逻辑自洽、富有感染力，后来才知，他是"双栖"作战，既有十多年的从教经验，又有多年的企业高管经历。现在回想，这两个场景依然震撼并激励着我！

时间来到2017年3月，李老师提议，博联会可以做一份关于中国高校市场营销学博士生就业情况的白皮书,这将会是国内首份关于某一个学科的博士生就业情况的调查与总结白皮书。海龙理事长积极响应,组织了几位副理事长和理事,我也有幸参与其中,一道讨论和制订方案。分工很明确,有问卷调查组、白皮书撰写组、白皮书发布组等。我们将问卷设计好之后,号召所有理事将问卷转发到自己所在学校的博士生群里面,积极邀请所有准毕业或刚毕业的营销学博士填写。最终,经过近4个月的奋斗,首份中国高校市场营销博士生就业情况白皮书顺利完稿。同年7月在浙江财经大学顺利召开了中国高等院校市场学研究会学术年会暨博士生论坛。这次会议上,李东进教授发出了在"中国高等院校市场学研究会学术年会暨博士生论坛"创立"中国高校市场营销学博士生日"的倡议,并延续至今。在此次CMAU会议上,我与湖南大学博士生吴月燕共同发布了《2017中国高校市场营销博士生就业情况白皮书》的主要内容。依然记得在发布会前一天晚上,海龙理事长与我们一道在酒店打磨PPT、修改演讲稿、模拟排练,一直奋战到凌晨2点左右。现在想来,那种并肩作战、同舟共济、勇往直前的时光,特别美好!

进入2018年,在长沙的CMAU会议上,因在博联会第一届任期的综合表现,我被推荐为第二届理事会的理事长。清晰记得,那一天我在朋友圈写下这么一句话:"第一届理事会开疆辟土,第二届理事会披荆斩棘。"正是在第一届理事会打下的良好基础上,我们第二届理事会才能更好地开展工作。记得CMAU博士生日当晚,第二届理事会的第一次全体会议上,我们充分讨论了理事会的组织架构和工作开展问题,原定计划1个小时的会议,整整持续了3个多小时,可见大家交流讨论的热情之高涨。正是因为这充分而热烈的线下交流和互动,我们不仅对博联会有着高度的认同、共同建设的责任感,而且各个理事会成员结下了深厚的友谊。据我后来了解和观察,大家不仅在科研中建立深度合作,还在生活中互帮互助,直到现在,很多第二届理事会成员依然保持着密切联系。这里,我不得不提一下我的老搭档,也就是博联会的秘书长吴月燕博士。她永远保持着能量满满、激情澎湃、自信昂扬、认真严谨的状态,交代给她的工作,总能超出预期地完成。如果对咱们博联会第二届理事会成员任期表现打分的话,我一定会给月燕打出100分!

回顾2018—2020年这两年的博联会工作,我们努力做了不少工作,尤其是一些此前未有的尝试,不断形成了有特色的品牌活动:博士生就业情况白皮书,公众号专题内容运营,小时科研坊,学术讲座,博士生日活动等。其中,白皮书方面,我们在原有的问卷调查基础上,开始尝试增加对博士生的访谈工作,同时,我们不仅将调查对象放在博士层面,还关注博士生导师和就业高校层面的问题。宣传方面,此前只有一个微信私人号,已经无法满足我们的宣传运营需要,我主导创立了微信公众号,同时,设计了一个运营机制,将35位理事全部纳入运营体系,保证了内容持续稳定输出。公众号内容上,我从一个博士求学到工作的全流程角度设计了入学、求学、游学和出学四个板块架构,对应着不同内容,包括科研论文、经验分享、大咖随笔、求职信息等,效果很好,时至今日,咱们的公众号依然在延续这一架构。在这里，要特别感谢香港城市大学周南教授，他为我们公众号贡献了多篇"周南随笔"，在学界和业界产生了非常大的影响。此外，我们还形成了颇有意义的系列推送，譬如市场营销学国内外会议信息、博联会理事成员名片集、全国博士生导师信息库等。为此，这里要特别感谢博联会第二届理事会每一位理事成员（限于篇幅，不再枚举），正是因为大家的共同努力和付出，我们的各项工作才能卓有成效地推进和完成！我想，这些活动和工作都是在践行我们博联会章程中的宗旨，即增进不同高校博士生交流互动，促进我国市场营销学科博士生人才培养和提高市场营销学术水平！

后来，大家都知道的，新冠疫情来了！因为疫情的影响，加之我正值博士毕业的前后时间，非常遗憾没有参加2020年10月在无锡召开的CMAU会议，以线上参会的形式进行了理事会换届工作，顺利将理事长的交接棒传递给了武汉大学谢鹏博士。2020—2022年，第三届理事会期间，几乎都是在疫情的笼罩之下度过，所以各项工作都面临着巨大压力，不过，在谢鹏的带领下，理事会经受住了考验，依然将博联会各项工作稳步推进。于我个人而言，在这两年里，工作，结婚，生娃，科研，教学，行政等，确实也是一段不断忙碌和动荡的时间，不过我依然保持着对博联会的关注和支持。好在，现在都已经挺过来了，再次回想起今年7月在武汉大学的2023年CMAU会议上，与各位老师前辈、新老理事，珞珈山下，久别重逢，学术碰撞，倾心交谈，对酒当歌，海阔天空，真好！

行文至此，唯有感恩、感怀和感激！感恩之于李东进教授等前辈的全程指教，感怀之于杨海龙博士等同辈的偕同奋斗，感激之于每一位持续关注和支持博联会发展的你、我、他！最后，回望来时路，行向更远处，衷心祝愿博联会的明天越来越好！

（丰　超　南京航空航天大学经济与管理学院副教授，中国高等院校市场学研究会博联会第二届理事会理事长）

四、我和博联会见证彼此成长

福州大学　吴月燕

今年收到李东进老师发来关于学会40周年纪念文集的征稿邀请,让我们聊聊博联会。博联会从创建之初我就有幸成为一名理事,博联会任职的经历贯穿了我的整个博士生涯,是一个承载了我太多博士经历的组织。在我成为一名高校教师后,博联会依然持续给予我养分和阳光,帮助我进一步向上成长、向下扎根。

关于博联会,我有太多的话要说,以至于收到邀稿时满腹言语,但落笔之时,却又不知从何说起,这也是从暑期收到邀请,直到深秋才落笔完成此文的缘故。思考良久,我想以"我和博联会的故事"为主题,分享我和博联会的小故事。希望借此文,能让更多博士生甚至青年教师知道博联会,从博联会平台受益。

"博联会"的全称是"中国高等院校市场营销学博士生联合会",它是设立在中国高等院校市场学研究会(简称学会)下的二级机构,是由全国各高等院校市场营销专业(或方向)在读博士生自愿组成的非营利性组织。博联会的宗旨是团结全国各高等院校市场营销方向在读博士生,增进不同高校博士生之间的联系和交流,促进我国市场营销学科博士生人才培养和市场营销学术水平的提高。我们有自己的章程,有一套运转的体系,有相应的工作机制;我们有自己的公众号平台,有博联会Logo,Logo有我们自己的释意;我们还发布了首份《中国高校市场营销学博士生就业情况白皮书》,时至今日,已经发布第七份……接下来,我想以时间为轴,和大家分享一些我和博联会见证彼此成长的故事。

1. 缘起·见证博联会正式成立

和博联会的缘分要从感谢导师的信任和推荐开始。2016年7月初,我的导师杨智教授通知我报名去南开大学参加一个学术会议,说有一个博士生联合会活动要我参加,随后将参会信息转发给我。两周后,我从长沙飞往天津,参加了当年南开大学承办的中国高等院校市场学研究会学术年会。在会议现场,我才知道此次年会学会筹备组建了中国市场学研究领域首个博士生组织——博士生联合会,这令我兴奋不已,因为我终于找到了自己的组织。之后,我完整参与、见证了博联会在非常正式、严谨的程序下成立。

博联会的成立过程,有三点让我印象深刻:第一,博联会与以往我参加的任何一个学生组织都不相同,它有非常正式的章程、规范的选举程序,理事有相应的权利和义务。第二,博士生工作指导委员会主任、南开大学李东进教授和学会的领导老师们为筹备博联会花费了巨大的心力,一切严谨有序、周全到位,深深感受到老师们的用心和无私奉献。第三，理事长杨海龙(中国人民大学博士,现为南京财经大学副教授)的发言,让我惊叹不已,他台风稳重、格局宽广,对博联会工作有清晰的规划,体现责任和担当。营销博士生自己的组织让我有了归属感,而学会老师们的用心和无私奉献精神及杨海龙理事长的责任和担当,让我在心里种下一颗责任的种子,我希望自己在从博联会受益的过程中,也能如他们一样为博联会的发展贡献自己的力量。

2. 归属感·Logo 设计

博联会 Logo 设计工作的参与让我对博联会有了强烈的归属感。博联会的工作并没有由于会议结束后理事们分散在全国各大高校而被耽搁。在理事长的领导下,我们有条不紊推进所有的工作。受博联会委托,我负责 Logo 事宜的推进。印象深刻的是,作为非营利性组织,博联会并没有经费请专业的设计师帮忙设计 Logo。在理事奚楠楠(中南财经政法大学博士,现为芬兰坦佩雷大学助理教授)的引荐下,当时在湖南大学设计学院读书的马元恕同学,无偿帮我们设计(在此表示感谢)。整个 Logo 的设计,紧紧围绕着"营销、中国、博士""学术研究顶天、立地""来自五湖四海、汇聚、沟通、交流、团结"等寓意展开。Logo 的设计和完成,加深了我对博联会的情感,让我有强烈的归属感和自豪感。

博联会 Logo

3. 相伴成长·白皮书工作

白皮书工作是我深度参与博联会工作的重要一笔。2017 年 3 月,李东进老师提议博联会做一次关于中国高校市场营销学博士生就业情况的调查,并且形成白皮书,每年发布,这也将是国内首份营销博士生就业情况白皮书。在杨海龙理事长的领导下,多位副理事长和理事参与组织策划工作。在确定了基本方案后,受理事长的信任和委托,我和丰超副理事长(西安交通大学和香港城市大学双博士,现为南京航空航天大学副教授)担任具体执行者和推进者。白皮书工作量庞大,周期长,参与工作的成员多,涉及范围广,而且由于是首次工作,问卷内容、调查流程、数据分析、报告撰写等一切都要从零开始,加大了难度。但在以李东进老师为首的博工委老师的全程指导和支持下,在杨海龙理事长的领导下,在全体理事成员的共同参与中,经过 4 个月的战斗,我们圆满完成了首份《中国高校市场营销学博士生就业情况白皮书》撰写工作,并由我和丰超在当年的学会年会的博士生日活动中顺利发布。

此后,我连续参与了 4 份白皮书工作,扮演的角色也从合作参与,到主要负责,再到指导,最后完全交接。白皮书调查的内容也从 2017 年第一份重点关注毕业博士生群体的就业情况,到 2018 年第二份同时关注在读博士生,到 2019 年第三份形成《毕业博士就业篇》《高校招聘需求篇》《高水平人才培养篇》三部分内容,而 2020 年疫情出现,又增加了《疫情影响篇》和《访谈专题篇》。此后,白皮书内容稳定保持《毕业博士就业篇》《高校招聘需求篇》《高水平人才培养篇》《访谈专题篇》四个部分。

白皮书工作的参与,让我多方面受益。

第一,白皮书工作提高我的学术能力。在白皮书问卷设计之初,我还未接受过系统的问卷设计训练,不知道如何设计问卷。在一次讨论会中,靳菲(北京大学博士,现为四川大学副研究员)和王魁(武汉大学博士,现为暨南大学讲师)两位副理事长非常专业地主导并推进了问卷设计工作,这不仅让我学习了如何设计问卷,也让我深深感受到自己在学术之路上需要更加努力。

第二,博工委老师对白皮书工作的严谨认真、无私奉献、倾力付出精神,久久激励着我主动参与博联会工作,也帮助我养成了很多良好的科研习惯。白皮书工作推进的每个重要环节,都得到了时任博工委老师的全程指导和参与。让我印象最为深刻的是李东进老师,无论任何时候有任何困难找他,他都会给予全力的支持和帮助,并且协调好所有工作。李老师不仅在宏观上帮博联会把握方向,对待具体事情上也事无巨细、周全考虑,我们提交给他的任何初稿,他都会非常详细给予批注甚至直接动笔修改。李老师的无私付出深深震撼、感染、激励着我,这是很长时间以来我非常乐意参与博联会工作的原因之一。博工委的北京大学王锐教授、南开大学任星耀教授、中国人民大学庞隽教授等,在白皮书成稿过程中,多次对白皮书初稿进行细致的批注和修改,而当我细读这些批注时,我为老师们严谨认真的态度所震撼和感动。这也进一步鞭策我要求自己提交给老师们的每一份文稿都必须是自己能拿得出的最好稿子。而这一信条,让我在今后的科研工作中处处受益,现在已经成为我的工作习惯之一,并且我还将它分享给我的很多合作者、同门、学生。

第三,白皮书工作为我连接了丰富的科研合作渠道。制作白皮书是一个全体理事全程共同参与的工作,理事之间有深度的互动和交流,让我们对彼此的研究方向、擅长的研究方法和工具都了如指掌,而共同奋斗为我们打下了坚实的友谊基础。在博士毕业之后,正是得益于这种坚实的博联会情谊,我和很多理事小伙伴建立了深度的合作互助关系,我们不仅在科研上进行实质性合作,还在课题申请、教学、案例、专著出版、智库报告等方面进行了全方位的经验分享与交流。

如果说博联会工作贯穿了我的整个博士生涯,那么,白皮书工作则是我在博联会参与的最核心和重要的工作之一。随着白皮书工作的完全交接,我带着博联会给我的养分,开始全力以赴奔赴博士毕业之旅。

4. 感谢·感恩·祝福

关于博联会工作,我有太多的人要感谢。

第一,感谢杨海龙理事长的信任,在最初就把非常重要的白皮书工作委任给我和丰超,并且在后续的工作中,向博工委提议设立秘书长,提名并委任我担任这一职务,让我能够更加深度地参与博联会工作。而秘书长和副秘书长两个职位的设立也在 2018 年博联会换届时正式写入博联会修订版章程。此后,博联会便有了"秘书处"。关于杨海龙博士,还有一个印象深刻之处,我记得第一届全体理事工作会议上,海龙理事长对第一届博联会工作的定位是让工作尽快开展起来,稳妥推进各项工作。而一些更创新、更耗时的工作,待第二届开拓。现在想来,博联会看似"散"的一个组织(理事分散在全国各大高校),实际上能有这么强的凝聚力,并且博联之舟能够开一个好头还稳妥扬帆起航,离不开稳重、有格局的海龙理事长的定位和掌舵。在博联会工作之外,海龙就像大哥一样,在我博士生涯期间以及毕业后,给我无数的中肯建议和帮助,尤其是在我遇到难题时,找到他,总能找到安心的答案。

第二,感谢我的搭档、第二届理事长也是我现在特别重要的合作者、伙伴、朋友,丰超博士。他果敢有谋略,做事有方法,行事有担当,正是在他的担当之下,我才可以安心地只负责白皮书工作,而其他工作都由他一个人承担。第二届博联会在他的领导之下,做了更多的创新、开拓工作。同样地,在我的博士生涯和求职过程中,丰超也为我提供了很多的帮助,目前我们的合作也延伸到了科研工作中。

第三,感谢和我搭档的两位副秘书长——项典典博士(对外经济贸易大学博士,现为中南财经政法大学讲师)和舒丽芳博士(暨南大学博士,现为深圳职业技术大学副教授),博联会的会务组织、统筹联系等工作,大多是秘书处在负责。我们将自己定位为"博联会坚强的翅膀",我们希望助力博联会发展。让我印象深刻的是,两位副秘书长分别有一年在国外联合培养,而在有时差、学业繁忙和科研压力较大的情况下,只要博联会有需要,他们俩就会毫不迟疑站出来,并且出色完成任务。

第四,感谢和我搭档参与白皮书工作的所有理事,在这里想特别感谢第二届副理事长王宇然(浙江大学博士),在我们准备将白皮书工作进行一些传承交接时,我找到了她,她欣然答应并且承接了白皮书的统筹工作。当然,还有很多为白皮书撰写工作、发布无私奉献的理事,没能一一列举,在此一并感谢。

第五,感谢博工委老师的信任,他们对于我们提交的材料不仅毫无质疑,反而经常鼓励认可,而且特别认真指导、批注、修改。博工委老师们的认真严谨、无私奉献,长久激励着我在科研、工作中处处以他们为榜样。

第六,我想再次感谢导师杨智教授对我的信任和推荐,让我有机会参与、见证博联会的成立、发展,也让我从博联会受益无穷。

行文至此,博联会对我的帮助仍然在延续,我也希望更多博士生和青年教师能通过博联会受益。

谨以此文献给学会 40 周年、博联会 8 周年,衷心预祝学会和博联会越办越好。

(吴月燕 福州大学经济与管理学院副教授,中国高等院校市场学研究会博联会第一届/第二届理事会秘书长)

五、一群有趣的人在做一些有趣的事

重庆大学 谢 鹏

2018年有幸进入武汉大学经济与管理学院,师从崔楠教授。后经我院汪涛教授和崔楠教授推荐,加入中国高等院校市场营销博士生联合会(以下简称"博联会"),开启与学会众多老师和理事的缘分。依稀记得,那是2019年的下半年。刚接收到汪涛教授和崔楠教授的短信,询问我是否愿意作为武汉大学的代表加入博联会中去,我没有怎么思考便欣然同意了。在这之前对博联会的认知,一方面是建立在武汉大学理事王奎师兄和博士同学王正荣的积极描述中,另一方面是建立在自己对博联会微信公众号的精彩推送内容的阅读基础上。所以当得知有机会加入博联会并与营销学领域的优秀学者以及未来的优秀学者一起做一些事时,我觉得是有幸的、有益的和有趣的。后面在学会博士生工作指导委员会(以下简称"博工委")老师的支持和指导下,我参与《2020年中国高校市场营销博士生就业情况白皮书》的相关工作,并作为第三届博联会理事长开展了长达两年的相关工作。

这里,请容许我说一下我们第三届、前面的第一届和第二届以及后面的第四届博联会伙伴一起致力于的事业是什么样的。我们的努力目标是提升营销学的全球影响力。回首望去,在博工委老师的指导和支持下,博联会作为全国的博士生组织,其影响变得更深、更广。在过去的几年,博联会依托微信公众号、学会群、连接高校及社会资源、瞄准博士生高校和社会的关切问题与需求、以高校理事为中坚力量,收集、挖掘、提炼和生成了众多有价值的信息,包括每月小伙伴精心准备和制作的微信推送,以及每年推陈出新的"白皮书"。在大家制作的推送中,不乏像"营销学博导信息数据库"这样广受好评的推送。每年的白皮书也在尝试增加新的元素和新的方法,如增加访谈板块、增加对社会热议群体博士后的关注。这些有价值、有活力的内容正在为迷茫的研究生生活和就业选择提供方向,为研究生科研能力和素养的提升提供养分,为青椒的发展提供方向,为高校的招聘提供依据。

在开展相关工作时,我遇到了太多有趣的人。作为营销学领域的老学者,周南老师每次都会和年轻人打成一片,比如"冒充"志愿者为到会的同学和老师提供会务服务,还会在各个群里积极分享一些随笔、文章;作为博工委老师、博联会工作的直接领导者,李东进老师总是扮演"秘书"角色,比如对我们的宣传材料反复斟酌和修改,每次会议都会为博联会理事成员争取优惠和权益(多次减免了与会理事的会务费和住宿费),每次理事会会议总会邀请领域的老师过来为博联会的发展和谋划提供建议;作为第一届、第二届的理事成员,杨海龙、丰超、吴月燕等,对博联会的业务逻辑框架制定、规章制度设计、团队氛围建设作出了很大贡献;作为第三届的理事成员,靳珊、郑付成、乔琳等,积极奉献、勇于担当、敢于突破,完善了博联会的内容生成体系,提升了白皮书的呈现效果。我仍记得我们在西安小杨烤肉聚餐久久不愿散去的场景,记得理事成员为会前材料一同在酒店里讨论、修改的场景。还有符国群老师、黄敏学老师、张闯老师、任星耀老师、谢菊兰老师、郑敏老师等一众支持和帮助博联会发展的老师,在他们的指导下,博联会获得了长足的发展,我个人也收获颇丰。

现在我在重庆大学新闻学院工作,虽然已不再从事博联会的相关事务,但是这段经历以及在这段经历中结识到的领导、老师和小伙伴都是我一生的宝贵财富。我相信,在学会的支持、博工委老师的指导、博联会小伙伴们的共同努力下,博联会将成为一个立体的信息发布平台、一个权威的内容生成平台、一个有温度的学术组织、一个高效服务博士生群体的社会组织、一个创造美好回忆真挚友谊的大家庭。

(谢　鹏　重庆大学新闻学院助理研究员,中国高等院校市场学研究会博联会第三届理事会理事长)

六、博联会工作总结报告

（第一届至第四届，2016 年至 2023 年）

"中国高等院校市场营销学博士生联合会"（以下简称"博联会"），于 2016 年 7 月成立，2023 年是成立的第七年。博联会两年一换届，按照 2018 年修订版博联会章程"第十条 理事会的产生"的规定，理事会是联合会的执行机构，负责联合会的日常工作。理事会由若干名理事组成，其中理事长一名、副理事长若干名、秘书长一名、副秘书长若干名。理事会联络处设在理事长所在单位。理事长、副理事长、秘书长和副秘书长任期两年，可以连任一届。

目前，博联会理事会已到第四届，第一届至第四届理事长、秘书长名单如下（关于秘书长和副秘书长职位，第一届没有明确设立这两个职位，2017 年经第一届理事长杨海龙提议、博工委老师同意，特殊委任一名秘书长，2018 年秘书长和副秘书长设立正式写入博联会章程）。

第一届　2016—2018 年
理事长：杨海龙（中国人民大学）
秘书长：吴月燕（湖南大学，从 2017 年开始）

第二届　2018—2020 年
理事长：丰　超（西安交通大学，香港城市大学）
秘书长：吴月燕（湖南大学）

第三届　2020—2022 年
理事长：谢　鹏（武汉大学）
秘书长：靳　珊（华东理工大学）

第四届　2022—2024 年
理事长：王馨萌（复旦大学）
秘书长：席　悦（西南交通大学）

在李东进老师的建议下，博联会对成立至今的工作进行简要总结。总结内容分别由第一届至第四届理事长撰写后汇总而成，具体的工作总结内容如下（工作形成材料可见附件）。

博联会第一届理事会主要工作总结（2016—2018 年）

博联会第一届理事会成立后，面临的首要问题就是，如何紧紧围绕联合会宗旨，构建稳定的可持续运营体系，不断扩大自身影响力，从而有能力团结全国各高等院校市场营销方向在读博士生，促进不同高校博士生之间的联系和交流。

在此背景下，第一届理事会在博工委老师的指导下，**明确了"建立营销博士生沟通联系机制""打造就业信息集散地"和"推动校际营销学术信息共享"三个主要工作方向**，并围绕上述工作方向构建了不同工作小组和定期沟通机制，进一步明确责任分工。经过两年的不懈努力和反复试错，取得了以下工作进展。

第一，构建多个沟通平台，实现跨校际的广泛联结。为了促进广大营销博士生之间的沟通与交流，我们申请了博联会的官方微信号，设计了联合会的正文英文名称和宣传 Logo，建立了微信群和 QQ 群。与此同时，为了保证官方微信的活跃度和可持续性，我们采取了每位理事接续运营的模式，充分发挥每位理事的积极性，也促进了官方微信号的内容多样性。

第二，开启了营销博士生白皮书的撰写和发布工作。在博工委老师的统一指挥下，博联会组织核心力量设计调研问卷、上线调研问卷，在各博士生培养单位采集信息，撰写并集中发布调研报告。调研报告集中展示了市场营销专业（方向）博士生的科研和就业全貌，调研结果也被媒体所关注和报道，扩大了自身影响力。

第三，落地博士生日活动，形成集中交流的持续机制。在博工委老师的指导下，我们协助落地了博士生日活动，并在博士生日中设置了包括主题演讲、博导沙龙和博士生之夜等多种形式的活动。

第四，广泛地收集高校营销博士招聘信息。为了减少信息不对称、促进供需方见面，我们一方面广泛收集就业信息，并在官方微信号上发布；另一方面邀请有招聘需要的单位在博士生日进行集中宣讲，便于博士生和招聘单位双向选择。

博联会第二届理事会主要工作总结（2018—2020 年）

博联会第二届理事会的主要工作是在传承的基础上开拓创新。博联会第二届理事会成立之初，首要工作是确保博联会原有的工作正常有序运转。其次，理事会面临的挑战是必须紧紧围绕博联会宗旨"团结全国各高等院校市场营销方向在读博士生，增进不同高校博士生之间的联系和交流，促进我国市场营销学科博士生人才培养和市场营销学术水平的提高"，进一步提升和扩大博联会的知晓度与影响力。

在此背景下，第二届理事会在第一届工作的基础上，开拓多个创新板块内容，让全体理事参与博联会工作，吸引更多博士生加入博联会的学术交流活动中。在全体理事的共同努力下，第二届理事会开拓创新并取得了以下工作进展。

第一，修订《中国高等院校市场营销学博士生联合会章程》。在李东进等博工委老师的指导下，第二届理事会对博联会章程进行了修订（即 2018 年修订版章程）。修订版章程新增秘书长和副秘书长职位设立的内容，新增理事会产生过程和条件，新增理事的权利和义务等。

第二，吸收新的博联会理事单位，增加博联会理事单位数量。在博工委老师的指导和博联会章程规范之下，第二届理事会吸收 3 所培养营销博士的高校作为新理事单位,理事单位数量由第一届的32所增加到第二届的35所。

第三,创新颁发博联会理事聘任证书,设立激励博联会理事参会条件。为提升博联会理事会成员的荣誉感与仪式感,在博工委同意下,第二届理事会为博联会理事颁发聘任证书。为鼓励全国高校市场营销学博士生参会并提交高水平论文,2019年,在李东进等博工委老师和学会领导的关心下,依据中国高等院校市场学研究会学术年会(CMAU)办会规则,经中国高等院校市场学研究会与2019年CMAU承办单位中南大学商学院商议讨论,为部分博联会理事成员提供参会资助,包括免交年会会务费、报销部分差旅费等,并形成了《关于博联会成员参加CMAU会议的参会条件问题》的文件。

第四,创新开通博联会的官方微信公众号和建立博联会永久资料存储与分享渠道,并将博联会所有重要资料上传。在微信公众号的运营管理方面,确定"任务小组"和"常规小组"的工作模式。在内容运营方面,主要提供"入学、求学、游学和出学"等营销学术或就业信息,具体栏目包括论文解析,求学经验分享,原创学术经验和成果分享,大咖随笔等。自2018年9月开始,累计进行了约90篇推送。第二届理事会还建立博联会永久资料存储和分享的QQ群(777870015),并将博联会成立以来的重要资料归类上传存档,QQ群目前仍然被有序管理和运营。

第五,开展并完成营销博导数据库建设工作,同时规范制作博联会官方宣传材料。第二届全体理事参与对35所理事单位的营销博导信息等收集与整理,完成营销博导数据库的建设工作。规范并制作博联会官方宣传PPT等材料,为宣传博联会提供材料支撑。

第六,常规举行常务理事会议和全体理事会议,传承好第一届理事会工作,并成功完成换届工作。第二届理事会在成立之初,就对年度工作进行了规划,并定期召开常务理事会议和全体理事会议,围绕公众号运营、CMAU参会、就业白皮书撰写等工作展开充分讨论。在中南大学召开的CMAU会议期间,成功举办博士生日活动,发布《年度博士生就业情况白皮书》、"导师有约""小时工作坊""学术讲座"等形式多样的博士生学术交流和联谊活动。在2020年江南大学召开的CMAU会议期间,举办博士生日活动,并成功完成换届工作。

博联会第三届理事会主要工作总结(2020—2022年)

博联会第三届理事会的主要工作是在传承前两届工作的基础上,进一步深化和拓展创新。2020年是一个特殊年份,时值新冠感染疫情暴发,第三届理事会的任期刚好与疫情完整交叠。外部环境和相关政策的变化,使第三届博联会的工作较前两届需要进行较大的调整,有许多工作的开展需要采用新思路和新途径。但这并不影响我们的工作推进,在第三届全体理事的共同努力下,我们取得了如下进展。

第一,工作重点转移到线上平台,做细做深公众号推文内容。紧紧围绕博联会宗旨,在原有的公众号板块基础上,推送更深、更细、更丰富的高质量学术内容。主要包括以下几个方面。

(1) **充分挖掘白皮书内容形成相关推送**。如"《中国高校市场营销学博士生就业情况白皮书》(招聘那些事)"。

(2) **围绕潜在硕博群体的需要,发布相关博导信息**。如推送中国高校营销博士生导师名单信息:"入学|全国各高校营销方向博导名单一览及更新征集"(阅读已破3 000次)。

(3) **推送营销学领域内的会议信息**,如"投稿|MSI 2022第六届营销科学与创新国际高峰论坛暨TFSC专辑学术会议征稿通知"。

(4) **整理发布相关招聘信息,满足应聘者需要**。如"出学|就业信息之浙江财经大学工商管理学院""出学|河南财经政法大学招聘100人,待遇丰厚""出学|南京理工大学经济管理学院博士后招聘启事(常年有效)"等。

(5) **基于相关营销学领域内的研究成果,形成学术研究分享内容**。如"研究分享|JM最新论文由远及近的价值创造:空间距离对品牌评估的影响""学术分享|一起走进营销思想的'前世':多元学派的发展历程"等。

(6) **推送分享相关学者的随笔**。如《登山观海录:沈璐随笔》《登山观海录:王丹萍随笔》《登山观海录:庄贵军随笔》《周南随笔|博观约取,厚积薄发》等。

(7) **介绍科研工具**。如"工具|文本分析常用软件分享"。

第二,拓展博联会宣传阵地。在bilibili平台上注册博联会官方账号(营销学博联会),发布博联会宣传序列视频,邀请周老师及博联会新老理事多方面宣传和介绍博联会相关情况。同时,这也成为发布博联会白皮书的宣传、预热阵地之一。其中代表的短视频有:《营销学界元老周南老师:中外合璧,做中国的世界人!》《藏不住了!市场营销学博士生就业机密大公开!》《妈妈博士陈娟姐的科学家梦想,真情告白博士生活》等。截至2023年10月,观看总次数为2 932次。

第三,传承并创新白皮书工作,新增疫情与就业相关的《疫情影响篇》和《访谈专题篇》。第三届理事会统筹完成"2020中国高校市场营销学博士生就业情况白皮书""2021中国高校市场营销学博士生就业情况白皮书"调查、访谈、撰写及发布。2020年版白皮书从供给侧、需求侧以及培养过程三个角度反映中国市场营销学博士生培养和毕业现状,同时在疫情环境下,白皮书创新增加了疫情影响篇和访谈专题篇。新版白皮书共包括毕业博士就业篇、高校招聘需求篇、高水平人才培养篇、疫情影响篇和访谈专题篇。2021年《白皮书》包括四大篇,即就业篇、招聘需求篇、培养篇和访谈专题篇。通过与2020年版和2019年版纵向比较,2021年白皮书进一步分析近来我国市场营销方向博士生的就业、招聘需求、培养的趋势。同时采用了半结构化访谈法和问卷调查法。

第四,协助学会会务。2021年、2020年分别在西安交通大学管理学院和江南大学商学院协助中国高等院校市场学研究会(学会)及承办方宣传"中国高等院校市场学研究会学术年会暨博士生论坛"的会议安排、会议议程、会议过程宣传,负责会议中的博士生日活动策划、方案制订及论坛白皮书发布环节。

第五,协助各理事高校推荐联合会第四届理事会成员,提高博联会曝光率和影响力。

第六,完善制度设计。多次召开中国高校市场营销学博联会第三届理事会议,讨论、完善并通过《中国高等院校市场营销学博士生联合会章程》的修订(2020年版);完善和更新公众号栏目运营制度的设计、细化审核管理模式。

第七,提升博联会整体凝聚力。设计、购置、发放博联会文化衫;设计年度贡献奖状,表彰年度突出贡献理事成员;在疫情缓解、符合政策规定之下,第三届理事会尽力举办了几次线下聚会,增进成员间的交流和情谊。

博联会第四届理事会主要工作总结(2022—2024年)

博联会第四届理事会成立后,我们召开多次全体理事会议,共同商讨博联会的工作规划和目标。紧扣博联会宗旨,第四届理事会的工作除了保证前三届理事会的工作有序常规推进外,我们将重心落到提升博联会的学术影响力上。我们重点推送博士生群体最关心的营销顶级期刊前沿和经典研究,以简短的论文解析方式和受众进行学术互动与交流。同时,我们利用白皮书工作,吸引更多理事会成员之外的理事单位的营销博士生参与白皮书工作,进一步扩大了博联会的学术影响力和号召力。具体的进展如下。

第一,在博联会的学术影响力方面,我们以常态化的管理和运营平台——微信公众号"营销学博研会"为中心,持续加强推广,持续输出高质量学术论文解析和分享推文,具体工作如下。

(1)优化运营机制,粉丝量增长41.82%:第四届理事会坚持每周推送高质量学术推文,理事成员全体参与,运营一年粉丝数相比去年同期增长41.82%。从2022年8月至今,保持每周至少一次的原创内容推送,累计进行了44篇推送,做到了36名理事成员全体参与,共同运营,每一期推送内容,从前期的头脑风暴,中期的信息整理,后期的图文制作、审核发布,我们旨在创造和传播对广大市场营销学博士生群体最有价值的内容,这是一次全国跨地区大范围的协同工作。在大家的共同努力下。目前,微信公众号累计粉丝数5 798人,与去年同期相比增长41.82%(2022年7月,关注人数为4 088人,同比增加1 709人次)。

(2)撰写高质量推文,多篇推文的单篇阅读量超千:在博联会微信公众号内容运营方面,44篇推送中,18篇达到1 000人次以上的阅读量,单篇最高阅读量达3 114人次。这些高关注度、高喜爱度、高质量的推送占全年推送的40.91%,且多点开花、内容多样,涵盖"入学、求学、游学和出学"等各个方面的营销学术和就业信息。此外,每一篇推送,我们都会及时转发到博联会的微信群中,致力于将新鲜资讯多渠道、多角度地快速触达目标需求人群。经过这一整年的努力,进一步提高了博联会的影响力，从而可以更好地服务理事成员以及支持和信任博联会的老师与同学。

第二，在博联会的社会影响力方面，通过白皮书吸引非理事博士生参与工作，提高博联会的影响力。2023年CMAU会议上发布的《2023中国高校市场营销学博士生就业情况白皮书》，其工作的参与人数达到了历史新高，除本届博联会36位理事外，还有其他理事单位的博士生以及往届博联会前辈理事主动加入白皮书的工作中。同时，李东进老师、张闯老师、任星耀老师和朱华伟老师在整个白皮书的制作过程和其他相关事务中给予了诸多宝贵建议与支持。历时四个多月，大家集思广益、群策群力，共同协作完成了这份130多页、6万余字的白皮书，并运用视频、微信推文和H5等多种形式进行了白皮书的预热宣传。

第三，对第四届理事会的第二年工作进行梳理、思考和规划。博联会发展到如今，仍需对各个板块的工作进行复盘和梳理，以打通信息壁垒屏障、更好地了解我们服务的主要对象——博士生群体的痛点难点、优化工作流程、提高组织效率。一是帮助我们总结优势与优点，二是促进我们反思不足与缺憾，三是帮助我们建立各理事之间的信息流通渠道。第四届理事会还有一年任期，我们对接下来一年的工作进行了思考和规划。关于未来一年博联会的工作愿景，我们将携手所有第四届理事会成员，共同践行初心，致力于将博联会打造成一个内容挖掘有深度、信息发布有广度、朋辈交流有温度、服务师生有力度的桥梁、纽带与重要平台。我们也希望和前三届博联会理事一起，积极听取老理事们的经验和建议，并做好第四届与第五届博联会交接和传承工作。

（感谢李东进老师的提议和指导，感谢杨海龙、丰超、谢鹏、王馨萌四位理事长提供的原始总结材料。总结报告由吴月燕秘书长整理汇总。时间：2023年11月）

第六篇　浮光掠影

学会 40 周年纪念文集部分照片

学会 1985 年首届年会留影（昆明）

中国高等院校市场学会 1990 年年会

学会1997年年会留影(大连)

学会2004年年会暨20周年庆典留念(北京)

前排左起：吕一林、王德章、刘希宋、吴健安、万后芬、符国群、钟玉赣、兰玲、汤定娜
后排左起：孙国辉、张庚淼、胡其辉、龚振、汪涛、景奉杰、李东进、刘文广、彭泗清
2015学术年会期间参会学会部分顾问和领导合影，哈尔滨工程大学

后排左起：龚振、汪涛、景奉杰、兰玲、符国群、李东进、张庚淼、钟玉赣、孙国辉、彭泗清
前排左起：刘希宋、甘碧群、吴健安、彭星闾、韩枫、林功实、李连寿、李国振、万后芬
2016年学术年会期间参会学会顾问和领导合影，天津，南开大学

2020年学会学术年会暨博士生论坛线下与会代表合影，无锡，江南大学

学会40周年纪念文集部分照片

2021年学会学术年会暨博士生论坛线下与会代表合影，西安，交通大学

2022年学会学术年会暨博士生论坛线下与会代表合影，长春，吉林大学

2023年学会学术年会暨博士生论坛线下与会代表合影,武汉,武汉大学

第一届博士生工作委员会和博联会第一届理事会联席会议代表合影,2016年,南开大学

学会40周年纪念文集部分照片 | 205

2016年学会首届教学年会与会代表合影,2016.10 桂林,桂林理工大学

2019年学会教学年会与会代表合影,2019.11 汕头大学

2020年学会教学年会暨营销学科发展论坛线下与会代表合影，武汉，中南财经政法大学

2020年学会教学年会暨营销学科发展论坛教学成果奖颁奖，武汉，中南财经政法大学

学会40周年纪念文集部分照片

2020年学会教学年会上与清华大学出版社签署战略合作协议，武汉，中南财经政法大学

2020年学会教学年会暨营销学科发展论坛，承办方中南财经政法大学与下届承办方中央财经大学交旗仪式

2021年学会教学年会暨营销学科发展论坛线下与会代表合影，北京香山，中央财经大学

2022年学会教学年会暨营销学科发展论坛线下与会代表合影，海口，海南大学

学会40周年纪念文集部分照片 209

2023年学会教学年会暨营销学科发展论坛与会代表合影，深圳，深圳大学

2017年学会教学年会上案例教学与研究专委会（中心）成立

2019年学会学术年会上数据与市场研究专委会成立，2019.10，江南大学

首届营销科学家/营销工程师论坛暨CMAU数据与市场研究专委会2023年会代表合影

学会40周年纪念文集部分照片　211

2023年第二届CMAU全国大学生市场研究与商业策划大赛启动仪式，北京，中央财经大学

2023年第二届CMAU全国大学生市场研究与商业策划大赛南部分赛区决赛，汕头大学

2023 年第二届 CMAU 全国大学生市场研究与商业策划大赛颁奖仪式，沈阳，东北大学

2023 年第二届 CMAU 全国大学生市场研究与商业策划大赛闭幕仪式，沈阳，东北大学